高等院校
学前教育专业
创新型系列教材

学前教育史

罗平云　主　编

史兴夏　李彩彦　王斯麒　副主编

清华大学出版社

北京

内 容 简 介

本书共分为两篇：中国学前教育史和外国学前教育史。本书编写时参考了《幼儿园教育指导纲要（试行）》《幼儿园教师专业标准（试行）》《幼儿保教知识与能力》考试大纲等。本书包括本章导航、学习目标、故事探索、资料卡片、课外阅读、考点聚焦、考题链接这几个栏目，贴近生活，贴近现实，能够更好地为学生服务。

本书可供本科、专科学前教育专业学生使用，可作为幼儿园教师的培训教材，也可供广大学前教育工作者或研究者使用。

图书在版编目（CIP）数据

学前教育史/罗平云主编.—北京：清华大学出版社，2021.4（2021.7重印）
高等院校学前教育专业创新型系列教材
ISBN 978-7-302-54617-7

Ⅰ.①学… Ⅱ.①罗… Ⅲ.①学前教育－教育史－幼儿师范学校－教材 Ⅳ.①G619.1

中国版本图书馆 CIP 数据核字（2020）第 002505 号

责任编辑：张　弛
封面设计：于晓丽
责任校对：刘　静
责任印制：杨　艳

出版发行：清华大学出版社
　　　　网　　　址：http://www.tup.com.cn，http://www.wqbook.com
　　　　地　　　址：北京清华大学学研大厦 A 座　　　　　邮　　编：100084
　　　　社 总 机：010-62770175　　　　　　　　　　　邮　　购：010-62786544
　　　　投稿与读者服务：010-62776969，c-service@tup.tsinghua.edu.cn
　　　　质量反馈：010-62772015，zhiliang@tup.tsinghua.edu.cn
　　　　课件下载：http://www.tup.com.cn，010-83470410
印 装 者：三河市科茂嘉荣印务有限公司
经　　销：全国新华书店
开　　本：185mm×260mm　　　印　　张：14　　　字　　数：320 千字
版　　次：2021 年 4 月第 1 版　　　　　　　　印　　次：2021 年 7 月第 2 次印刷
定　　价：42.00 元

产品编号：082628-01

序

《国家中长期教育改革和发展规划纲要(2010—2020 年)》和《幼儿园教师专业标准(试行)》颁布以来,各个高职高专院校的学前教育专业工作者都在思考并探索如何从社会发展需要出发,培养新时期高质量的幼教师资。《教师教育课程标准(试行)》和《幼儿园教师专业标准(试行)》等文件为教师培养提供了最有利的帮助和指引,而国家幼儿园教师资格考试制度的实施和推进,将更加有力地推动学前教育专业课程和教学的改革,能否培养符合国家幼儿园教师专业标准的毕业生,以及高职高专学前教育专业的毕业生能否通过国家幼儿园教师资格考试,将会成为衡量学校教育质量的基本指标。

本系列教材正是基于上述背景,以培养学生从事学前教育必备的专业素养为目的,帮助学生掌握学前教育的基本知识和基本技能,引导学生形成正确的儿童观与教育观,注重学生在探究中发现问题、解决问题、适应社会能力的培养,注重学生获取科学知识、科学方法、科学能力的培养以及科学态度的养成。在教材编写筹备阶段,编委会就确定了以实践应用为导向的原则,在内容和体系上凸显实用特色,注重实践应用能力的培养,充分关注学生的专业能力和思维能力培养。

本系列教材在编写过程中体现了以下几个主要特点。

(1) 整体结构布局体现综合性和延伸性,有机地将教学目标、教学内容、教学对象和教学策略统整起来,关注学生的兴趣和经验,给学生充分的实践空间和创新空间。有关内容以发散性的思维方式与正文中难以涵纳的内容相连接,引导学生向与之相关的各个方向和层面延伸拓展,便于学生拓展教育视野,密切关注学生的后续发展。

(2) 结合当前学前教育实际,突出科学性和实用性。教材内容上避免从理论到理论的论述,切合学前教育工作的实际需要,适应高职高专学前教师教育人才培养模式和规格要求;同时,面向教育实践,教材中提供丰富的各地幼儿园和早期教育案例供学生参考分析,编入不少贴近时代的阅读及讨论材料,引发深入探讨,借以培养学生岗位职业能力。

(3) 教材逻辑体系上融知识与能力于一体,体现开放性和前瞻性。采用案例、能力拓展、项目导学等方式将教、学、做相结合,按照课程内容与幼儿园教师专业标准、教学过程与工作过程相对接的原则,突出培养学生的技能和创新创业能力。同时,体系上采用梯度式、循序渐进的问题导向学习方法,参考借鉴国家幼儿园教师资格考试纲要相关内容,便于学生联想应用,真正让教材为学生服务,以学生为中心。

本系列教材的编者全部是长期从事学前教育的教师,既有丰富的教学经验,又致力于学前教育的改革研究,具有一定理论高度。本系列教材的出版将为当前学前教师培养和培训注入新的活力,并为学前教师教育课程体系和教材建设起到积极作用。

前　言

　　《国家中长期教育改革和发展规划纲要(2010—2020)》指出：积极发展学前教育,到2020年,基本普及学前一年教育。我国学前教育迎来了加快发展的春天。各大高校纷纷扩招学前教育专业学生,其数量越来越庞大。《学前教育史》教材选择的有限性,凸显了二者之间的矛盾性,基于这样的背景,我们编写了本书。

　　学生在校获得的知识和技能,是其未来职业的必要准备,"学前教育史"是学前教育专业学生必修的专业基础课,也是其他专业课的前置课程。目前市场上的教材偏重理论灌输,缺乏相关的论证素材,学生在学习过程中比较被动,积极性不高。本书旨在国内外最新教育研究成果的指导下,结合教师资格证考试,学以致用。本书可供本科、专科学前专业学生使用,可用作幼儿园教师的培训教材,也可供广大学前教育工作者或研究者使用。

　　本书是由多位在本科、专科院校任教且经验丰富的教师合力编写的,以《幼儿园教育指导纲要(试行)》和《幼儿园教师专业标准(试行)》为依据,强调学术创新性与指导性,实践性、实用性与趣味性,凸显学前教育专业课程与教学设计的应用性。编写过程中结合了学前教育专业学生特点,注重理论和实践的广泛结合,同时强调教材在体例上的时代性和创新性,版式活泼,流畅耐读。本书内容主要包括两篇：中国学前教育史和外国学前教育史。本书由十二章组成,黔南民族幼儿师范高等专科学校的罗平云老师担任主编,负责统稿。具体编写分工如下：罗平云编写第五章、第九章、第十一章;史兴夏编写第六章;李彩彦编写第六章、第十二章;王斯麒编写第二章、第九章;罗菊珍编写第七章;李娜编写第四章;陆丹编写第一章;李林奉、曾瑜编写第八章;蒋登宇编写第三章;郑光英编写第十章。

　　由于编者学识水平和能力有限,书中难免存在疏漏之处,恳请各位专家、学者、同行以及使用本书的师生给予指正。

编　者

2020 年 12 月

目　录

下篇　外国学前教育史

上篇　中国学前教育史

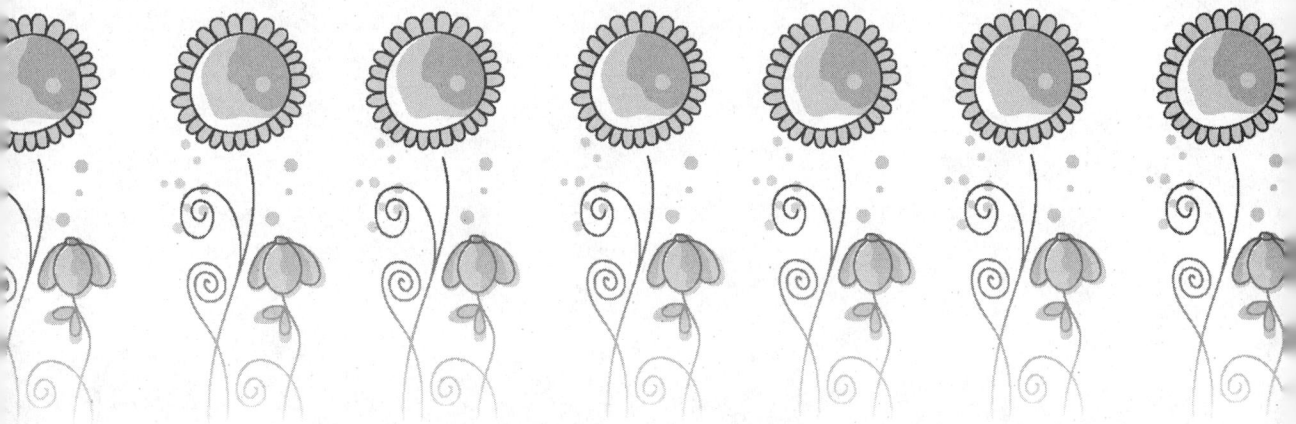

第一章
中国古代学前教育发展

本章导航

```
原始社会  01
奴隶社会  02
封建社会  03
```

学习目标

1. 了解中国古代学前教育发展的历程。

2. 归纳总结封建社会的学前家庭教育对当代学前家庭教育的启示。

3. 初步认识中国古代学前教育的经验及其教训。

故事探索

女娲补天①

　　远古时候,四根天柱倾折,大地陷裂,天空遭到损坏,不能完全覆盖万物,地表陷坏,不能完全承载万物。烈火燃烧不灭,洪水来势汹汹,汪洋泛滥不止;猛兽吞食善良的人们,凶猛的禽鸟用利爪捕食年老弱小的人。于是女娲炼出五色石来修补损坏的天空,斩断大龟的四脚充当支撑天空的四根梁柱,杀死四处作恶的黑龙来拯救天下苍生,收集芦苇的灰烬来抵御过量的洪水。天空修补完善,四根天柱回归原位,洪水消退,天下太平,恶禽猛兽覆灭,善良的人民百姓生存下来。

---

① 刘安.淮南子[M].上海:上海古籍出版社,2016.

思考：根据女娲补天的故事分析中国古代原始社会人们的生活环境，那个时候存在儿童教育吗？

第一节　中国原始社会的儿童教育

> **📖 资料卡片**
>
> 古者，民茹草饮水，采树木之实，食赢蚌之肉，时多疾病毒伤之害，于是神农乃始教民播种五谷，相土地宜，燥湿肥烧高下，尝百草之滋味、水泉之甘苦，令民知所辟就。当此之时，一日而遇七十毒。[①]
>
> **思考**：就目的和内容而言，原始社会的教育是怎样的？

距今五千多年前的黄河流域孕育了光辉璀璨的华夏文明，华即美丽，夏即盛大，在华夏民族的辛勤耕耘下，富饶广阔的土地上俯拾皆是文明薪火相传的印迹，使东亚在人类文明发展史上留下了不可磨灭的一笔。

最早冶炼黄铜的姜寨遗址、作为稻作文化发源地的万年仙人洞遗址、出土了改写世界音乐史的贾湖骨笛的贾湖遗址……累累硕果载入世界史册。逐渐发展的物质文明和远古恶劣的生活环境相互博弈，教育因时而生，成为人类社会文化的重要组成部分。

一、中国原始社会的概况

（一）生产生活

远古社会森林茂密，食物匮乏，飞禽猛兽肆意捕食生灵，每逢雷电雨雪天气，自然灾害频发，可谓险象丛生。考古证明，生活在距今70万年至20万年前的"北京人"面对这样恶劣的生存条件选择了聚群而居，希望凭借群体的力量来战胜丛林猛兽与残酷的大自然。虽然根据北京猿人的骨化石推断，这个人类发展史上占据里程碑式地位的种群大多数未满40岁而终，但是令人欣喜的是，多地遗迹表明，包括北京人、山顶洞人、河姆渡人在内的远古人猿在与大自然的抗争中逐渐学会了使用工具。

1. 石器

人类形成的过程中，充满着与野兽搏杀的野性与血腥，先天的种族劣势注定远古人猿无法从力量上轻松取胜，在医药资源和医学技术几乎空白的背景下，流血受伤又间接地加速着远古人猿本就短暂的生命的流逝。

自然界遍布各地的石头给予了远古人猿灵感，通过从石块上打下石片，在石片的一面或多面进行加工，完成短刮削器、长刮削器、圆刮削器、刃刮削器的制作。这些石器或刺或戳或割或刮，用途不同，给远古人猿的生活带来极大的便利。更与竹木结合，创制原始猎

---

① 刘安.淮南子[M].上海：上海古籍出版社，2016.

具,加速了动物驯化的进程。

2. 火

恩格斯曾说:"摩擦生火第一次使人支配了一种自然力,从而最终把人类同动物界分开。"火在远古时代最初是作为一种灾难而存在的,人猿聚群而居,森林物产资源丰富,然而干燥的木材在暴晒之下极易引发火灾。远古人猿因无知而畏火,但是同时又慢慢发觉靠近烈火可以取暖,可以防御猛兽,可以照明,野兽的肉块经火烤制更加美味……于是,人猿开始在劳动的过程中探索火的使用方法。

《韩非子·五蠹》记载:"上古之世,人民少而禽兽众,人民不胜禽兽虫蛇……民食果蓏蚌蛤,腥臊恶臭而伤害腹胃,民多疾病。有圣人作,钻燧取火,以化腥臊,而民说之,使王天下,号之曰燧人氏。"又《尸子》记载,"燧人上观星辰,下察五木以为火"。从古籍中知道,原始人类已经可以敲击燧石取火、钻木取火,此外,在一些少数民族远古墓葬中还发现了带着烧灼痕迹的木片、竹片,都是原始人类用火的佐证。

(二)氏族公社的发展

经过漫长的原始生活,人类的祖先根据各自的血统关系逐渐组建起一个又一个劳动群体,运用集体的力量与大自然做斗争。这就是世界各地原始社会普遍存在的氏族公社。其中,氏族公社又分为母系氏族公社和父系氏族公社两个阶段,直至国家建立,氏族公社的形式才消失在历史的长河中。

1. 母系氏族公社

母系氏族公社是以母亲的血缘关系结成的原始社会的基本单位,产生于旧石器时代晚期。就中国原始社会而言,最具代表性的母系氏族公社存在于仰韶文化时期。由于远古时期人类对于男性、女性生理构造知识的匮乏,认为繁衍只与母亲有关,导致这种以血缘为纽带而建立的氏族公社起初是由女性主导族人的生产生活。

考古证明,生活在仰韶文化地区的人类已经建起村落,并在村落周边土壤肥沃的地方发展原始农业,种植谷、稻、粟,兼营家畜饲养。骨耜和木耜之类的原始农具开始运用在农业种植中,甚至出现简单的谷物加工工具。此外,渔猎、纺织、制陶技术都呈现出不同程度的进步。

2. 父系氏族公社

父系氏族公社存在于青铜时代和早期铁器时代。母系氏族公社末期,原始农业、畜牧业和手工业出现分工,身强力壮的男性比女性更容易获得生产资料,因此,男性逐渐取代女性,开始担任氏族首领,成为家庭和社会的核心和支撑。

父系氏族公社晚期,生产力进一步提高,出现私有制和奴隶制。具有代表性的是龙山文化和齐家文化。龙山文化除沿袭了母系氏族社会的陶器、石器、骨器和蚌器外,甚至还可能已经出现青铜器。龙山文化地区的人以农业为主而兼营狩猎、打鱼、蓄养牲畜,已经开始产生用兽骨占卜的习惯,石器、陶器制作更加精美,出现青铜冶炼技术,在出土的器物和配饰上均可发现青铜的踪迹。

二、中国原始社会的社会公育

（一）实施

由于原始社会生存条件恶劣，变幻莫测的大自然令人生畏，人类普遍力量薄弱，需要依靠彼此的互帮互助才能够很好地从事劳动生活。因此在没有阶级之分、没有家庭之分的氏族社会里，生产资料公有，劳动成果平均分配，和农田、渔猎、纺织一样，儿童的教育问题也由整个部族一起承担。并且，由于原始人类寿命比较短暂，下一代的繁衍和生长对于种族的延续来说极为重要，因此社会公育成为原始社会儿童教育的基本形式。

上古神话传说中不乏关于原始社会生活环境的记载，例如燧人取火的故事，因为百姓生吃食物而经常生病，燧人伏羲钻木取火并教会百姓生火和烤制食物。这是原始社会教育的一大特点，教育融于生产生活，多是教授原始人类基本的生活技能，尚未作为独立的社会现象而存在，更没有专门从事教学的职业人才。

除基本的生活技能之外，原始社会的儿童还会接受规则教育、宗教教育和美感教育。

1. 规则教育

母系氏族公社虽然没有尊卑贵贱之分，但是在部族人类的每日相处中已经产生一定的社会交往规范，譬如以物换物、赡养老人……要使部落族群平稳长久，减少内部斗争，儿童作为承载希望的下一代必须学会这些社会交往规范。

2. 宗教教育

及至父系氏族公社，出现以兽骨占卜询问晴雨的巫术，而早在这之前的母系氏族公社便开始产生图腾崇拜。无论是巫术还是图腾崇拜，足见原始人类对于大自然的敬畏，儿童在长辈的口口相传中理解日月盈昃与万物生长的关系，学会依靠日影推断时间，不误农时，并具备初步的宗教意识，对未知的大自然产生敬意。

3. 美感教育

根据现今流传下来的一些远古墓葬的壁画上绘制的内容，歌舞这种艺术形式在中国古代原始社会里并不罕见。虽然业界对于原始歌舞的起源莫衷一是，有人说是源于祭祀，有人说是源于战争，有人说是源于游戏，但可以肯定的是，在对儿童实施的社会公育中，歌舞同样是一项不可或缺的教育内容。

📋 资料卡片

远古朱襄氏治理天下，当时经常刮风而且阳气蓄积太盛，万物四处奔散，果实难以成熟，所以士达创造了五弦瑟来招阴气，来稳定众生。

古代葛天氏的音乐，演奏的形式是三个人拿着牛尾，踏着脚来唱八阕歌：第一章叫"载民"，第二章叫"玄鸟"，第三章叫"遂草木"，第四章叫"奋五谷"，第五章叫"敬天常"，第六章叫"达帝功"，第七章叫"依地德"，第八章叫"总万物之极"。

从前陶唐氏开始治理天下的时候，阴气太盛，气势滞涨沉积，水道阻塞，一切不按照它原来的流向运行,百姓的精神抑郁积滞,筋骨蜷缩不得舒展,所以通过创作舞蹈来加以疏导。[1]

(二)庠

五帝时代(约公元前 2700 年),经历漫长平和岁月的原始社会逐渐步入一个充满战争与杀戮的部落联盟与军事民主制阶段。教育机构"庠"就产生在这个时期。

中国最早的一部字典《说文解字》对庠做出的释义是:"庠,礼官养老,夏曰校,殷曰庠,周曰序"。再分析庠的字体构造,庠从广羊,广,殿之大屋也(《说文解字》);羊,即羊群。综而言之,庠在最初指的是蓄养羊群的地方。

原始社会里劳动力短缺,加之五帝时代战争频发,年老之人便被安排在庠之类的地方从事比较简单的劳动事业,故而庠也可视作养老的地方。同样地,在原始社会承担儿童教育的基本都是经验丰富的老者,因此庠作为原始社会老人的安置地,兼具对儿童实施保育和教养的功能,这种功能随着时间的推移越来越完善,庠最终成为学校的萌芽,也是儿童社会公育的专门机构。

(三)特点

原始社会由于其特殊的时代背景,对儿童实施的教育呈现出几个主要特点:①以社会公育的基本形式开展教育;②主要由年老体衰但经验丰富的老者承担教育责任;③教育目的、内容和方法融入原始部落的生产生活;④没有文字依托,主要依靠口口相传。

第二节　中国奴隶社会的儿童教育

✦ 课外阅读

启 母 石[2]

大禹治水,途经辕轩山的时候决定打开一条山间泄洪通道,为此大禹化作一头神力无比的大黑熊。他顾不得回家,便对妻子涂山娇说,以击鼓为号,把饭送到山上。大禹正干得起劲时,一块劈山崩裂的石头误触皮鼓,涂山娇听见鼓声,连忙前往送饭,见到自己的丈夫变成一头大黑熊,她感到非常羞愧,连忙跑开。到嵩高山下时,受到惊吓的涂山娇突然化为石头,而此时涂山娇已近分娩,大禹大声呼唤着妻子和将要出生的孩子,巨石突然开裂,从中蹦出一个婴儿,这就是禹的儿子启。

于是,人们就把涂山娇变成的那块石头取名"启母石"。

---

[1]　陆玖.吕氏春秋(精)[M].北京:中华书局,2011.
[2]　方韬,译注.山海经(精)[M].北京:中华书局,2011.

资料卡片

禹子启贤，天下属意焉。及禹崩，虽授益，益之佐禹日浅，天下未洽。故诸侯皆去益而朝启，曰"吾君帝禹之子也"。于是启遂即天子之位，是为夏后帝启。[①]

思考：世袭制取代禅让制意味着什么？会给奴隶社会的教育带来怎样的影响？

夏朝的建立标志着中国古代奴隶社会的正式形成，经过殷商的发展，在礼乐兴盛的西周逐渐强盛，直至春秋时期，奴隶制逐步瓦解，即公元前21世纪起，公元前476年止。奴隶社会的制度包括政治上的分封制、继承关系上的宗法制、经济上的井田制，以及区别人们地位的国野制。

而这一时期，区别于原始社会的教育形式与之同步产生，学前教育得到进一步发展。

一、西周时期的学前教育计划

周武王伐纣，殷商覆灭。武王采取"封建亲戚、以藩屏周"的政策，将其同姓宗亲和功臣谋士分封各地，建立诸侯国。各个诸侯国拱卫周王室，武王心无挂碍地东征并取得全面胜利，周王朝的统治得到巩固。

西周是奴隶社会的鼎盛时期，经济发展，礼教兴盛，时人的视野逐渐聚焦在儿童身上，并不断加深对儿童以及儿童教育的理解，经过文字的记录与编撰，更具体地呈现出西周时期教育者及思想家根据儿童年龄大小来制订的学前教育计划。

资料卡片

子能食食，教以右手。能言，男唯女俞。男鞶革，女鞶丝。六年教之数与方名。七年男女不同席，不共食。八年出入门户及即席饮食，必后长者，始教之让。九年教之数日。十年出就外傅，居宿于外，学书计，衣不帛襦裤，礼帅初，朝夕学幼仪，请肄简谅。

——《礼记·内则》

《礼记》，六经之一，主要用来记载周代冠、婚、丧、嫁诸礼。从《礼记·内则》篇目中可见在周朝的奴隶主贵族家庭中，已经展开专门针对儿童的教育实践。概括来说，其教育内容主要是：①生活自理能力；②礼仪礼貌；③初步的文化知识启蒙；④男女不同的性别教育。

综而言之，西周时期制定的这一学前教育计划不仅兼顾儿童的身心发展特点，而且针对不同年龄段的儿童在其教育内容上均有不同要求。《礼记·内则》中记载的学前教育计划是中国教育史上关于学前教育最早的文字记录，对中国奴隶社会乃至封建社会的学前教育发展都产生了一定的影响，是当时学前教育发展的一个标志。

① 司马迁撰，裴骃集解，司马贞索隐，张守节正义.史记[M].北京：中华书局，1982.

二、奴隶社会的宫廷学前教育

虽然奴隶社会存在人剥削人的情况,但是就整个人类社会的发展进程而言,奴隶社会是原始社会的进阶。而奴隶社会区别于原始社会的几个关键点在于:出现贫富分化;出现阶级区分;出现阶级斗争;私有制的产生;国家的建立。

王公贵族作为奴隶社会的上流阶级,可以无条件地享用由奴隶创造的社会财富与劳动成果,因此,王公贵族余下大量的精力与时间去从事政治、经济、文化以及教育事业。而取代禅让制的世袭制意味着子孙的培养对一个家族的延续与荣耀尤为关键,甚至会影响一个朝代的存亡。

在此背景之下,出于国祚绵延、国运昌隆的考虑,上至天子王宫,下至诸侯王室,都会选派德才兼备的官员担任教师,在宫廷里对贵族子弟展开教育。贵族子弟学龄前就必须遵照安排定时上课学习、上交作业并参加考试,在教师周密而综合的培养之下品性与素养逐步完善,从而具备成为明君的可能性。

这样的教育形式并非杂乱无章,奴隶社会的君主建立多项制度来使其有效运行,也就是乳保教育制度和保傅教育制度。

(一)乳保教育制度

由于生存环境与医疗条件恶劣,从原始社会到奴隶社会乃至封建社会,人类婴儿都很容易因病而死。因此奴隶社会的王公贵族同样意识到对于身心还未发育成熟的儿童来说,保育与教育应该处于相同的地位,乳保之教因时而生。

太子、世子出生不久,主事者会专门挑选符合要求的女子作为太子(世子)的乳母、保母等,承担着保育、教导、处理太子(世子)事务的责任。

> **📋 资料卡片**
>
> 　　异为孺子室于宫中,择于诸母与可者,必求其宽裕、慈惠,温良、恭敬,慎而寡言者,使为子师,其次为慈母,其次为保母,皆居子室,他人无事不往。[①]
>
> 　　**思考**:奴隶社会对保育太子(世子)的人有什么要求?与现代社会对保育员的要求是否一致?

以《礼记·内则》中记载而言,子师、慈母、保母合称"三母",她们共同肩负着教导贵族子弟的职责,但是教育内容又不尽相同:"师,教以善道者;慈母,审其欲恶者;保母,安其寝处者。"简单来说,子师与慈母主要负责太子、世子的德行的培养与教导,而保母主要负责太子、世子的饮食起居。

除此"三母"外,宫廷内部对太子(世子)乳母的选择也十分慎重,都是在大夫之妾或者士之妻中择选。

西周时期实行的这项制度甚至在一般的士大夫家庭中也流传开来,乳保制度影响的

---

① 　王文锦译解.礼记译解[M].北京:中华书局,2016.

不仅是奴隶社会,直至封建社会,钟鸣鼎食之家同样会为婴幼儿配置乳母,譬如唐中宗李显的平恩郡夫人就是其乳母于氏。

(二)保傅教育制度

奴隶社会对君主的要求是全面性、综合性的,从"三母"的设置与职能分配可见,"三母"并未承担对太子(世子)的礼、乐、射、御、书、数方面的教育。关于六艺与为君之道的教导主要由主事者专门指定的官员负责,即师、保、傅。

> **📖 资料卡片**
>
> 养国子以道,乃教之六艺:一曰五礼,二曰六乐,三曰五射,四曰五御,五曰六书,六曰九数。[①]
>
> **思考:** 六艺中的五礼、六乐、五射、五御、六书、九数分别是什么?周朝贵族的教育内容与今天学前教育的五大领域有什么异同之处?

贾谊在《新书·保傅》中记载"古之王者,太子初生,固举以礼。……故自为赤子,而教固已行矣。昔者,周成王幼在襁褓之中,召公为太保,周公为太傅,太公为太师。保,保其身体;傅,傅之德义;师,道之教训。三公之职也。于是为置三少,皆上大夫也,曰少保、少傅、少师,是与太子燕也"。虽然贾谊举的例子是周成王,但是早在西周之前保傅教育制度就已经建立,譬如提出治大国如烹小鲜的伊尹曾经是商汤王的太傅,对汤王屡次规劝,汤王从善如流,二人的君臣相处之道一度传为美谈。

太保、太傅、太师合称"三公",与"三母"的设置相似,这三者负责不一样的教导内容,分工明确又互相补充。从史料记载可知,太保主要负责身体方面的保育,太傅主要负责品德道德方面的教育,而太师主要负责过往君王政治经验与成败教训的总结与教导。

除三公之外,西周还配置相应的副职,即三少——少保、少傅与少师。三少的分工与三公一致,经常与太子同进同出,以监督并影响太子的言行举止。

在三母、三公和三少的辅导教育之下,奴隶社会的太子大多品德良善,修养较好,使商朝与西周的社稷都能长治久安。因此,乳保教育制度与保傅教育制度并行的宫廷教育制度被封建社会的君主继续沿用,将其视作君主教育的有效之策。

三、奴隶社会的胎教

在大多数的现代人眼中,胎教这个概念是从西方流入国内的,而对尚在腹中的胎儿开展教育好像也是近些年才普及于众的理论经验,但事实并非如此。

(一)中国是最早提出胎教概念的国家

中国是世界上最早提出胎教这个概念并且实施胎教的国家,论据如下。

(1)"太任文王之母,挚任氏之仲也,王季娶以为妃,太任之性,端一诚庄,惟德之行。

---

① 徐正英,常佩雨,译注.周礼[M].北京:中华书局,2014.

及其妊文王,目不视恶色,耳不听淫声,口不出敖言。生文王而明圣,太妊教之,以一而识日,卒为周宗。君子谓太任为能胎教"。(《列女传·母仪传》)

(2)"周妃后妊成王于身,立而不跛,坐而不差,笑而不喧,独处不倨,虽怒不骂,胎教之谓也"。(《新书·胎教》)

周文王的母亲太任在怀孕期间不看邪恶的东西,不听淫乱的声音,不说狂傲的话,因此周文王生下来非常聪明。而周成王的母亲怀孕时,站有站相,坐有坐相,笑时不放声喧哗,独居一处时也不懈怠放任,发怒时也不骂人,用礼教的规范来约束自己的一举一动,从而保持对胎儿的良好影响。

以上两例都是有文字记载的史料,以此可推,西周时期王公贵族对胎儿的教育已经是常态,更有甚者,西周还建立专门的胎教制度以约束孕期的女子,从而确保胎教的有效开展。

📋 资料卡片

古者胎教之道,王后有身,七月而就蒌室,太师持铜而御户左,太宰持斗而御户右,太卜持蓍龟而御堂下,诸官皆以其职御于门内。比三月者,王后所求声音非礼乐,则太师抚乐而称不习。所求滋味者非正味,则太宰荷斗而不敢煎调,而曰:"不敢以待王太子。"……此正礼服教也。①

上述关于胎教制度的记载大意是说王后怀孕七个月以后,来到分娩专用的居室,太师拿着奏乐用的铜器站在门的左面,太宰拿着烹调用的斗具站在门的右面,太卜拿着占卜用的蓍草与龟壳站在堂下,文武百官都按照官职大小侍立在门内。产前三个月,王后想听的声音如果不符合礼乐,太师就会抚摸着乐器说自己不熟悉,不会演奏;王后想吃的滋味菜肴如果不符合礼制,太宰就会拿着斗而不敢烹调菜肴,并说自己不敢服侍太子。

(二)奴隶社会的学前教育特点

就整个奴隶社会而言,西周是中国胎教理论与实践并行发展的一个时代,也是一个初步尝试的阶段。在这个时期,胎教只是盛行于上流社会,而下层平民疲于奔命,既不知道这些教育理论,更没有机会去尝试。直至春秋战国时期,以孔子为首的思想家、教育家在各国宣传政治主见与教育思想的同时,无形中将上层阶级的一些文教内容流传到民间,因此战国时期同样有对胎儿实施胎教的家庭。

奴隶社会的学前教育具有以下特点。

(1)原始社会的儿童社会公育形式已经消失,承担儿童教育责任的是家庭。

(2)学前教育具有明显的阶级性与宗法性。

(3)学前教育与学校教育已经开始明确按照年龄进行划分,并有详尽的教育计划。

(4)奴隶社会的君主肯定学前教育的作用,并建立乳保制度与保傅制度确保其有效实施,更对胎儿展开胎教。

---

① 中国哲学书电子化计划.http://ctext.org/.

第三节　中国封建社会的儿童教育

西周末年,周幽王为博褒姒一笑,烽火戏诸侯,以致犬戎攻破镐京,周幽王被围困而四方无人驰救,最终身死。其子宜臼被诸侯拥立为王,即周平王,自此,中国古代的历史正式迈入东周时期。东周列国诸侯争权夺势,纷争激烈,直至公元前453年发生历史上著名的三家分晋,鬼谷子、白起、廉颇、蔺相如……大量的思想家、变法家以及政治人物陆陆续续登上战国的舞台,中国开始步入封建社会。

战国时期社会大变革,原本处于贵族最底层的士阶级得以解放,原本由贵族垄断的文化学术向社会下层扩散,下移于民间,私学开始兴起。天子失官,学在四夷,除中央贵族之外的更多阶层人士有机会获得教育,学前教育同时得以进一步发展。

一、封建社会的学前家庭教育

(一) 背景

封建社会学术下移,在原始社会由官员在宫室针对贵族子弟开展的学前教育流传至民间,不管是宫室的学前教育还是民间的学前教育,都十分注意培养学前儿童的家庭观念,而论起教育场地,则主要是在家庭,甚至一些私塾与书馆都由家族承办。

譬如《红楼梦》中以贾宝玉为首的公子哥就是在贾府的书馆里上的学,林黛玉在还未入贾府之前,是由其父亲林如海聘请西席贾雨村在府中对林黛玉进行教学。在一些底蕴深厚的大家族里,由于家学以及技艺的私密性,其子孙会在家庭中完成整个人生阶段的教育。

中国古代家庭观念很强,依照血缘亲情建立的宗法制度明确规定着长幼尊卑与嫡出庶出。子孙从出生伊始就被套进宗法制度中,其身份地位的高低影响着家庭教育资源的倾斜。毋庸置疑,家庭教育在中国学前教育史乃至中国教育史中都发挥了非常核心的作用,究其原因,与中国古代的经济形式密切相关。

从原始社会开始,恶劣的生存环境、粗糙的生产工具、单薄的个人力量……在不一而足的残酷现实背景下,人类必须聚族而居才能保证群体的繁衍,于是渐渐促生以家庭为基本单位的生产方式。家庭形似社会,成员之间分工明确,关于财产的管理分配、生产的组织进行,都按照既定的框架来完成。经济基础决定上层建筑,需要凝聚力的经济形式决定着其成员个人的命运与家族的命运息息相通，家庭成员之间唇齿相依，给子孙提供优良的教育则成为家族兴旺的最好保证，"光耀门楣""光宗耀祖""祸福与共"……这些自有典故的成语都是最好的写照。因此，家庭教育是中国封建社会学前教育最主要的展开形式。

（二）目的

中国封建社会开展教育的目的主要有以下三个方面。

1. 培养统治人才

中国是四大文明古国之一，悠久的历史、丰富的物产、广袤的土地，造就了愈渐庞大的人口基数。百姓生存的基本需求与频发的天灾人祸交织成一张巨大的网，笼罩在历朝历代的君主身上，给他们带来的是管理与统治的压力。

建立一个纪律严明、职能明确的官僚组织，能使封建帝王更好地管理国家，官员的个人才能决定着官僚组织运行的有效性，必须寻找到一条行之有效的选拔人才的途径。因此，自汉朝起，便由官方在京师长安创设太学"以养天下之士"，太学为中央官学，是全国的最高等学府，其主管太子祭酒掌管着全国教育行政。从隋朝开始太学逐渐改为国子监，国子监内还设太学。如今还能在北京东城区国子监街 15 号参观国子监，体验封建社会的高等学府。

太学（国子监）在设立之初既能遴选人才，又起储备人才的作用，直至隋唐创立广为人知的科举制，太学才日渐沦为其附庸。

与统治阶级对封建教育的重视相对应，封建社会的家庭深信"学而优则仕"，对子孙常常以出人头地、加官晋爵耳提面命，学前家庭教育的展开基本围绕仕途来进行。

2. 修身齐家治国平天下

古代的士大夫常以"修身齐家治国平天下"为目标来督促自己，而修身、齐家、治国、平天下这四个人生目标之间呈现出来的是层次递进关系，培养自身良好的德行进而管理家族，在家族和睦的基础上去完成治理国家的宏大理想，最终达成天下太平的美好愿望。

家庭其实是一个浓缩的社会，成员的个人素养以及成员之间的日常相处是否融洽决定着家庭的氛围是否和睦，而社会又是由大大小小的家庭构成的，因此家庭的和睦能够有效减少社会不良事件的发生。

所以，学前家庭教育的目标还有教以子孙修身齐家治国平天下的思想，以确保社会的有序运转。

3. 光宗耀祖

从家庭角度考虑，封建社会的家长对其子女的教育最实际的目的其实是光宗耀祖。结合封建社会的时代背景，一个家族的兴旺能够给家庭成员带来财富与权势，同样地，一个出人头地的家庭成员能够给整个家族带来人脉与机会。因此，家族长辈都希望能通过家教的方式使子女成龙成凤，而子女也希望能够以此报答父母长辈。

（三）内容

整体来说，封建社会的学前家庭教育内容主要包含以下几个方面。

1. 思想品德教育

四书中的《论语·颜渊》讲，"齐景公问政于孔子。孔子对曰：'君君，臣臣，父父，子子'。公曰：'善哉！信如君不君，臣不臣，父不父，子不子，虽有粟，吾得而食诸？'"齐景公向孔子求教关于管理国家的策略，孔子回答说，"做君主的要有做君主的样子，为人臣子的要有为人臣子的模样，做父亲的要有做父亲的样子，做儿子的要有做儿子的模样。"齐景公说，"对啊，如果做君主的不像君主，当臣子的不像臣子，做父亲的不像父亲，做儿子的不像儿子，即便粮食充足，我又哪里吃得到？"

从这则简短的故事可以知道，中国古人认为君与臣、父与子之间都必须遵照一定的行为准则与道德规范来相处，否则天下就会动荡不安。而这个行为准则与道德规范就是古人常说的三纲五常。

君为臣纲、父为子纲、夫为妻纲即是三纲，仁、义、礼、智、信即是五常。在朝堂之上，君主是臣子的纲纪，俗语云君要臣死臣不得不死；在家中，父亲就是子女的纲纪，子女需要唯父亲马首是瞻；女子一旦出嫁，丈夫就是妻子的纲纪，妻子就要侍奉丈夫左右。而在日常相处的时候，人与人之间都应该做到仁善、正直、礼貌、聪明以及守信。

中国古代封建社会的宗法制度与伦理道德对为臣、为子与为妻的义务都做了详尽的规定，而这样的思想观念被融入家庭教育中，成为学前儿童教育内容的主要组成部分。

📖**资料卡片**

三 纲 五 常①

三纲者，君臣义，父子亲，夫妇顺。

曰仁义，礼智信，此五常，不容紊。

---

2. 生活常规教育

中国古代封建社会对学前儿童的教育依然保存着奴隶社会的一些内容，并在其基础上完善修改，使其更满足于家庭以及封建社会对成员素养的需求。

早在奴隶社会，学前儿童就在这类教育机构学习规范准则，进入到封建社会，长辈对学前儿童的日常规范要求更加具体且严格。这类生活常规教育主要包含两类：一是礼仪常规的训练；二是卫生习惯的养成。

明代思想家方孝孺编撰了《幼仪杂箴》一书，将坐、立、行、寝、揖、拜、食、饮、言……总

---

① 李逸安，张立敏，译注.三字经 百家姓 千字文 弟子规 千家诗（精）——中华经典名著全本全注全译丛书（第三辑）[M].北京：中华书局，2014.

共二十项日常言行举动的内容与理学中修身养性的方法融合在一起。此书开篇就讲，"古之人自少至长，于其所在，皆致谨焉，而不敢忽，故行跪、揖拜、饮食、言动有其则，喜怒、好恶、忧乐，取予有其度"。

方孝孺认为学前儿童心智尚未健全，应当及时对其实施思想道德方面的引导与教育，而日常行为规范的养成是其中不可缺少的一项内容。

这类针对学前儿童礼仪常规的教育就是幼仪教育，幼仪教育详尽地规定着学前儿童的坐姿、站姿、跪姿……并以家庭教育的形式对其展开相关的姿态训练。例如，《礼记·曲礼》中说"立必正方，不倾听"，就是说儿童站姿要端正，不能东倒西歪。同样在《礼记·曲礼》中还记载着要求儿童尊敬长辈的内容——"将上堂，声必扬；将入户，视必下"，就是说进屋之前要先扬声出去，使屋内长辈知道而不至于被惊吓；进到屋内，不能直视长辈，应该姿态谦卑。

📋 **资料卡片**

大抵为人，先要身体端整。自冠巾、衣服、鞋袜皆须收拾爱护，常令洁净整齐。我先人常训子弟云："男子有三紧。谓头紧、腰紧、脚紧。"头谓头巾，未冠者总髻。腰谓以绦或带束腰。脚谓鞋袜。此三者，要紧束，不可宽慢。宽慢则身体放肆，不端严，为人所轻矣。

除日常规范之外，学前儿童的卫生习惯也被纳入生活常规教育的内容中，朱熹的《童蒙须知》可作为例证。儿童被要求保持良好的卫生习惯，确保衣服整洁干净，以及清扫庭院居室，做一些力所能及的小事。

---

3. 文化知识教育

在中国古代封建社会，教育成才与官运仕途联系紧密，因此文化知识教育是家庭教育的主要组成部分。

汉朝武帝时期，出于强化专制主义中央集权制度的需要而推行"罢黜百家，独尊儒术"的政策。此举对整个封建社会影响深远，儒家的大一统思想、仁义思想以及君臣伦理观念成为封建君主管理国家驾驭百姓的最好工具，儒家文化从此取代道家思想统领着中国文化。

"四书"指的是《大学》《中庸》《论语》《孟子》四部作品。"五经"指的是《诗经》《尚书》《礼记》《周易》《春秋》五部作品，"四书五经"是儒家用来传道教学的基本教材，同样是封建社会儿童用来学习文化知识的基本教材。当然，在此之前，封建家庭还会启蒙儿童识字作为阅读与学习的基础。蕴含着识字意义的启蒙读物主要是《三字经》《百家姓》和《千字文》，这三本书俗称"三百千"，是封建社会儿童识字明理与道德启蒙的必读书目。

除"四书五经"与启蒙读物之外，由于诗词歌赋是古代科举考试选拔人才的主要内容，因此封建社会的家庭还会借助一些基本教材，例如《唐诗三百首》《神童诗》，对儿童展开关于诗词歌赋的启蒙教学。明末清初李渔著作的《笠翁对韵》朗朗上口，同样也是作为儿童学习诗词对仗、押韵的启蒙教材。

至于习字写字,封建社会的家庭认为儿童身体发育尚未健全,过早写字会影响儿童骨骼发育且具备一定难度,因此与当代社会一样,儿童差不多要到六七岁的时候才开始执笔写字。

4. 身体保健

中国古代封建社会的儿童主要是通过游戏以及一些体育运动来锻炼身体。李白《长干行》中脍炙人口的"郎骑竹马来,绕床弄青梅",儿童以竹竿象征马,骑在竹竿上面绕着井栏为同伴摘取树上的青梅。在这样的一个小游戏里,儿童可以通过一系列的身体动作锻炼四肢的协调能力与小肌肉的精细动作能力。

"萧萧梧叶送寒声,江上秋风动客情。知有儿童挑促织,夜深篱落一灯明",儿童捉蟋蟀与斗蟋蟀的游戏同样可以促进儿童的动作发展。类似的还有爬树、用弹弓射鸟、扑蝶……都可以在古代诗文中找到例证。

与游戏相比,古代的体育运动对儿童身体动作能力的要求则更加具体而严格。例如,蹴鞠、踢毽子以及唐朝盛行的马球。

这些游戏,有一部分在历史的进程中已经演变成专业的体育运动(马上曲棍球),大部分流传至今,依然是当今社会儿童喜欢的游戏方式与运动项目。

中国古代封建社会的教育内容十分全面且丰富,蕴含着德、智、体、美诸方面,但其中部分内容由于与政治联系较为紧密而显得十分僵化且目的性太强,儿童失去自由的同时被困在伦理纲常之中,变得愚忠愚孝。加上封建家庭望子成龙、望女成凤的心愿十分迫切,以致儿童压力太大,整日为学业与仕途奔走,不仅天性遭到扼杀,还可能会发生类似"范进中举"这样令人啼笑皆非又引人深思的情况。

二、封建社会的胎教发展

原始社会关于胎教的相关理论主要记载在《礼记》中,比较零散,封建社会的胎教在其基础上进一步发展,逐渐专业化,这主要得益于古代医学理论与实践的进步。

(一)理论基础

1. 黄帝内经

秦汉时期的《黄帝内经》是中国传统医学四大经典著作之一,书中内容除涉及医学之外,还涉及养生、阴阳五行、脉象以及运气等,道家思想痕迹较深。

《黄帝内经》将人的某些病因归于胎儿时期,认为与母亲孕期情绪有关。"帝曰:人生而有病癫疾者,病名曰何?安所得之?岐伯曰:病名为胎病,此得之在母腹中时,其母有所大惊,气上而不下,精气并居,故令子发为癫疾也。"因此,《黄帝内经》提倡在母亲孕期对其进行一定的指导与保养,以保证胎儿的健康以及长大成人后的身体素质。

与《礼记》的寥寥数语不同,这是中国古代第一次从医学角度阐释胎教的意义与作用。

2. 外象内感

唐代医药学家、被尊为药圣的孙思邈在其医学著作《千金方》中总结出"外象内感"的理论。外象即外界客观事物的现象，内感即母体内的胎儿对外部客观事物的感应，外象内感说的就是外界环境的刺激会使母体的身体以及心理产生变化，从而使胎儿察觉到并影响到胎儿的成长。

除此之外，孙思邈还在《千金方·养胎》中对孕妇的妊娠脉象、妊娠期间的起居饮食以及一些禁忌做出阐述。

3. 母子同体

元代朱震亨在《格致余论·慈幼论》中写道"儿之在胎，与母同体，得热则俱热，得寒则俱寒，病则俱病，安则俱安。母之饮食起居，尤当慎密"，朱震亨认为胎儿在母亲腹中的时候会受到母亲生理状态与心理状态的影响，母亲生理状态以及心理状态的好坏会直接影响到胎儿的成长。

4. 养胎

明代医学家万全在前人的医学基础上更加具体地对母亲的情绪对于胎儿的影响做出解释。"受胎之后，喜怒哀乐，莫敢不慎，盖过喜则伤心而气散，怒则伤肝而气上，思则伤脾而气郁，忧则伤肺而气结，恐则伤肾而气下，母气既伤，子气应之，未有不伤者，其母伤则胎易堕，其子伤则脏气不和，病斯多矣。盲、聋、喑哑、痴呆、癫痫，皆禀受不正之故也。"（《辅仁秘科·养胎》）

万全认为母亲在怀孕期间需要保持情绪平稳，避免一些极端的情绪，例如过喜、过怒、过思、过忧以及过恐都会对母亲与孩子造成不好的影响。

（二）经验

中国古代封建社会的胎教承袭原始社会的经验，又历经两千多年的发展，理论付诸实践并不断得到充实与补充，其中不乏一些值得现代社会借鉴的内容。具体如下。

（1）肯定环境对胎儿的影响。

（2）肯定母体情绪与精神状态对胎儿的影响。

（3）注意培养母亲良好的生活习惯。

（4）母教与胎教相结合。

（三）局限

中国古代封建社会的胎教虽然有传统中医学理论作为支撑，但是由于时代背景的影响以及科学技术手段的欠缺，不可避免地染上了一些封建迷信的色彩。

"吉梦维何？维熊维罴。"又："大人占之，维熊维罴，男子之祥。"（《诗经》）认为孕妇梦见熊罴是生男孩的吉兆，古人对生男生女的迷信可见一斑。

考点聚焦

第一章 课外阅读

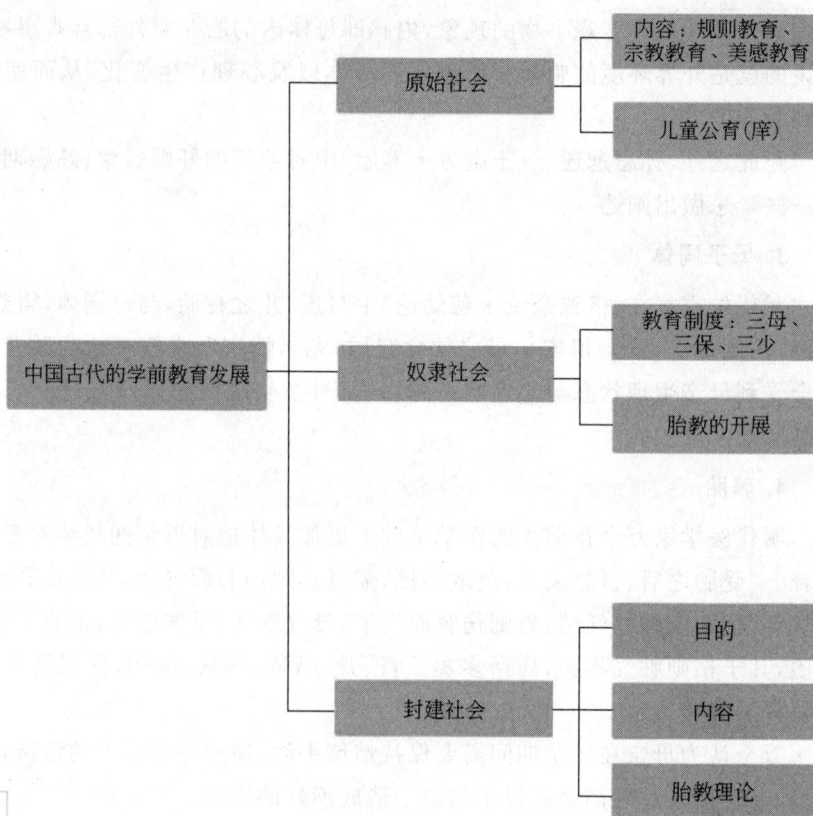

```
                                        ┌─ 内容：规则教育、
                          ┌─ 原始社会 ──┤   宗教教育、美感教育
                          │             └─ 儿童公育(庠)
                          │
中国古代的学前教育发展 ──┤             ┌─ 教育制度：三母、
                          ├─ 奴隶社会 ──┤   三保、三少
                          │             └─ 胎教的开展
                          │             ┌─ 目的
                          │             │
                          └─ 封建社会 ──┤─ 内容
                                        │
                                        └─ 胎教理论
```

　　本单元知识在历年教师资格证考试中较少涉及，题型主要是选择题，主要考查学生对于中国古代社会学前教育的一些历史常识的掌握情况，例如最早的学校，最早实施胎教的朝代，最早的学前教育计划，三母、三保以及三少的概念，太学的创设，孙思邈的外象内感说，朱震亨的母子同体说等内容，学生需要对其中典型的朝代、人物、史籍以及胎教发展的脉络等相关知识点重点加以识记。

考题链接

一、选择题

1. (　　)是人类最早呈现出来的一种幼儿教育形态。
   A. 采用讲故事的形式对儿童进行教育　　B. 模仿游戏
   C. 老少相随，以老教小　　　　　　　　D. 宗教仪式

2. 据史籍记载，"庠"是传说中(　　)的学校名称。
   A. 西周时代　　　B. 虞舜时代　　　C. 炎帝时代　　　D. 南北朝时期

3. 中国教育史上最早关于学前教育的记录是(　　)。
   A.《诗经》　　　　　　　　　　　　　B.《礼记·内则》
   C.《说文》　　　　　　　　　　　　　D.《新书·胎教》

4. 据史料记载,最早实施胎教的是(   )。

    A. 西周文王之母   B. 炎帝之母   C. 周武王之母   D. 商纣王之母

5. 太学设立于我国历史上的朝代的是(   )。

    A. 唐朝   B. 宋朝   C. 西周   D. 汉代

二、简答题

1. 简述原始社会儿童教育的主要内容。

2. 简述原始社会儿童公育的主要特点。

3. 奴隶社会儿童公育的特点是什么?

4. 简述中国古代封建社会胎教的经验以及局限。

三、论述题

1. 试比较奴隶社会的胎教与现代社会的胎教。

2. 思考孙思邈的外象内感说在现代社会的实用性。

第一章　考题链接参考答案

第二章
中国古代学前教育思想

本章导航

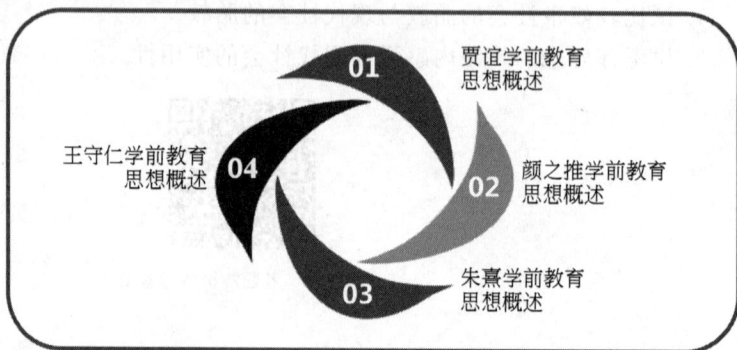

01 贾谊学前教育思想概述

王守仁学前教育思想概述 04

02 颜之推学前教育思想概述

03 朱熹学前教育思想概述

学习目标

1. 了解贾谊、颜之推、朱熹、王守仁等思想家的学前教育思想。

2. 正确分析与评价我国古代教育家的教育理论以及对当时教育实践的影响。

3. 辨析古代学前教育思想对当下早期教育和学前教育的积极与消极作用。

故事探索

早 期 教 育

联合国儿童基金会执行主任卡罗尔·贝拉米曾说过,个体有两个成长的关键期,一个是幼儿期,另一个是青春期。"0~3岁正好是幼儿期,这个时候应该将早期教育当作最优先考虑的事情,同时从法律、政策、资源、资金等方面加大支持力度。"加之目前的"二孩政策"、日益增加的家庭收入、育儿观念的转变以及"别让孩子输在起跑线上"等诸多因素影响,社会上出现了大量的早教机构,幼儿园也开设了相应的早教班。根据2016年教育部公布的数据,全国早教机构共有 11 400 家,其中北、上、广、深等一线城市占全国的 15.1%,早幼教经费支出约为 6 800 亿元。这些数据的背后,意味着"早期教育"越来越被人们重视。

思考:如何理解早教?早教从哪个年龄段开始最合适?

第一节 贾谊思想概述

一、生平简介

贾谊(前 200—前 168 年),出生于洛阳(今河南洛阳东)人。西汉初年著名的政治家、文学家和教育家,其基本情况如表 2-1 所示。

表 2-1 贾谊生平简介

姓名	贾谊	生卒年	前 200—前 168 年	户籍	河南洛阳
年代	西汉初年	名誉	政治家、文学家、教育家		
著作	散文:《过秦论》《论积贮疏》《陈政事疏》 辞赋:《吊屈原赋》《鹏鸟赋》 书籍:《新书》				

贾谊(图 2-1)少有才名,18 岁时,以文采而出众。20 岁时,受到文帝的重任,时任博士,提拔为迁太中大夫。由于受大臣周勃、灌婴排挤,被贬为长沙王太傅,故后世又称贾太傅。三年后被召回长安,为梁怀王太傅,因梁怀王坠马而死,贾谊深自歉疚,抑郁而亡,时年仅 33 岁。

图 2-1

二、教育理论(太子早期教育)——早谕教

0~3 岁的婴幼儿大脑发育迅速,在 3 岁时婴幼儿的脑重已接近成人的脑重,智力发

展水平逐渐增加;从最初的抓握、走路、拥抱等条件反射向动作—粗大动作—精细动作发展。各种感觉也在随之发展:2个月后具有深度知觉,3个月可以简单地分辨物体的形状,4个月具有知觉的恒常性。注意力不稳定,易转移,喜欢复杂、新颖的事物,模仿能力强,喜爱游戏。语言从最开始的电报句向简单句再向复合句进行发展。开始表现出独立性、简单人际交往、不会分享—学会分享。思维处于感知运动阶段。个性特点还未形成,也即个体在幼年时期,心思单纯,能够在有利的环境熏陶和培养之下,形成良好的品德和性格。因此在这个阶段,及早进行教育,使其增强辨别是非的能力,才能够获得事半功倍的效果。

贾谊根据教育太子的经验,将太子的一生划分为"胎教、学前教育、学校教育、成人教育"四个阶段,前两个阶段属于幼儿阶段。

贾谊认为,及早施教,是太子品行端正的重要前提之一,特别强调了"早谕教"应该包括四个方面。

1. 胎教

贾谊是中国教育史上较早提出胎教的人之一,继承了中国古代"慎始正本"的思想,认为人的教育应该从胎教开始,并且应该做到以下几点。

(1)选择父母是胎教的根本。只有品行端正、行为仁义的父母,生下来的孩子才会孝顺、善良、知书达理,否则就会有"虎狼贪戾之心"。贾谊十分重视婚配对象的品性和家族背景,认为孩子的善恶与父母双方的家庭和妻子的家庭紧密相关,这与历来的"门当户对"的婚姻观念是相一致的。

(2)应该对孕妇进行礼仪教育,使其言行举止合乎规矩。贾谊认为"正本其而万物礼,失之毫厘谬以千里",母亲作为孕养胎儿的"容器",其言谈举止对胎儿是具有潜移默化的影响作用的。

(3)应为孕妇安排适宜的环境和合理的饮食。贾谊认为孕妇应该在安静舒适的环境下生活,保持心情的愉悦,并且安排专人负责孕妇的饮食,做到膳食合理。

(4)孕妇要适当运动,这样既可以锻炼自己和胎儿的体质,又能够为顺利生产奠定良好的基础。

2. 学前教育

从中央集权的角度表明:"早谕教"与"选左右"对太子的成长至关重要。太子作为未来的君主,其受教育程度如何,既影响太子个人的修养德行等,更是关乎国家的兴衰发展。因此在做到"早教育"的基础上,更要做到"实施学前教育"。

(1)设置"师、保、傅官"和"三少"等职务,协助"三公",建立健全太子教育专任教师团队,负责教会太子学习。保负责保养方面,傅负责道德培养方面,师负责知识教育方面,三者分工明确,相互配合。

(2)慎选"左右"。选择品行端正、修养极佳、才华横溢、德才兼备的人才作为"三公"与"三少"的人选。用这样的人才作为辅佐太子成才成长的"正人",能够为太子营造良好的教育环境。"三公"与"三少"的选择主要围绕孝、悌、仁、义、礼、智、信等道德内容进行。

3. 学校教育

贾谊是一名儒家学者,他认为儒学思想中的忠、孝、仁、义等是君王必备的特点,而且在儒学中学会以史为鉴,不断完善自我,是励精图治的必备条件。因此他提倡以儒家教育思想对太子进行早期教育,塑造其理想人格。儒学思想的核心就是"礼"。因而,对太子的教育内容自然是围绕"礼"进行的。首先,以《春秋》作为教育的内容,要求太子全面地学习儒学,做到"修身、齐家、治国、平天下",这样才能成为一名合格的君主;其次,学习儒学之中君臣、君民之道,从而理解与掌握做人之道;再次,要求太子广读儒家"六经"等著作,提升自我修养与智力发展;最后,要求"教养结合",在学习知识和培养道德的同时,要合理饮食与适当锻炼身体,增强体质。

4. 成人教育

贾谊认为教育要贯穿一生的发展。对于君王而言,不断学习新的知识,不仅是为了更好地处理君臣、君民关系,更是为了不断完善治国之道,做一名百姓爱戴、功绩丰厚的仁君。

三、对贾谊教育思想的评价及启示

贾谊是先秦以来第一位较全面地阐述早期教育的教育家,其教育思想既传承儒家思想,又丰富了礼教教育,为中国早期教育思想做出了重要贡献。但是其思想带有个人主观臆断和迷信色彩,过分夸大胎教对人格的塑造作用,过度重视先天遗传的影响,忽视后天教育的作用。对学前教育工作者而言,要重视"典范"的作用,一方面要求教育者们能够以身作则,为儿童从小树立榜样,言传身教;另一方面要求教育者引导儿童选择好的榜样,进行模仿学习。将道德教育始终贯穿在生活和学习中,儿童从小就要养成良好的道德品行和修养。将"儒学"融入早期教育和学前教育中,从小形成道德礼仪规范,内化于心,外化于行。现在大力提倡国学教育,学习国学经典,不仅是对儿童各方面的陶冶与培养,更是对传统文化的传承和发展。从生活中的点滴入手,对儿童表现在品行上的微小优点,要及时地予以正强化,使之能固定下来,而对于微小缺点,要及时加以引导纠正,避免其成为"习性"。

第二节　颜之推思想概述

一、生平简介

颜之推(531—约595年),南北朝人,著名的文学家和教育家,出生于今山东临沂的一户官僚世家,其基本情况如表2-2所示。

表 2-2　颜之推生平简介

姓名	颜之推	生卒年	531—约595年	户籍	山东临沂
年代	南北朝	名誉	文学家、教育家		
著作	《颜氏家训》				

颜之推(图 2-2)12 岁开始听讲老庄之学,习《礼》《传》,19 岁任国左常侍,39 岁任北齐黄门侍郎。577 年,任北周御史上士。581 年,隋文帝时期任学士,不久疾终。著有我国古代第一部系统完整的家庭教育教科书《颜氏家训》,是家训和家教的鼻祖与典范。

图 2-2

二、教育理论(家庭教育)

(一)教育须早

颜之推结合个体身心发展的规律与家庭在个体发展中的重要作用和影响,提出了家庭教育的观点。

颜之推根据前人的观念"教妇初来,教儿婴孩"和古代"圣王有胎教之法"、王妃们"怀子三月,出居别宫,目不邪视,耳不妄听,音声滋味,以礼节之",主张家庭教育应从胎教开始。因此主张教要从孕妇怀孕开始,对孕妇进行多种形式的礼仪等教育,可以潜移默化地影响胎儿的发展,对胎儿出生后的成长有着重要的作用。

幼儿,个性特点尚未形成,心思单纯、本性质朴,犹如一张"白纸",可塑性强。假使幼儿处于良好的、优质的教育环境中,可以促进幼儿积极、健康、良性发展,反之幼儿处于消极、污浊的教养环境中,可能会影响幼儿的良性发展。因此应该抓住这个关键期对幼儿进行引导性教育,不仅学习"礼教",而且学会"识人""辨人",以及明白什么事情该做,什么事情不该做。这样到 9 岁后,可以"成天性,习自然"如"日出之光"般耀眼。

(二)严慈相融

颜之推说:"吾见世间,无教而有爱,每不能然。"颜之推不同意父母一味地溺爱与放纵孩子,以免助长其不良行为方式的产生,造成难以估计的后果。

他提倡父母对待孩子既要严格、威严,又要仁慈、关爱,这样子女不仅不会疏远父母,反而会更加尊敬和孝敬父母。即父母应该平衡严教和关爱之间的关系,用合理的方式教育孩子,这样不仅能够拉近亲子之间的关系,而且有助于孩子养成良好的行为方式,提高适应社会的能力。颜之推还强调,当孩子犯错时,为了达到更好的教育效果,可以采用怒责、鞭打等体罚方式。

(三)"均爱"以待

父母面对多个子女,倘若对听话、乖巧、懂事的非常偏爱,可能会助长其骄纵跋扈的习气;对顽皮、捣蛋、不上进的严加斥责与不管不顾,孩子可能会走极端,要么非常孤僻,要么经常惹事。这样不仅不利于建立良好的亲子关系与父母的威严形象,而且会影响子女身心健康成长,带来家庭诸多的不和睦以及混乱。因而,颜之推提倡父母对孩子"勿偏",而要做到"均爱"。这样一方面可以更好地管教子女,另一方面可以尽可能地减少同胞兄弟姐妹之间的冲突,建立良好的家庭关系。

（四）熏渍陶染

"出淤泥而不染,濯清涟而不妖""久入芝兰之室而不闻其香,久入鲍鱼之肆而不闻其臭""人在少年,神情未定,所与款狎,重渍陶然,言笑举动,无心于学,潜移暗化,自然似之"……这些诗句都反衬了环境在人的发展中具有加速或减速的作用。特别是在幼儿期到青少年期,孩子具有好奇心强、善于模仿和辨别能力相对薄弱等特点,孩子很容易受到外界环境的影响。因此,颜之推认为家庭要为孩子营造良好的环境,父母必须以身作则,树立良好的榜样。同时,父母还要引导孩子学会"观察、识别"他人,提升人际交往的能力,谨慎结交师友,以免沾染不良的习性。

（五）重视语言教育的规范

婴儿在1岁左右开始学习发音,这个时候发音很不清晰,而且难以理解,就是所谓的咿呀学语。但是对成人的语言模仿一直都在进行,在1岁半的时候可以说单个的单词,到2岁时可以说简单的句子,到3岁时可以说较为复杂的句子。语言的发展,与生理机制的成熟有关,更与抚养者、教育者的发声教育有关。因而,颜之推重视孩子的语言教育培养与发展,认为孩子从咿呀学语开始,父母就应该注意语言规范的学习和适用。这样既是父母以身作则的体现,又是对"礼学"的践行。

（六）博习致用

颜之推提倡教导孩子广泛阅读,如阅读"四书五经""诸子百家"等著作,通过阅读,吸收、内化更多的知识。习得经典著作中圣人们崇高的道德理想、道德情操,而且还要掌握相应的技能,熟习琴棋书画,使知识、技能、道德、品行等相互结合,培养出"务实节用"的人才。

（七）态度端正

颜之推告诫子女,必须从小勤奋读书、珍惜光阴、专心踏实、终身学习,在读书和学习的道路上,寻找志同道合的朋友,相互探讨、取长补短,避免片面地看待问题。

📖 资料卡片

《颜氏家训》是颜之推记述个人经历、思想、学识以告诫子孙的著作。共有七卷,二十篇。对后世的影响颇深。《颜氏家训》以读书作为家训的核心,以选择正确的人生榜样作为方向,以家庭中的各项准则作为内外化的标准,如表2-3所示。

表2-3 颜氏家训①

序致 第一	教子 第二	兄弟 第三	后娶 第四	治家 第五	风操 第六	慕贤 第七	勉学 第八	文章 第九	名实 第十
涉务 第十一	省事 第十二	止足 第十三	诫兵 第十四	养心 第十五	归心 第十六	书证 第十七	音辞 第十八	杂艺 第十九	终制 第二十

---

① 颜之推,檀作文,译注.颜氏家训[M].北京:中华书局,2007.

三、对颜之推教育思想的评价及启示

《颜氏家训》是中国历史上第一部体大思精的家教专著典籍,开创了"家训"先河,丰富了古代家庭教育理论,是传统文化中的珍贵遗产。蕴含了家庭伦理、道德修养、为人处世、教化育人等丰富的家风家教知识,特别是重视家庭教育、提倡早期教育、教育子女要严慈相融,父母以身作则、树立榜样表率等皆对当今的家庭、家风、家教建设都具有现实意义。受家族和当时环境的影响,其立志和道德教育的思想都有着根深蒂固的家族思想与等级观念:第一,要求祖孙世代为官,光耀门楣且扬名后世;第二,虽然要求父母对子女平等对待,但是依然存在重男轻女的思想;第三,主要以体罚的方式教育子孙。这些思想皆不利于孩子健康地成长以及独立、自主人格的形成。对于我们学前教育工作者而言,第一,良好的习惯从小抓起。从孩子懂事开始,就要求他们做自己力所能及的事,养成良好的习惯。父母应该学会倾听孩子的诉求,无论是心理上还是身体上的,及时与孩子沟通,了解孩子在发展中面临的问题,促进其健康成长。第二,父母对待子女不能一味溺爱,应该严格与慈爱相结合,这样孩子才会更加的懂事。第三,父母应该尽可能公平地对待每个孩子,减少相互之间的比较。目前放开了"二孩政策",如果父母不能做到公平对待每个孩子,对孩子的成长不利。第四,不仅重视学习文化知识、特长技能的培养,更要重视德育的培养,建立科学正确的价值观,从而促进孩子全面发展。第五,父母要给孩子营造良性、积极向上、健康的学习和生活环境,同时严格要求自己,提升自身修养,做孩子的榜样,起到示范作用。

第三节　朱熹思想概述

一、生平简介

朱熹(1130—1200 年),字元晦,号晦庵,南宋著名的思想家和教育家,生于福建尤溪县的一户书香世家,其基本情况如表 2-4 所示。

表 2-4　朱熹生平简介

姓名	朱熹	生卒年	1130—1200 年	户籍	福建尤溪
年代	南宋	名誉	思想家、教育家		
著作	《小学》《四书集注》《诗集传》《周易本义》《近思录》				

朱熹(图 2-3)天资聪颖,自幼受儒学教育和理学启蒙,10 岁开始学习"圣贤之学",奠定了学术和思想基础。18 岁"举建州乡贡",次年考中进士,任泉州同安县主簿,开始其政治与教育生涯。他一生热衷于教育事业,亲自主持修复白鹿洞书院和岳麓书院,为其制定学规《白鹿洞书院揭示》并进行讲授,倡导州学、县学。朱熹十分热爱学习,师承程颐和程颢,并吸收周敦颐和张载的主张,成为宋代理学思想的集大成者。家庭和仕途皆坎坷,且

晚年遭谗言,结束其政治活动。

二、教育理论(家庭教育)

在古代,"启蒙教育"是指在儿童时期所进行的基础文化知识和道德教育,又简称为"蒙学教育"。这一阶段,儿童的认知、个性等特点都有所发展,这为蒙学教育奠定了生理和心理基础,加之该阶段的学习形式和内容是多种多样的,形成了诸多独具一格的教育方法,有助于促进儿童知识的增长和道德素养的形成,同时还有利于与后面学习的顺利衔接。

图 2-3

(一)重视启蒙教育

朱熹根据人生的发展和自身的受教育经验,将学校教育划分为三个阶段,如表 2-5 所示。

表 2-5 朱熹学校教育划分阶段

阶段	年龄	教育内容	作 用
学龄前阶段	0~8 岁	主要在于"学礼、懂礼、行礼",从儿童开始懂事起就要求其学礼节	幼小衔接
小学阶段(启蒙阶段)	8~15 岁	主要在于"教会做事"。做事是指对长辈要孝敬,对晚辈要关爱,要学会尊重、孝敬、关心等;遵守诺言;诚信友善;广泛阅读,从书籍中向圣人、大家们学习,树立远大的志向。朱熹认为,小学阶段是做人、做事、爱学、会学的初始阶段,务必要重视小学阶段的教育。小学教育的内容主要围绕儒学思想中的"忠""孝""悌""信"等道德观念,以此教化儿童养成良好的道德行为,逐渐内化为修养	小学阶段犹如"打坯模"。如果坯模从小没有打好,长大后是很难填补修复的
大学阶段	15 岁以后	主要在于"通晓事理"。俗话说,"知其然,更要知其所以然"。通晓事理,即是指对知识的学习不能仅仅只是停留在表面,而应该深入地了解知识背后的来龙去脉,这样才能够更好地理解与掌握知识。这与小学阶段的走马观花,不求甚解是大不相同的。大学阶段逐渐达到认知发展的高峰期,要培养个体的探索能力、创新能力,这样不仅有助于拓展个体的知识储量,而且能使个体提升自我修养,学会为人、处世之道,修炼本性,培养崇高的道德。	大学阶段犹如"建房屋",有助于知识的深入学习,道德品行与素养不断内化,继而达到"止于至善"的目的

(二)重视学习"当下事"

朱熹认为小学阶段的儿童,对事物的认识还需要依靠事物本身,还不能很好地运用语言、符号、概念等认识事物与解决问题。朱熹认为教学的内容应该顺应儿童身心发展的特点,由浅入深、形象生动、贴近生活,即教会儿童依据规则认真地做事,形成良好的道德行为与素养。因此,从三方面重视"当下事":洒扫应对进退之节,也就是要求儿童学会打扫卫生和款待宾客等礼节;爱亲敬长隆师亲友之道,也就是学会尊敬关爱长辈、崇敬师长和亲近朋友;礼乐射御书数之文,也就是掌握礼节、音乐、射箭、骑马、书法和算法六种基本的技能。让儿童在日常生活中懂得伦理道德、形成良好的行为习惯,既可以提高儿童的生活能力,又能够促进其认识的发展水平,还能够为大学阶段的"通晓事理"奠定基础。

三、教学方法

（一）及早施教,慎择师友

小学阶段的儿童心理发展具有以下突出的特点:①模仿能力发展迅速,从简单模仿到行为模仿到品格模仿。②对事物的认识依然主要依靠对事物外在具体形象的认识,对事物的抽象深刻认识正在逐步地发展。③此阶段以死记硬背为主,而不是理解了知识的意思再去进行记忆,但是随着对事物理解能力的增强,这种有意记忆的能力正在逐步发展。④自我的独立性、坚持性、辨别力都还比较薄弱。根据这些特点,说明了小学阶段是记忆、认识与理解事物的能力,意志品质提高与形成的关键时期。

朱熹认为小学阶段的儿童,模仿能力强,其个性发展可塑性强,但是辨别能力薄弱,容易受到外界不良环境的左右,这阶段对儿童品行、道德观念、良好行为的养成有重要影响。因此,儿童需要及早地接受教育,用优秀、正统、积极的儒家思想和学说教化儿童,可以起到先入为主的效果。同时,教师和同伴作为外界环境中的一个子系统,该系统的好坏会潜移默化地影响儿童的发展。因而,朱熹认为个体要提升自我的辨别能力,选择宽厚、慈爱、温良、谨慎、有礼节、友善的人作为老师和同伴,做到与"益友"亲近,远离"损友"。及早施教和谨慎选择师友,都是一种主动的自我环境的选择,有利于抵制不良因素的影响,还能够营造健康的成长环境。

（二）寓教于乐,形象教学

儿童具有注意力不稳定、活泼好动、爱玩等特点,而且容易受到新颖、生动、有趣的物体的吸引而转移注意力。朱熹根据此特点提出将玩和教学相互结合的方式,将历史故事、道德诗歌等融入娱乐活动中,用多样化的教学形式,激发儿童的兴趣,调动儿童学习的积极性和主动性,让儿童快乐、轻松地学习,教师愉快地教学,达到教学质量和学习质量共同提升。也即"习与智长,化与心成",在直接和间接的教学方式中,从小形成良好的德行。

（三）循序渐进的教学

学习的过程应该是由浅入深、由易到难、由小见大以及循序渐进。朱熹认为循序渐进体现在教学、读书、培养品德三个方面,教学内容和教学方法都应该顺序排列,逐步深入进行,适应学生的身心发展特点,有利于学生形成系统的学习脉络,掌握技能和方法,帮助小学阶段和大学阶段教育内容的恰当衔接。在读书上,最好按照书本的顺序进行阅读,因为内容是循序渐进、逐渐深入的。这样在进行阅读时可以先对书本有一个大致的了解,例如了解作者写作的背景、初衷、目的,并在头脑中形成大致的脉络流程,这对每章的阅读都有重要的帮助。同时,在进行每章学习时,要领略作者笔下的艺术,从而加以借鉴。在品德上,强调要多阅读圣贤书籍,圣贤的为人之道、做事之本都体现在书籍中。虽然刚开始阅读是相对晦涩难懂的,但是多读几遍,便会渐渐领悟。向圣贤学习,不仅仅是浅显地理解其著作和主张,凡是学习,皆应该从简单到困难,循序渐进开始,这样才能读懂圣贤之作,将其思想主张与自身的学识、修养相结合,最大化地促进自身的发展与成长。因此,要教育学生成为圣贤,应先让学生学习道德行为和道德素养的详细条文规定,再以名人名言为引导,最后让学生在日常生活中践行这些良好的道德行为和素养。这是一个被动外化—主动内化—主动外化的过程,这样才可能真正培养会做事,明事理的"圣贤坯模"。

(四) 正面教育为主

正面教育是指父母、师长等教育者要关注儿童表现优异的方面,看到微小的优点都应该及时地表扬,让儿童在这种表扬和赞美中,多多采用这种正确的行为,直到保留内化成为自己的行为。对于缺点,不能姑息纵容,应该采用儿童能够接受的方式,进行教育与引导,切勿过分责骂、体罚孩子,要使孩子能够主动地改正错误。因为儿童具有活泼好动、好奇心强烈、模仿能力强等特点,朱熹认为要积极地关注儿童正向的方面,对于消极的方面需要用恰当的方式引导其克服。正面主要是发挥榜样的作用,运用《须知》《学则》等规定和古今圣贤的名言警句,要求儿童的一言一行、一举一动都向圣贤看齐,这样有助于儿童良好的生活、学习、待人接物习惯的养成。朱熹在《童蒙须知》中具体细致地规定了儿童穿着、言语、生活、娱乐、学习等方面的细则,虽然比较刻板和烦琐,在一定程度上会压抑儿童个性的发展,但是对儿童健康地成长和习惯的形成具有重要的意义。

(五) 着重道德养成

根据道德发展的规律,道德行为的发展是从他律到无律到自律。如果连续地对儿童进行道德训练,可以达到"积久成熟,自成方圆"的程度。因而,朱熹主张用"须知""学规"等条文规定和《训蒙绝句》《小学》等启蒙读物,从小严格、主动、不间断地对儿童进行道德品德的教育,通过这样的方式,可以使儿童的言谈举止有章可循,有规可依。这对儿童品德从小养成是非常有益的。

四、对朱熹教育思想的评价及启示

朱熹非常重视道德教育,他认为"道德教育"有两层含义,且"育"占首要地位。"教"是指用不同的方法进行道德、品德知识的传授,属于外部接收,"育"则指用知识引导受教育者形成良好的道德品德,也即人格的塑造,属于内部养成。朱熹曾说"纸上得来终觉浅,绝知此事要躬行",强调学习和实践要相互结合,即做到"知行合一"。同时,朱熹提出了很多积极有效的教育主张和见解,对当今的教育方法和教育体制影响极大。

(一) 评价

1. 积极方面
朱熹教育思想的积极方面表现为以下几点。

（1）教学观：顺应儿童身心发展的特点。

（2）教育内容：强调早期教育、道德教育和行为规范的养成。

（3）教育方法：主张正面积极教育，采用直观形象的方法，激发学习兴趣，寓教于乐。

（4）教学原则：循序渐进原则、巩固性原则、知行合一、教育性与科学性相结合、主动与适时启发。

2. 消极方面

朱熹教育思想的消极方面表现为：思想和主张都是为统治阶级所服务的，带有一定程度的阶层性和时代性。

（二）启示

朱熹教育思想对我们有以下两点启示。

（1）教育者：要重视早期教育，从小对儿童进行全方位的培养；改变重智轻德的观念，使学生德才艺全面发展；强调国学、传统优秀文化的学习和传承；全面培养实践性、复合型的人才；重视道德的培养与社会核心价值观的涵养践行；自身要以身作则，言行一致；引导受教育者注重学习的主体地位，运用多样化的方法，激发学生的积极性和创新性；顺应儿童的发展特点，不要拔苗助长，也不要揠苗助长，要做到因材施教；对于学生的优缺点，要全面客观地认识，促进其积极发挥优点，改正缺点；学会尊重孩子的选择，给予一定的空间和时间，引导孩子自我反思、自我启发、自我教育和自我学习，同时辅以积极的教育方式；营造轻松、愉快的学习氛围，提升教与学的质量。

（2）受教育者：学习知识不能囫囵吞枣，要具备探索和创新精神，要知其然与知其所以然；学会主动、积极地学习，不耻下问，多方面学习；自觉地学习道德知识，并且内化于心，外化于行，遵纪守法，尊敬长辈等；提升自我全面看待事物和辨别是非的能力；修养自身素养，拓展知识容量。

第四节　王守仁思想概述

一、生平简介

王守仁（1472—1528 年），字伯安，号阳明，被称为"阳明先生"。明朝著名的主观唯心主义哲学家、教育家、文学家和军事家，其基本情况如表 2-6 所示。

表 2-6　王守仁生平简介

姓名	王守仁	生卒年	1472—1528 年	户籍	浙江余姚
年代	明朝中叶	名誉	主观唯心主义哲学家、教育家、文学家、军事家		
著作	《大学问》《传习录》《王文成公全书》				

王守仁（图 2-4）出生于浙江余姚的一户显赫世家，祖辈历代为官。王守仁天资聪颖，自幼志存高远。21 岁中乡试，28 岁举进士，开始仕途生涯，曾任吏部主事、兵部主事、两广

总督等职务,平定民变祸乱、宸濠之乱、土瑶叛乱等叛乱,功绩显赫。王守仁除了从事政治活动和学术探究以外,还从事教育实践。他继承南宋理学家陆九渊的"心学"主张,并融通儒家、道家思想,形成了"心即理,致良知,知行合一"的思想主张。从34岁开始从事教育实践活动,在稽山书院讲学,并创建阳明书院,招募弟子,进行讲学,传播"王学",57岁病逝,被谥文成。

图 2-4

二、教育主张

在王守仁生活的年代,启蒙教育非常盛行,但是教育的侧重点在于死记硬背和体罚教育。王守仁尖锐批评这种教育现象,认为这是违背了儿童的身心发展特点,是对个体天性的一种扼杀,不能激发儿童学习的兴趣,不能发挥儿童学习的主动性和积极性,这会破坏儿童发展的规律,损害其心理健康。加之学舍犹如囚笼,老师犹如看管者,这样就会导致儿童讨厌上学、讨厌老师,进而师生关系紧张恶化,教学不能达到应有的效果。王守仁称这种教学的方法是"求其善而事实却驱之于恶"。因而,王守仁在传统的儿童教育的观点上,提出了自己的儿童教育主张。

(一)顺导性情,激发兴趣

王守仁说:"儿童喜欢玩耍和游戏,害怕被约束和控制。就跟草木刚刚长出嫩芽一样,如果让它根据自己的纹理、走势发展,可以越来越茂盛;如果人为地改变其生长的规律和走势,就会让它日渐枯萎。教育儿童,要让其乐于参加学习,即激发其主动学习的兴趣,才能够发挥其学习的主体作用。"这些话反映了儿童生性活泼好动、不喜欢被约束等特点,因而提出对儿童的教育应顺应儿童身心发展的特点,促进其自然发展,并且运用恰当的方法激发其兴趣和引导其树立远大的志向。

同时,王守仁把儿童比喻为萌芽生长的草木,认为只有顺应自然的规律,树木才会枝繁叶茂,反之就会衰败枯萎。因此对儿童进行教育,必须注意顺导儿童性情、减少高强度的束缚和限制、激发儿童学习的兴趣,采用引导、鼓舞的方式,帮助儿童树立自信心,使儿童乐于接受学习。当儿童遇到与教育者观念等相悖的时候,教育者应该尊重儿童的性格特征和人格尊严,耐心、冷静、轻松地与儿童沟通交流,让儿童感受到来自教育者的关爱;当儿童遇到困难和挫折时,应该采用鼓舞的方式,而非训斥、责骂的方式;当儿童犯了错误时,教育者应该冷静地了解儿童犯错误的前因后果,运用理性、开明且不失严肃的方式教导孩子,让孩子自己认识与知晓错误的所在,并积极地进行改正与弥补,避免再犯类似错误。这样会让儿童感受到雨露春风般的关爱,滋润儿童的心田,不仅可以为儿童营造健康的成长环境,而且能够建立良性的亲子、师生关系,促进儿童茁壮成长。

(二)全面教育,不执一偏

王守仁认为,对于儿童的教育要做到两步走,一步是立足于儿童的身心发展顺序以及兴趣爱好,另一步是从多方面、多途径入手。他认为教导与培养学生不应该偏执于一方面,而应该从多角度培养。因此,王守仁提出要从礼仪、音律歌诗和读书三个方面对儿童进行全面的教育,并对每个方面的教育做了具体的阐释。

礼仪方面:要求儿童遵守礼仪规范,既是对外在仪表的修缮与养成,又要把规范内化在心中,形成一种习惯。这不仅是对儿童德育的培养,还训练"周旋揖让、拜起屈伸"等礼仪动作,可以间接地起到锻炼身体的作用。把道德教育与体育锻炼巧妙结合,一举两得。

音律歌诗:儿童在歌诗的朗诵中,一方面感受其韵律和节奏,陶冶情操和提升内涵修养;一方面引导其树立远大的理想;另一方面,儿童可以积极地表达情感和宣泄不良情绪。这种教育方式营造了一种欢快轻松的氛围,这个过程是将德育和智育融入美育中的教育,既可以让儿童轻松地学习,又能够潜移默化地培养儿童良好的个性。

读书方面:读书是一种获取知识的间接学习方式,不仅能够增长儿童的才智,而且可以帮助儿童形成一定的道德观念和理想,德育与智育完美结合,既是知识、技能的增长,也是目标、人格、理想的逐渐形成和完善。

王守仁为了达到真正的"诱之以歌诗、导之以习礼、讽之以读书",制定了严格细致的教学要求,比如歌诗要声音洪亮、吐字清楚、抑扬顿挫、语速平缓、心平气和、戒急戒惧;读书要精读,讲究质量而非数量,无论是读书还是学习诗词歌赋都要求学生学会思考和挖掘书中的内容。他在《社会教条》中拟订了一个比较详细的日课表,规定每日功课都是围绕学习礼仪、歌诗、读书三个方面,另外增加道德的考核和课仿(模拟课堂),尽可能做到教学内容丰富多样。同时,课程顺序注意科学适度的安排,动静交错、张弛结合。王守仁特别对教学方法和程序进行了创新,比如,将儿童进行分班,每班轮流一日歌诗或者习礼,其余的班级则认真、安静地倾听。每隔五日,每个班就聚集到书院的宽敞之处,进行大诗歌和大习礼。无论是一日单独展现还是五日集合呈现,都要有相应师生之间的点评。这种带有竞赛的教学方式,乐趣十足,不仅可以拉近师生与同伴之间的关系,更有利于调动学生的学习积极性。

(三)因材施教,各成其才

王守仁将儿童比喻成不同的树木,因其生活环境和种植的条件都不同,作为教育者不能"一视同仁",而应该因人而异,认真地观察和了解每个儿童的身心特点、智力发展水平、个性特点等,创建有针对性的教育方法,这样的目的就是使每位受教育者都能够成为人才。每个儿童都有自己的特长,教育者要及时地关注他们的长处,用恰当的方法加以培养,使他们在所擅长的领域更加优异。王守仁认为好的教师就像良医治病,良医会根据不同的症状,来制订治疗的方案,才能达到药到病除的效果;好的教师,就是在充分了解与掌握学生的发展特点和水平后,制定科学合适的教学方法,才能够最大化地促进儿童的发展。

(四)循序渐进,量力施教

王守仁提出"精气日足,筋力日强,聪明日开",也即儿童的身心、智力、人格特质等都在不断地发展和完善。因而,教育者要针对儿童不同阶段的认知水平和身心发展程度,制定有效的教学方法,选择适度和略超越现阶段认知水平的教学内容和教材,既可以巩固以前学过的知识,又可以在略高一点的教学内容的刺激下,激发学生的学习兴趣,以培养儿童独立思考和批判的精神。这也就是所谓的"随人分限所及"。

"分限"就是指儿童现阶段的认知发展水平或者是接受程度,即强调教育应该按照个体的接受程度不同而进行教授,既不能低于分限,也不能太高于分限。王守仁用浇灌树木的例子,"浇灌树木,应该等树木有了嫩芽,再去浇灌,等嫩芽长大一点时,再浇灌,如果一桶水浇灌给小树苗时,不仅不能促进它的成长,还会浸坏它"。强调教育要循序渐进,量力而为,改变一味地输出的方法,而要给儿童留有足够成长发展的空间,让孩子在这个过程中学会反思、探索,以求得"自得"。同时,他认为教师对学生的学习应该严厉与仁爱相结合,这样可以拉近学生与教师之间的心理距离,使学生更加信任教师,进而建立良好的师生关系。这样的关系可以在课堂上营造轻松、愉快、温馨的氛围,促进教师积极地教,学生主动地学。一方面使学生更愿意在课堂上表达自己的观点和想法,另一方面可以显著提升教学质量和教学效果。还强调读书、学习不在于数量的多少,而在于精细,教师要引导学生学会挑选好书进行阅读,在阅读中启迪智慧、树立志向、内化修养、陶冶自我。

三、对王守仁教育思想的评价

王守仁的思想在我国学前教育史上具有举足轻重的地位,同时也是世界学前教育史中的重要组成部分,其中蕴含着许多宝贵的教学经验和教育理念。关于儿童教育的论述是其整个教育思想的精华,符合儿童教育思想的规律,与近代进步的教育学说也有许多一致的地方,其学说中的许多观点,不仅在当时具有革新意义,在今天依然值得我们借鉴学习。具体表现为以下几点。

(1)教育应顺应儿童身心发展的规律,重视道德修养。王守仁从儿童性情出发,主张教育要根据儿童身心发展特点而定,不能过度地束缚和控制他们,要把儿童当作一个完整的个体对待,尊重与倾听他们的思想、观点、选择,再正确进行引导。

(2)改变传统的教学方式,激发儿童的兴趣,促进其健康成长。这在古代教育史上具有创新意义。

(3)注重道德的养成。儿童期的孩子容易受到外在不良因素的影响,容易走偏,因而,从小进行道德教育,既可以抵制外界不良因素的侵蚀,又能够促进儿童的健康成长,也是在践行"德才兼备"的要求。

(4)教育手段:教育与游戏相结合,知识与实践相结合。王守仁从儿童喜欢玩耍的天性出发,把教育与游戏相融合,让儿童在轻松的氛围中,主动地参与游戏,发挥自己的聪明才智,乐于接受知识以及能够积极地探索外在的世界。这是一种促进儿童身心发展的教学活动方式。他还特别强调要对儿童进行多方面的培养,当儿童了解和掌握许多理论知识后,应该用实践进行验证,这样可以更好地巩固与理解知识,提升实际处理事情的能力。

(5)教育主张:因材施教与量力而行。每位受教育者都是独特的个体,不同时间段的认知发展水平是不同的,即教学不应该千篇一律。教学的深度与范围要视学生的接受程度而定,让儿童学有余力。

（6）教育内容与方法：内容围绕"礼""歌诗""读书"开展，方法静、动结合，分班与集体教学、比赛、观摩相融合，方法丰富多样。同时将美育、德育、智育、体育多项融合施教，不仅让儿童可以学习到知识、向榜样学习、学会取长补短、培养德行、建立志向、陶冶情操、锻炼体质，还可以宣泄郁结、敢于表达、管理情绪。王守仁教育思想是为统治阶级所服务的，带有一定程度的阶级性和时代性。

考点聚焦

第二章　课外阅读

```
中国古代的学前教育思想 ─┬─ 贾谊的学前教育思想 ─┬─ 教育思想
                        │                      └─ 评价与启示
                        ├─ 颜之推的学前教育思想 ─┬─ 教育思想
                        ├─ 朱熹的学前教育思想    └─ 评价与启示
                        └─ 王守仁的学前教育思想 ─┬─ 教育思想
                                                └─ 评价与启示
```

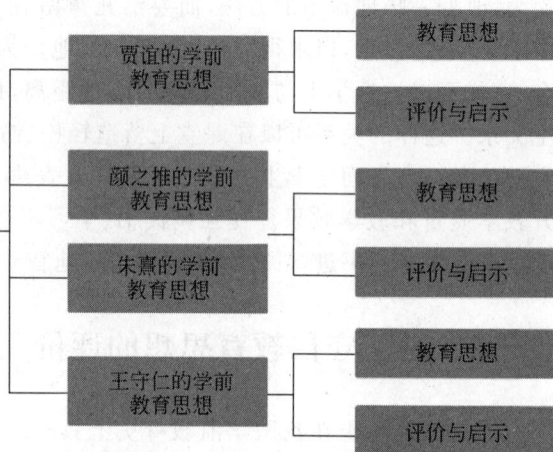

本章在历年教师资格证考试中较少涉及，题型主要是选择题和主观题，主要考查学生对中国古代学前教育思想的理解和掌握情况，例如贾谊、颜之推、朱熹和王守仁的学前教育思想和对他们思想的评价和启示等内容。学生需要对四位教育家的教育思想重点识记，学会分析在当下的教育中传承这些教育思想的利和弊。

考题链接

一、选择题

1. 提出"早谕教"和"教养结合"的是（　　）。
   A. 贾谊　　　　　B. 顾炎武　　　　　C. 颜之推　　　　　D. 朱熹

2. 提出"早期教育应该及早施教，对待孩子要严爱相结合"等的思想家是（　　）。
   A. 陈鹤琴　　　　B. 陶行知　　　　　C. 颜之推　　　　　D. 朱熹

3. 中国封建社会最早最完整的家庭教育著作是（　　）。
   A.《大学》　　　　B.《传习录》　　　　C.《颜氏家训》　　　D.《劝学》

4. 朱熹为"眼前事"编订了（　　），以规范儿童的行为与操守。
   A.《新书》　　　　B.《小学》　　　　　C.《童蒙须知》　　　D.《中庸》

5. 认为教育要"慎选左右"的思想家是（　　）。
   A. 贾谊　　　　　B. 颜之推　　　　　C. 王守仁　　　　　D. 朱熹

6. 提出儿童教育要"随人分限所及"的思想家是（　　）。
   A. 颜之推　　　　B. 司马光　　　　　C. 朱熹　　　　　　D. 王守仁

7. 主张"寓教于乐"的思想家是(　　)。

　　A. 王守仁　　　　　B. 朱熹　　　　　　C. 颜之推　　　　　D. 程颐

8. 把德育、智育、美育、体育相结合进行教育的思想家是(　　)。

　　A. 程颐　　　　　　B. 王守仁　　　　　C. 贾谊　　　　　　D. 朱熹

9. 汉代最早提出"胎教"的主张的是(　　)。

　　A. 王守仁　　　　　B. 贾谊　　　　　　C. 颜之推　　　　　D. 朱熹

10. 由于儿童可塑性强、辨别是非的能力还很薄弱,因此朱熹提出(　　)。

　　A. 慎择师友　　　　B. 早谕教　　　　　C. 重视风化作用　　D. 先入为主

11. 主张读书时"声音洪亮,吐字清晰,不可漏读"的是(　　)。

　　A. 王守仁　　　　　B. 王应麟　　　　　C. 李涵　　　　　　D. 朱熹

12. 王守仁认为(　　)是儿童教育的基础和原则。

　　A. 量力而学　　　　B. 激发兴趣　　　　C. 自然教育　　　　D. 以学为本

二、填空题

1. 贾谊强调"早谕教"包括_____,_____。

2. "久入芝兰之室而不闻其香,久入鲍鱼之肆而不闻其臭"体现了颜之推的_____ _____主张。

3. 面对多个孩子,颜之推要求父母应做到_____,_____。

4. 培养"务实节用"人才的一项要求是_____。

5. 王守仁提出全面教育应该包括_____,_____,_____。

6. 儿童教育应该_____,即由浅入深、由易到难。

7. 王守仁在歌诗和习礼中创新了教学方法,即_____。

三、简答题

1. 简述"慎选左右"的含义。

2. 简述"眼前事"的含义。

3. 简述"及早施教"的含义。

4. 简述颜之推家庭教育的主张。

5. 简述朱熹儿童教育的方法。

四、论述题

1. 谈谈朱熹儿童教育观对当前学前教育的影响与启示。

2. 分析古代学前教育思想的优点和缺点。

3. 评述王守仁的自然教育论。

第二章　考题链接参考答案

第三章
中国近代学前教育发展

本章导航

近代学前教育机构的产生 **01**

02 晚清时期学前教育的发展

03 外国教会在中国的学前教育活动

学习目标

1. 了解中国近代学前教育发展的影响因素及历程。
2. 掌握中国近代学前教育机构产生的原因及种类。
3. 正确评价外国教会对中国近代学前教育的影响。

故事探索

张雪门与中国近代的四类幼稚园

张雪门是我国近代著名的学前教育家、中国学前教育的奠基人之一，也是中国近代学前教育史上的一位举足轻重的人物，和陈鹤琴并称为"南陈北张"。张雪门一生都贡献给了中国学前教育，从创办星荫幼稚园到"行为课程"的提出，张雪门见证了中国近代学前教育的发展。正是由于自己的经历和感悟，看到了中国在近代的落魄、中国学前教育在近代被外国的垄断，于是他根据幼稚园的性质及任务将中国近代的幼稚园分成四类。接下来我们一起看看中国近代的学前教育到底经历了什么，中国近代的幼稚园最终何去何从？

第一节 近代学前教育机构的产生

教育是一个亘古不变的话题，不管是任何形式都有其特殊的意义。当然，每件事物的产生、发展到逐渐走向成熟都有一个漫长的过程，教育也不例外。教育与人的产生发展有着密切的关系，却又不是亦步亦趋。实际上，教育很多时候是滞后于社会的发展的。教育伊始是因为生存需要而出现的经验传授，随着社会的进步、文字的产生而逐渐形成了真正意义上的对社会文化的传授、传播。

中国古代社会对于幼儿的教育大致上是：原始社会阶段通过长者在生产生活中对幼童进行生活经验的传授，奴隶社会阶段通过三公三少以及三母对未来帝王进行宫廷学前教育，封建社会阶段本着为家、国稳固培养人才进行的关于思想品德、礼仪传统以及文章典籍的家庭教育。中国社会被迫进入资本主义大生产时代后，有组织的、更为专业的学前社会教育才逐渐产生。

一、学前教育机构产生的经济基础

通过前期对中国古代学前教育的学习，我们认识到在鸦片战争前，中国处于自给自足的社会经济结构中，当时的教育也是比较符合时代特点的。鸦片战争，对于中国的社会发展有着特殊的意义。战争的失败让国人逐渐清醒，中国的社会发展也由传统的手工业时代进入了近代工业时代。近代工业的类型是丰富多样的，大致可以分为三种。一是由资本主义通过条约以及采用不法手段在中国各地开设的工厂；二是由一些有强国意识的清廷洋务派官员创设的工业；三是由中国民族资本家开办的工业。规模与速率并存的工业所带来的产量/效益是传统手工业所不能企及的，无形中城市手工业和农村家庭手工业遭受到了严重的破坏。一群群家庭妇女赖以生存的市场遭到冲击，她们不得不放下原来手中的梭与线，走进工厂加入生产劳动。中国的妇女在家庭中不仅需要通过手工劳作带来一些经济效益，还要承担幼儿的教育任务。但是时局变换，妇女的大部分时间被工厂劳动占用，难以再承担教育任务。此时，建立社会性质的学前教育机构的需求呼之欲出。

二、学前教育机构产生的思想基础

经济基础包括生产力和生产关系，是两者的总和；而上层建筑包括意识形态和社会制度。一个国家的经济基础决定这个国家的上层建筑。经济基础稳固，有一定的发展才谈得上文明、文化以及更为高级的思想、制度。近代社会在思想文化领域掀起了轩然大波，这无疑是归功于当时的政治、经济制度上巨大的变动。

事物的存在都有其两面性。鸦片战争使中国社会沦为半殖民地半封建社会，但也确实为中国带来了先进的西方思想与民族的部分觉醒。

"师夷长技以制夷"的先进主张是由龚自珍、魏源、林则徐等人提出的,在落后封闭的封建社会时期,这些人被冠以"睁眼看世界的人"的荣誉称号。这一主张虽然并未得以付诸实际,但是在当时的社会环境下,这一主张改变了我们对西方的看法,促进了国家及民族意识的觉醒,实属不易。再有,也是这样的先进认识,促使了"师夷长技以自强"主张的萌生与实践。

早期资产阶级维新派关于政治、经济、文化教育等方面的改革都或多或少地提出了自己的看法,对于社会的发展在一定程度上具有积极意义。学习西方文化知识、引进先进科学技术、创建符合社会发展需求的新式学堂、改良中国延续千年的科举制度,以此来促进资本主义在中国的发展,并希望能够改变封建君主专制制度下的中国就是那一些先进知识分子的重要主张。

康有为、梁启超、严复、谭嗣同是维新派的后期重要代表人物。他们在全国范围内宣传西方先进的学前教育思想,传播先进的育儿思想,而且赞成在国内效仿西方国家建立学前教育制度,保障学前教育的实施,等等。他们的主张改变了人们对于幼儿教育的看法,进一步解放了人们的思想,最主要的是为近代学前教育的发展奠定了良好的思想基础。

三、学前教育机构产生的政治基础

近代中国是被迫打开国门的,因此整个国家的社会状态处于一种混乱与困窘之中。在国家内部是清政府腐朽统治带来的一系列弊病、战争带来的民不聊生以及此起彼伏的反叛,在国家外部是帝国主义的强加干涉与横行霸道的占有。于内于外,整个清政府的政权可以说是在动荡中艰难存续。

为了缓和清廷内部政权危机与外部豪强压迫,维系摇摇欲坠的统治,1901 年清政府被迫宣布"新政",意图进行一场能够力挽狂澜的变革。确实如此,"新政"中的很多举措与以往清政府进行的那些变法相比而言,在程度上、范围上甚至影响上都更为深远,其中还触及了在中国延续千年的科举考试制度。

1902 年,清政府颁布《钦定学堂章程》《蒙学堂章程》被作为单独的一部分被提及,表示清政府开始重视幼儿教育。1904 年,几经思量推敲最终颁布《奏定学堂章程》,与前者不同,这其中有了特意为学前教育拟定的《奏定蒙养院章程及家庭教育法章程》,足以见得学前教育正在引起统治阶级的重视,这也是我国近代关于学前教育的第一个法规。"学前教育"这个名称从此在国家层面得到了正式的认可,以国家学制的形式确定下来,标志着中国传统的学前教育随着时代的步伐进行着近代化的转变。

📋 资料卡片

1900 年,庚子国难。大清子民正在义和团与帝国主义列强战争的夹缝中艰难求生时,作为最高统治集团首领的慈禧太后率领着光绪皇帝等皇亲国戚以及忠臣,全然

不顾北京的危亡而仓皇出逃西安，做好了另起炉灶的准备。大清基业顿时成了无主之地，只剩下八国联军疯狂地撒欢肆虐，帝都威严荡然无存。国之根本即将覆灭，任凭再昏庸也当奋起反抗、殊死一搏。可清廷统治集团再无入主中原与平定三藩之乱时的勇猛，竟开始为了保全自己的权益，全然放弃了作为国家主人应有的气魄与尊严。一封《罪己诏》彻底地击垮了国人对于清廷的一丝期待。求和成为清廷统治暂时的护身符，却也是最后的催命符。《辛丑条约》让中国的经济、政治更进一步陷入泥沼中，加速推翻清王朝的统治。死亡的危机步步紧逼，保守派也开始惶惶不安，最终推出"新政"试图改变被人紧扼喉咙的现状。

四、学前教育机构产生的外界推动——教会办学

鸦片战争前，外国传教士早已在中国进行传教。中国门户被迫打开后，外国教会传教的势头愈加强劲，直接染指教育。19世纪末期，在中国各地开放口岸出现了很多较为正规的学前教育机构，这些机构均由外国教会兴办。在政治、经济、思想以及外界力量的推动下，近代中国学前教育机构逐步产生。

第二节 晚清时期的学前教育发展

在中国历史长河中，对幼儿的教育，一直都是以家庭教育为基本形式。这样的教育形式存在自发性、无序性以及封闭性的特点，直到20世纪才有了转变。

一、蒙养院制度的确立

社会性质的教育制度的出现和完善促使中国近代学前教育制度逐步确立。蒙养院是中国最早的学前教育机构，蒙养院的确立标志着中国学前教育由原来的家庭教育向有组织的社会教育过渡。

1902年，管学大臣张百熙主持拟定了《钦定学堂章程》，也称"壬寅学制"，详细地规定了各级各类学堂的教学目标、内容等，这是中国教育史上由政府正式颁布的第一个学制，对于中国以后教育制度的建立起着十分重要的作用，但可惜的是，这个学制并未得以实施，仅流于形式。

虽然"壬寅学制"颁布后并无得以实施，但张百熙等人前后将此学制修改了7次，最终写出了《奏定学堂章程》，也叫"癸卯学制"，于1904年1月颁布执行，一直沿用到了1911年。这是中国近代的第一个学制，不仅使学堂办学规范化，也改变了原来存在的一些陈旧的办学形式，对我国的教育现代化有着重大的影响。

资料卡片

"癸卯学制"将整个教育过程分为三段七级(图3-1)。

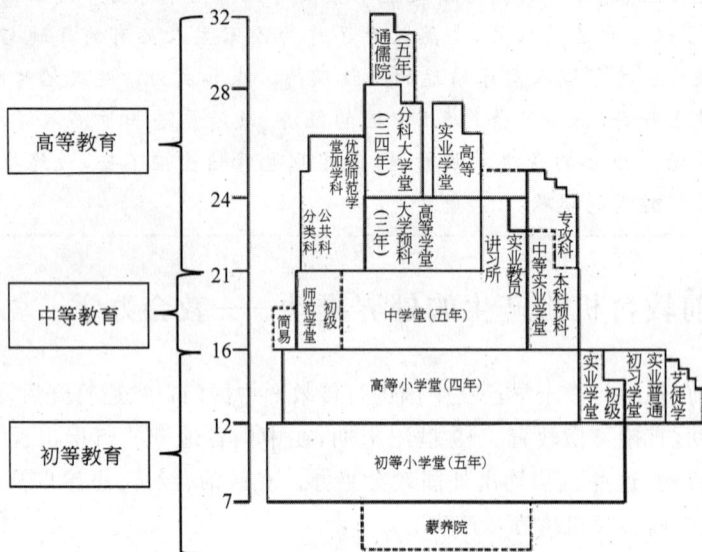

图　3-1

第一阶段为初等教育,包括蒙养院、初等小学堂和高等小学堂3个部分,这3个部分的教育年限并不统一,分别为4年、5年、4年。蒙养院招收3~7岁幼儿进行幼儿教育。初等小学堂属普及教育性质,教孩子基本知识、培养情操。高等小学堂4年,旨在导人向善、壮国人精神。第二阶段为中等教育,中学堂5年,属于普通教育性质,兼有升学和就业两重任务。第三阶段为高等阶段,设高等学堂,在高等学堂中的学习皆是为了进入大学后的具体学习分科而做准备。

我国第一个学前教育法规来自《奏定学堂章程》中的《奏定蒙养院章程及家庭教育法章程》(以下简称《章程》),该章程还确立了蒙养院制度,也就是我国的第一个学前教育制度。

《章程》共有四章,论述的内容分别是:蒙养院教育和家庭教育的关系,蒙养院保教合一的原则以及具体措施,幼稚园及教室所占面积和所用的教材、教具等器材的规定,幼稚园的管理制度以及人员分配。这一章程的实施从颁布直到1912年民国政府制定公布"壬子癸丑学制"后废止。

(一)蒙养院的办学宗旨与教育对象

蒙养院的教育对象基本上是3~7岁的幼童,进行学前教育。所教授的原则也是主张养教合一,这便是蒙养院的办学宗旨。该宗旨明确表示蒙养院的主要作用在于辅助家庭教育,而不是全然负责幼儿的教育活动,由此可见蒙养院是辅助性的教育机构。

（二）蒙养院的设置

蒙养院最初并不是单独设立的,而是依据《奏定学堂章程》的规定,作为育婴堂和敬节堂的一部分而设立的,所以最初蒙养院是一个附属机构。育婴堂原是招收孤苦的儿童进行教养,而今划出一块单设为蒙养院。敬节堂主要是收留寡妇的场所,根据章程规定在堂内设立蒙养院,堂中的"节妇"此时顺理成章地担任了蒙养院教师一职。

> **资料卡片**
>
> 节妇是指坚守节操的妇女。在我国古代社会有这样一句话,好女不嫁二夫。结合当时的社会情况来说,没有感情基础甚至说是彼此没有见过面的两人,一旦结了婚,女子必须一生只为丈夫一人,哪怕丈夫心有他人或是另觅佳音,也只能是在家中恪守妇道。若是不幸丈夫早逝,也只能是不改嫁而终生守节。

（三）蒙养院保教要旨

对儿童的教育是比较全面多样的,不仅包含了德、智、体、美等方面的教育,蒙养院还强调儿童的教育要注意阶段性的心理特点并充分利用榜样作用。

（四）蒙养院课程

蒙养院的课程设置十分符合儿童的年龄特点,能够促使儿童在可接受、可掌握的情况下学习游戏、歌谣、谈话、手技四个大项。考虑到辅助特点以及幼儿的阶段性特点,在蒙养院中的教养活动不超过每日下午四时。

（五）蒙养院保姆的来源与培训

蒙养院中的教师是从经过训练的乳媪和节妇中挑选出来的,她们统称为"保姆"。训练的主要手段是选识字的妇女到堂中给乳媪和节妇进行授课,授课的主要内容则是中国传统关于女性道德品质要求的古籍,以及一些国外家庭教育的书。显然,接受这样训练出来的保姆成功地成了"三从四德"模范的执行者和宣传者。

二、蒙养院的兴办

太平天国运动、义和团运动以及以孙中山为首的资产阶级革命派,给清政府的统治带来了很大的威胁,在社会矛盾激化的背景下,清政府被迫在1901年宣布实行"新政"。

在"新政"这一政治背景下,张之洞等人于1903年拟定了《奏定学堂章程》,史称"癸卯学制"。而其中的《奏定蒙养院章程及家庭教育法章程》,从法律层面确立了学前教育的重要作用,也确定了蒙养院课程要求、师资培训以及家庭教育的相关内容,是中国第一部学前教育法规,在中国学前教育史上尤其是对如今学前教育立法具有历史性的意义。而这一制度的确立也成为中国近代学前教育制度化的发展契机:全国各地掀起办学的高潮,开始根据章程创办蒙养院,大力培养蒙养院教师,蒙养院的保教活动和课程内容不断得到完善和发展。

（一）官私蒙养院

中国近代史上出现了很多著名的蒙养院,比如湖南官立蒙养院、京师第一蒙养院、天津严氏蒙养院、金山县怀仁幼稚舍等。这些蒙养院和幼稚舍有的是由清政府或教育部门所办,统称为官办蒙养院;有的是由个人或组织所办,统称为私立蒙养院。

1. 官办蒙养院

中国最早的官办蒙养院建于 1903 年,由当时的湖北巡抚端方所建,次年改名为武昌蒙养院。该蒙养院为了培养幼稚教育的师资,在张之洞的提倡下建立了附属机构——女子学堂,专门招收适龄女子学习关于幼稚教育的师范课程。武昌蒙养院由于当时的社会现状以及政治压迫没有得以延续,但是这一举动标志着中国幼稚师范教育的开始,自此中国的幼儿师范教育便开始了漫长的探索历程。

湖北幼稚园的园长当时由日本人户野美知惠担任,她是我国从国外引入的幼稚教育老师。她于 1904 年拟定的《湖北幼稚园开办章程》中提到"幼稚园'重养不重学'"的观念,虽然与当今"保教结合"的观念相悖,但可以看出她这一观念的提出具有很大的历史局限性,不过她关注到了战争对幼儿身心造成的巨大负面影响。

1904 年,坐落于北京的京师第一蒙养院也宣布成立,但是当时的园长、师资、教材等都来源于日本,可见当时中国在学前教育师资培训、教材编订等方面还没有独立。

1905 年,湖南官立蒙养院成立,也由巡抚端方创办,以粮道署为院址,委任冯开澥为院长,聘请日本人春山、佐腾为保姆,招收 3～7 岁的学龄前儿童,于当年 5 月 25 日开学。该蒙养院注重幼儿的全面发展,开设的课程涵盖幼儿德、智、体、美等多方面的内容,在此基础上课程也做了改变,包括行仪、谈话、数方、读方、乐歌、手技、游戏等。这一改变使湖南蒙养院的保教内容更加完备,超出了《奏定学堂章程》的内容。

1907 年福建创立了福建公立幼稚园,上海成立了上海公立幼稚舍,分别为两地的幼儿提供学前教育,但是当时的师资以及选用的教材和课程大多来自日本等资本主义国家。

2. 私立蒙养院

《奏定学堂章程》颁布后,出现了公立幼稚园的兴办大潮,同时也出现了一些私立幼稚园。比如 1903 年创办的京师第一蒙养院,1905 年由严修创办的严氏蒙养院,1907 年成立的上海私立爱国女学社附设蒙养院,1908 年创办的金山县怀仁幼稚舍和北京曹氏家庭蒙养院,1911 年湖南省女子师范学堂附设的蒙养院。其中影响比较大的是天津严氏蒙养院,该院由清末翰林院编修严修所设,但蒙养院的教师和教材均来自日本,设备也都是从日本进口。

除了中国人自己创办的蒙养院外,西方资本主义国家还借"教会"之手创办了不少幼稚园,具有代表性的两类幼稚园当属日本创办的幼稚园和欧美国家创办的幼稚园,但是这两类幼稚园的办学风格迥然不同。不过,由教会创办的幼稚园都没有遵守《奏定学堂章程》中有关幼稚园的规定,完全由教会决定。

（二）蒙养院的师资培养

1. 师资培养的制度保障

（1）打破"女禁"，创立女学

封建社会对女权的压制不仅体现在社会地位上，更体现在受教育权上。古有祝英台化装成男生才能进书院与梁山伯相见，可见"女禁"对女权的压制是多么残酷。而"女禁"也成为正规学前教育师资培训的一大阻碍，中国近代社会的幼教师资大部分是由育婴堂的"乳媪"和敬节堂的"节妇"担任。这些"三从四德"有力的宣传者与推动者显然不能满足社会发展的需要。中国教育上的"女禁"最初是由英国人打破的，她是英国女子促进会会员兼传教士——爱尔德赛，她于1884年在宁波创办女塾，这是中国第一个为女性创办的学堂，但可悲的是它带有浓厚的殖民地性质。

之后，中国人也开始陆陆续续创办"女学"。1898年上海创办了经正女学（经元善），1902年上海开办爱国女学（蔡元培），1904年贵阳开办光懿女子小学（贵州同盟会），1905年上海成立女子体操学校（汤剑娥），1906年天津北洋女子师范学堂开学……清政府看到打破"女禁"已是大势所趋，于是慈禧太后1904年宣布女学可以正式在中国开创，打破了中国持续了几百年的"女禁"局面。三年后，清政府颁布了《女子小学堂章程》和《女子师范学堂章程》，标志着中国女子教育正式取得了合法地位。

在学前教育师资培养方面，中国1903年创办的湖北幼稚园中内设的女子学堂是中国幼儿师范教育的萌芽，在中国近代幼儿师范教育的发展历程中具有举足轻重的历史地位。该学堂主要招收15～35岁的女子，除了学习幼稚教育相关的理论课程外，还会训练唱歌、跳舞、钢琴等技能课程，但是学习的内容和使用的教材主要来自西方资本主义国家。

（2）幼稚师资培养制度

20世纪初，中国社会矛盾空前激化，于是便在政治、经济、文化、教育等领域展开了一系列改革探索。1902年，管学大臣张百熙奉德宗载湉之命草拟《钦定学堂章程》，后称"壬寅学制"，遗憾的是该学制仅颁布出来但未实施。

1904年，《奏定学堂章程》颁布并实施，其中《奏定蒙养院章程及家庭教育法章程》是中国近代学前教育史上的第一部法规）。在《章程》中，规定：蒙养院附设在育婴堂、敬节堂内，由乳媪、节妇充任保姆。保姆学习的内容为《孝经》、"四书"、《女诫》《女训》《教女遗规》及与中国妇道妇职不悖的外国家庭教育书籍。这是近代中国学前教育史上最早的关于蒙养院师资培养的内容，虽然包含的信息比较完善也比较科学，但基本都是照搬日本或者其他西方教会关于师资培养的内容，由于没有立足中国的具体情况，于是该制度仅实施了8年便废止了。

2. 师资培养的实践探索

随着"女禁"被打破，清政府颁布章程，女子师范学堂开始在各地建立，但当时《章程》中并无此项规定。之后，中国第一所保姆养成所在上海成立，建于1907年，属于私立性质；与此同时，北京的京师第一蒙养院设立了保姆讲习班，属公立性质；广州也成立了保姆养成所。中国的幼稚师资培养进入"黄金时期"。据史料记载，到1911年，中国女学生的数目已经有30万，其中包括从事幼稚教育的女子。

3. 蒙养院师资培养的评价

蒙养院师资的培养标志着中国打破了"女禁"的局面,是中国女子教育在近代化道路上取得的重大胜利,女子争取到了合理合法的受教育权。而中国也因此涌现出了一批优秀的女子学校,比如南京的金陵女大、杭州的弘道女中、北京的培华女中等,这些学校都推动了中国教育尤其是女子教育的发展。但是我们也应该清楚地看到,当时的蒙养院师资的培养是缺乏独立性和民族性的。首先,大部分"女学"的创立者是日本或其他西方资本主义国家,因此这类"女学"具有殖民地的性质;其次,"女学"使用的教材以及教学内容、教育思想大部分都来源于西方资本主义国家,缺少本土内容。

所以,近代蒙养院师资的培养,一方面为我国近代学前教育输送了大量的幼稚师资,但另一方面也说明了一个国家不独立,其教育的发展也势必会受到殖民国家的影响,难以实现"本土化"的改革。

第三节 外国教会在中国的学前教育活动

1840 年的鸦片战争让中国沦为半殖民地半封建社会,带来的直接影响便是中国政治、经济、文化、教育的主权丧失,尤其是教育主权的缺失,再加上帝国主义列强和中国签订的不平等条约,让他们在中国取得了办学、出版、传教等一系列权利。这样一来,列强便在中国建立幼稚园以及幼儿幼稚师资培训机构,对中国开启了文化渗透和思想侵蚀。

一、设立幼稚园,办"慈幼机构"

(一)幼稚园的设立

1. 概况

教会兴办的幼教机构一度处于垄断地位。19 世纪 80 年代,外国教会率先在我国沿海被迫开放的港口城市宁波、福州等地兴办学前教育机构。1902 年外国教会在中国设立的幼教机构有 6 所,学生 194 人;五四运动前夕共 139 所;1924 年达到了 156 所,占全国幼教机构总量的 80%。列强势力逐渐渗入,教会在我国设立的学前教育机构逐渐增多,遍布各大城市。外国人的势力渗透不仅在于创办教会幼儿园,还给予中国本土幼稚园以高压影响,一度造成了幼稚园的过度外化倾向。

2. 办园目的

帝国主义染指中国的教育事业目的显而易见,就是企图控制中国人的思想,为其进一步吞噬中国培养一批支持者与执行者。打着宗教宣传、爱而平等的口号,对幼儿进行基督教精神的熏陶。教会幼稚园外国化严重,帝国主义企图以西方的物质文化和生活方式腐蚀中国儿童的幼小心灵。张雪门曾在文章中描写了当时西方教会是如何通过一些物质手段来腐蚀幼儿心灵的。由此可以看出,当时帝国主义创立幼儿园的目的就在于侵蚀、毒害儿童幼小的心灵。

3. 教育内容和方法

中国近代学前教育机构的开办者主要是日本和欧美国家,因此中国近代幼稚园主要分为日本式幼稚园和西方宗教式幼稚园。

日本式幼稚园兴办于清末民初,这类幼儿园在教学形式和教育时间的安排上很像小学,教学内容有游戏、谈话、手工、唱歌等。教师就像小学里的教师,坐在高高的讲台上,孩子们一排一排地坐在下面,十分整齐(图 3-2)。因此在付诸实践之时,也同日式教育一般,教师是课堂的权威主宰,孩子们仅仅需要服从即可。这种形式在当时容易被中国人所接受。

图 3-2

西方宗教式的幼稚教育活动相对来说就丰富许多,主要有朝会、作业活动、批评(已成工作)、户外游戏、静息、音乐、故事、识字、游戏等。宗教式幼稚园少不了的就是西方的物质环境条件以及思想的熏陶,对于幼儿来说皆是洋化教育。但又不得不说,西方宗教式的教育内容和教育方法,比日式更加符合儿童年龄特点,幼儿在幼稚园中的学习生活是轻松愉快的,师生关系也比较和睦融洽(图 3-3)。

图 3-3

虽然日本式的幼稚园和西方宗教式的幼稚园呈现出不同类型的教育方式,但我们应该清楚地认识到这两类幼稚园的真正目的都不是培养身心健康的中国儿童,而是将这些孩子当成自己称霸中国的"棋子"。所以当时的幼稚园教师的教育完全不顾教师的伦理操守,经常出现讽刺、体罚和打骂幼儿的现象。

(二)兴办"慈幼机构"

日本、英国、美国等西方列强在中国设立教会幼稚园和兴办幼稚师范的同时,还冒充道貌岸然的"慈善家",以"人道"之名建立孤儿院、育婴堂、慈幼院等社会救济机构。但是带给孤苦幼儿的只是更为苦难的生活、繁重的劳动,甚至死亡。19世纪40年代在衡阳出现了第一所教会创办的慈幼院,之后全国各地陆续出现了这类"慈幼机构"。据史料记载,这些机构不仅从肉体上折磨儿童,还在精神上摧残、毒害儿童,所以这些所谓的"慈幼机构"中的儿童死亡率超过了社会上的儿童死亡率,少则66%,多者竟达99%。有的机构打着"慈幼"的旗号,但却设立压榨和剥削儿童的工厂。

孤苦幼儿本就困窘,在满怀希望后又陷入无尽的深渊,饱受苦难的悲惨遭遇激起了中国人的怜悯与愤恨,掀起了一次又一次的反洋教运动,拯救孩童于危难之中。回收教育主权的斗争一直在持续,直至20世纪20年代才渐有收获,全面收回列强在华攫取的教育特权到新中国成立后才得以实现。

二、培养师资,兴办幼师

帝国主义在中国的学前教育机构渐入正轨,师资的培养迫在眉睫。培养师资的方式是多种多样的,主要有三种:一是倡导中国学生外出留学,在接受专业教育后归国任教;二是在中国开办的幼稚师范教育学校接受教育,毕业后直接进入幼稚园工作;三是招收国外师资在中国进行任教。

(一)吸引留学生出国训练

中国留学生最早的留学国家是日本。日本与我国毗邻,路途不是太远,是一个比较好的选择。而且这些留日学生中有一部分女学生,这些女学生最初并不是独自一人去日本,而是选择和父亲、兄弟或者丈夫一起去日本。经过一段时间后,一些女学生也开始单独出国,而且每年的人数也都在不断增加。留学日本不仅方便,还得到了政府的支持,不少省份还有公派留学日本的例子。随着留学热潮的越来越浓,中国留日女学生们越来越多,在归国后大多成了教育一线的领军人物。

20世纪初,留学热潮不再仅仅限于日本,西方国家的吸引,人们教育意识的增强,都促使了留学范围扩展到西方国家,中国的学前教育也由学日本转变为学习西方国家。

(二)兴办幼稚师范学校或女学

由于中国留学生不能很快地归国任教,帝国主义在中国开始创办专门的幼稚师范学校。中国最早的女塾创办于浙江宁波,是由外国人爱尔德赛(美国传教士),在1844年创办的。之后,美国传教士海淑德于 1892 年在上海创办了幼稚师资培训班,为美国教会在中国开设的幼稚园培训师资。而后,她在上海又创办了中西女塾。1898 年英国在厦门创办幼稚园师资班,1912 年正式取名为怀德幼稚师范学校,是我国出现得最早的一个由教会创办的幼稚师范,面对高小毕业生进行招生,学制两年。除此之外,还有 1905 年创办的北京协和女书院幼稚师范科、北京燕京大学幼稚师范专修科,1916 年创办的浙江杭州弘道女学幼师科。这些学校均由教会创办,拥有完整的教学设备,但是规模较小、毕业生较少。比如杭州弘道女学,1918 年和 1920 年每年仅有 1 名学生毕业,多的年份如 1931 年也不过 10 名毕业生。

教会幼稚师范学校的侧重点在于宗教的宣扬和英文教育的把握。学校课程主要分为三类,第一类为外语、宗教等课程,其中英语占学分最多。这其中还有一些关于社会问题、宗教学、圣道教法的课程,目的在于宣扬、传播基督精神,为帝国主义西方国家培养顺民服务。第二类为文化课,例如国文、体育、生理卫生、生物学、音乐等。第三类为专业课,包括心理学、学校管理法、实习、幼稚教法、启智用具教法等。

(三)任教于中国的学前教育机构

癸卯学制颁布后,蒙养院制度在中国初步确立起来,虽然制度上进步了,但是在设施、人才上却没有与之齐头并进,在师资力量上还要仰仗日本。因为我国出国留学的学生大多不达标或者不愿意回国任教,所以很多幼稚园的管理者与任教者皆为外国人,而又以日本人居多。如湖北武昌蒙养院、天津严氏蒙养院、京师第一蒙养院、福州幼稚园、湖北女子师范附属小学堂幼稚园等都曾聘请日本教员任教。

外籍教员在园中主要教授幼儿的文化课和专业课。外籍教员的引入不仅仅是简单地解决了幼教师资匮乏的问题,还在一定程度上将西方近代学前教育理论、课程、教材、教法引入了中国,为中国的学前教育进步做出了贡献。当然,我们也不得不看到,帝国主义种种做法皆是借助学前教育对国人进行奴化思想渗透。

三、外国教会在中国的学前教育活动对中国学前教育近代化的影响

中国近代学前教育发展历程中出现外国教会创办的幼稚园是必然的,而这些幼稚园也随着历史的发展最终退出了中国学前教育历史的舞台。不管西方教会创办的学前教育机构也好,培养的幼稚师资也好,虽然在当时不利于中国学前教育的科学化、本土化和大众化的发展,但是不得不承认它们均推动了中国学前教育近代化的历史进程。

(一)积极影响

1. 引入了崭新的学前教育理念

在我国封建社会的历史长河中,对幼儿的教育往往是依赖于长期困顿家中操劳琐事的妇女、老人,而不是受过专业训练的教师。随着生产力的发展、社会的发展,幼儿教育机构的出现冲破了传统的家庭教育束缚。幼儿的教育和地位被得到了充分的认识与肯定,

西方的学前教育观念促使中国幼儿教育的方式、方法相对合理科学化。但是,由于当时中国仍然处在封建势力的控制下,封建思想非常坚固,因此西方很多先进的教育思想虽然被引入进来但却很难实施下去,比如对幼儿的"性别教育"就举步维艰。

2. 促进了中国近代学前教育事业的发展

教会创办的学前教育机构在本质上而言,具有极大的"殖民性",它们存在的主要作用就是传教。教会幼儿教育机构的创设,在一定程度上催生了中国公共幼儿教育机构,虽在发展上仍是仿造而来,但对中国学前教育的发展来说也是不可小觑的进步。

当然,教会学前教育机构在接收被教育对象时宣扬人人都有上帝赋予的受教育权利。这样一来,被教育对象的阶层束缚就被打破了,无形中扩大了中国受教育人群的范围以及刺激了中国人的教育意识。

3. 培育了第一批专业化的学前教育师资队伍

教会在中国开办学前教育机构的热潮之下,也创办了最早的学前教育师资培训机构。教会幼稚师范学校为清末民初的中国学前教育事业提供了相当一部分的师资,缓解了当时的师资缺口压力,同时也确实为中国学前教育师资队伍做出了贡献。

(二)消极影响

1. 不利于中国近代学前教育的科学化

教会学前教育机构有着明确的教育目的,教师教以宗教思想,引导幼儿信仰上帝,迷信来世,在这浓厚的宗教氛围下,幼儿的思想是与科学相违背的,这便不利于中国近代学前教育的科学化。

教会幼稚师范培养出来的也是一群深信基督教、备受其影响的幼儿教师,这些思想指导着她们的教育教学。她们对于教育的热诚并不是源于对于教育或是孩子的热爱,而是为了给自己深信不疑的主培养更多的信徒。

2. 不利于中国近代学前教育的本土化

教会学前教育机构虽然在中国办学,却由内到外、完完全全就是外国模样。严重的外国化倾向,丝毫没有将中国儿童的特点、中国的实际情况考虑其中,这样的教育应该没有多大的实际意义,这当然背离了教育近代化应该具备的本土化特性。

3. 妨碍了中国近代学前教育的大众化

教会学前教育机构虽然宣传人人生而平等,人人拥有受教育权,但是在实践中却是处处设卡,将绝大部分孩子拦在了门外,真正能够入学接受教育的是那些达官显贵的孩子。教会如此,当中的教师也是如此,即便能勉强入学,在教师们的冷嘲热讽下,儿童的身心要想健康发展也是难事。

中国近代的学前教育的产生与特定的历史背景是分不开的,是在近代工业、先进教育思想、改革以及外界教会的共同推动下逐渐产生的。蒙养院是这一阶段最为重要的存在,对中国近代的学前教育发展有着推动性的作用。外国教会对中国学前教育的影响是巨大的,需要更为客观公正地加以认识。

考点聚焦

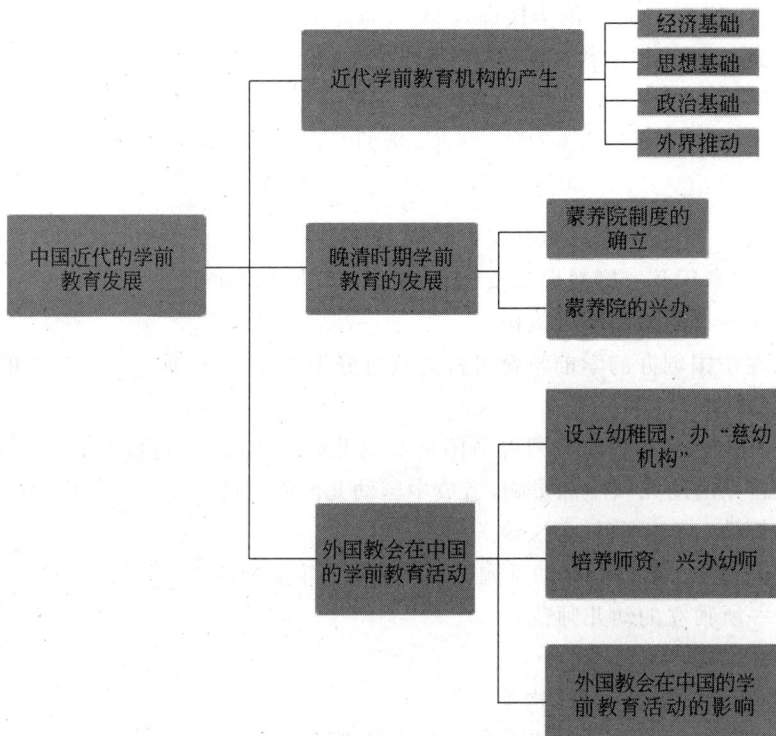

```
                                              ┌─ 经济基础
                              近代学前教育机构的产生 ─┤ 思想基础
                                              ├─ 政治基础
                                              └─ 外界推动
                                                            第三章　课外阅读

中国近代的学前      晚清时期学前      ┌─ 蒙养院制度的确立
教育发展           教育的发展       └─ 蒙养院的兴办

                              外国教会在中国    ┌─ 设立幼稚园，办"慈幼机构"
                              的学前教育活动     ├─ 培养师资，兴办幼师
                                            └─ 外国教会在中国的学前教育活动的影响
```

　　本章的内容在教师资格证《保教知识与能力》考试中涉及较少且以选择题为主。考生需要了解中国近代学前教育机构产生的条件以及外国教会在中国的学前教育活动主要有哪些；知道中国近代所颁布的与学前教育相关的法规，相对重要的是《钦定学堂章程》和《奏定学堂章程》等；知道中国近代创办的一些著名的公办和私立的学前教育机构。要注意在《综合素质》部分也会作为"历史常识"出现一些相关内容，所以在平时的学习过程中应注意历史知识和常识的积累。

考题链接

一、选择题

1. 中国最早的学前教育制度，用（　　）来训练儿童的执教者（母亲或保姆）。
    A. 幼稚园保育知识　　　　　　　　　B. 幼稚园教养知识
    C. 封建纲常名教　　　　　　　　　　D. 近代幼儿教育知识

2. 我国最早的学前教育机构蒙养院利用育婴堂和（　　）来培养保姆。
    A. 女子师范学堂　　B. 女子学堂　　　C. 敬节堂　　　　D. 初等师范学堂

3. 1903 年（　　）的成立，是我国设立幼儿教育机构之始。
    A. 京师第一蒙养院　　　　　　　　　B. 上海务本女塾附设幼稚舍
    C. 湖南蒙养院　　　　　　　　　　　D. 湖北省立幼稚园

4. 帝国主义在中国兴办文化教育事业的终极目的是（　　　）。

　　A. 促进全人类文化教育事业的发展　　　B. 加强国际友谊

　　C. 奴化中国人思想,培养高级治华代理人 D. 传播基督精神

5. 在我国学制系统中,确立学前教育机构作为国民教育第一阶段地位的学制是（　　　）学制。

　　A. 癸丑　　　　　　B. 壬寅　　　　　　C. 癸卯　　　　　　D. 壬戌

二、填空题

1. 大约 19 世纪_____年代西方教会在中国沿海开始兴办学前教育机构。

2. 根据《奏定蒙养院章程及家庭教育法章程》的规定,蒙养院设立在_____。

3. _____是中国最早的学前教育机构。

4. 近现代外国人在中国创办的学前教育机构大致可分为两种,一种是_____式的,一种是教会或欧美式的。

5. 近现代外国人在中国创办的幼儿园占中国全部幼儿园的大多数,这些幼儿园还通过各种途径对中国人自办的幼儿园施加影响,造成中国幼儿园教育的_____倾向。

6. _____是中国第一个学前教育法规。

7. 1898 年,英国长老会在厦门创办幼稚园师资班,1912 年发展成为_____,这是教会在我国最早设立的一所独立的幼儿师范。

8. 蒙养院的办学宗旨是_____。

9. 中国最早创办的公立幼儿教育机构是_____。

10. 1904 年,清政府颁布_____,其中专门为学前教育制定了_____,这是我国近代关于学前教育的第一个法规。

三、简答题

1. 简述我国清末学前教育机构产生的基础。

2. 简述帝国主义在中国培养幼教师资的主要途径。

第三章　考题链接参考答案

第四章
中国近代学前教育思想

本章导航

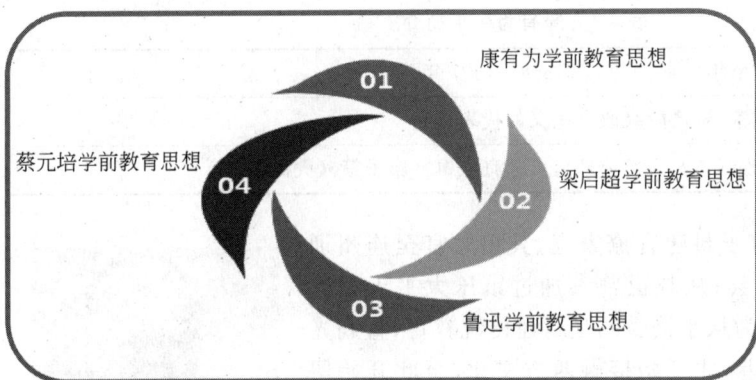

- 01 康有为学前教育思想
- 02 梁启超学前教育思想
- 03 鲁迅学前教育思想
- 04 蔡元培学前教育思想

学习目标

1. 了解康有为、梁启超、鲁迅和蔡元培的生平和教育活动。

2. 掌握康有为、梁启超、鲁迅和蔡元培的学前教育思想和理论。

3. 归纳分析康有为、梁启超、鲁迅和蔡元培的学前教育思想对当今学前教育有何借鉴意义。

故事探索

万 木 草 堂

康有为第二次到北京参加顺天乡试,不第,借机向光绪帝上书请求变法,结果却被守旧派扣压而未能上达。于是他决定接受梁启超的建议,在广州设立万木草堂,开始收徒讲学,通过学习中外历史政治发展得失,以求救国之法,培养维新运动的人才骨干。梁启超此前就对康有为的学识和胆识十分钦佩,特地拜了康有为为师,选择从学海堂退学,进入万木草堂开始向康有为学习西学和变法的理论。1891—1894 年,梁启超都在万木草堂一边学习,一边担任一些教学工作。梁启超作为康有为的学生,在思想上深受康有为的影响,包括在教育思想上。那么中国近代的教育思想有哪些? 我们一起来学习。

第一节　康有为的学前教育思想

一、生平简介

康有为(1858—1927 年),原名祖诒,字广厦,号长素,广东省南海县人,人称"南海先生"。他不仅是中国近代著名的政治家、思想家,资产阶级改良主义的代表人物,同时也是历史上出色的教育家,其基本情况如表 4-1 所示。

表 4-1　康有为生平简介

姓名	康有为	生卒年	1858—1927 年	户籍	广东
名誉	教育家、政治家、思想家,资产阶级改良主义的代表人物				
著作	《新学伪经考》《孔子改制考》《人类公理》《广艺舟双楫》《康子篇》《大同书》				

康有为(图 4-1)出生于封建官僚家庭,其祖父官至连州训导;父亲官任江西补用知县;从叔祖曾参加过镇压太平天国运动,官至广西巡抚。康有为从小接受的是封建传统教育,直到光绪五年(1879 年)出游香港,才开始接触西方文化,至此开始留心西学,购买地球仪、地图,收集西学书籍,为他之后的西学教学打下基础。在对西方声、光、电学,以及各国历史、游记等西方文化的学习中,康有为渐渐发现资本主义制度的先进性,开始有向西方学习的想法。特别是 1884 年中法战争失败,更加坚定了他要通过学习西方文化来救国的想法,形成了资产阶级改良主义的思想。

图　4-1

二、儿童公育思想

康有为认为,世间一切苦难的根源在于"九界"的存在。所谓"九界",是指国界、阶界、种界、形界、家界、业界、乱界、类界、苦界。[①] 他提出了"去九界"以达人类"大同",即消灭国家、阶级、种族、家庭,实现"无邦国,无帝王,人人平等,天下为公"的大同社会。由于消灭了家庭,儿童不再是某个家庭或个人的子女,而是整个社会的儿童,对儿童的抚养和教育应由公立政府承担。

在我国学前教育史上,康有为是"儿童公育"思想的首倡者。康有为揭露了传统的封建家庭不合理的教养方式对儿童心灵的摧残,指出封建家庭存在的弊端,列举了"有家之

---

① 康有为.大同书[M].沈阳:辽宁人民出版社,1994:66.

害"，如不能天下为公，心术必私，人性不能善等。其儿童公育思想来源于消灭家庭、实现大同世界，为此，康有为设计了一套完整的教育体系，包括从妇女怀孕进入的人本院，到婴儿出生后进入的育婴院，3岁后进入的慈幼院，直到20岁进入的大学院。

（一）人本院

康有为认为，所有的妇女怀孕之后，都要住进人本院，孕妇在这里不需要丈夫来赡养，这里也是对胎儿进行胎教的地方。我国是世界上最早提出实施胎教的国家，根据史料《列女传》的记载，我国实施胎教的历史可以追溯到3000多年前的西周时期，最早实施胎教的是西周文王的母亲太任。中国古代的胎教思想，主要包括注重外界环境对胎儿的影响、母亲情绪对胎儿的影响，注重孕妇良好生活习惯的培养以及注重胎教与母教的结合。康有为在继承了我国古代的胎教思想基础上，结合西方相关经验，对人本院做出以下设定。

院址选择上，应该建在地球的温带和近寒带之间的平原广野，有泉水环绕。或者是在岛屿上，靠近海，能感受到海风的地方。居住的房间，室内不可过于潮湿封闭，室外也应有水池环绕，有广阔的林园。

孕妇所穿的衣服，由医生安排最适合的来穿。饮食上，也要由医生选择最能养胎的食品。同时注重孕妇的身心健康，除了孕妇自身在入院后应以学道养身为主外，还安排有两名医生，早晚检查两次，防止孕妇身体不适而影响胎儿。

每天安排专门的女保医生，给孕妇讲解一些健康卫生知识、生产需要注意的事项和养育孩子的方法。除了医生，还有女师讲一些仁爱故事，来培养孕妇的仁爱之心，使其更加明事理。另设有一女傅，专门来教导和监督孕妇，防止孕妇接触到恶言恶声。例如出游时，不可以安排在能听到工厂机器噪声的地方入住；一同交游之人中，有不正之人，有恶言相闻、恶事相告者，女傅可以暂时让孕妇与其断绝往来。院内终日有琴乐歌管。康有为认为常听音乐，可以修养性情，发展神智。

除了怀孕时医生对孕妇无微不至地照顾，以减少孕妇怀孕时的痛苦和畏惧外，快生产的时候，也安排有专门的产室。产室内设有书画室和生产所需品，还设有电话线，以方便联系医生。女医生会时常看护、照顾孕妇的饮食起居。生产后，会有女看护人和女医生专门照看婴儿，母亲依然可以像往常一样听音乐、读书、看画。坐月子期间，会有医生为产妇安排专门的补气血的食物，有专门弹琴读诗的人。

断乳的时间一般为3~6个月，由医生来确定最为合适的月数。断乳后，即可出院，并赠以宝星或金钱，用汽车送其回家，以示荣耀。

（二）育婴院和慈幼院

婴儿断乳后，会被送到育婴院，3岁后送入慈幼院。也可两院合并，不设慈幼院。婴儿在育婴院由女保看护。康有为认为男子没有女子心思细腻，缺乏耐心，故选择女子来做看护。女保都是本人自愿，由总医生选择身体强健、有德、有恒心的人来担任。因为女保身负母亲的职责，责任重大，一定要重视女保的选择。

女保在衣服上会标有女保的字样，见到的人不论贵贱，都应对其表现尊敬。因为女保将不是自己的孩子视如亲子来照顾,而婴儿体弱无知,事事都要依靠女保照顾,无晨无夕,稍不注意还容易使其生病,很是辛苦。而孩子长大后有可能不相识或不知报答,故应以殊荣异礼待之。

育婴院的选址与人本院相同,或接近人本院,方便移送。如果地方有限,难以容纳两院,则可稍次于人本院。但也不能建在水土过于潮湿或干旱之地,不得接近市场、制造厂等污秽的地方。因为幼儿时容易受到环境的影响,所以建院的地方也应远离戏院、葬坟、火化这类的地方。院内的结构,应该适合于婴儿,楼少而草地多,邻近池水,多种植花草树木,多养一些鱼鸟。同时准备一些玩具,以达到孩子身体健康、精神愉悦、眼界开阔的主要教育目的。

管理者都由公众选出的仁厚、熟悉养生学的医生来担任。早晚有医生来诊视两次,婴儿穿的衣服、饮食、玩耍和休息都由医生来安排,女保奉行。婴儿患病时,医生每天要看三次,严重的无次数,而且由大医诊视,直至康复。

两岁前由一人专门抚养,两岁后,一人看护2~3个幼儿。除了对幼儿身体上的保健外,保育的内容还包括语言、歌曲、手工等。

(三)小学院、中学院和大学院

6~10岁入小学院。院址应该选择在爽垲广原之地,远离戏院、酒馆和市场喧哗的地方,使儿童的学习和精神免受干扰。院内环境要优美,建有操场,多设置秋千、跳木,供学生游戏,满足儿童好动的天性。小学院内应有古今的图画器物,来增长儿童的见识。同时要多讲关于仁爱的事,感动儿童的内心。儿童还需学习诗歌、算数、地理、历史等知识。除了知识的学习,更重要的是儿童的健康,可以安排游览跳舞,爬树水嬉。院内设有"女傅",对儿童进行教诲,兼有慈母的职责。小学教育是以德为先,养体为主,开智慧次之。

11~15岁入中学院。中学院是学习的关键时期,除了养体开智以外,还应以德育为重,可以学习礼乐。这个年龄的儿童,穿衣饮食都可以自理,不再需要保傅之人照顾,所以中学院里设有男女教师,选择有才有德之人担任。另设有管学总理和分理助教,由大家推荐学问高、经验丰富、有慈爱之心的人担任。院址应选在广原爽垲近海近沙的地方,远离剧场、葬墓、市场等喧哗的地方。院内建有食堂、图书馆、展览室、体育场、游乐园等。课程安排应根据学生的个性特征,根据学生资质来设班开课。

16~20岁入大学院。大学院以开智为主,育德强体在后,其教育是专门之学,以实验为主,因为15岁前,普通之学都已经知晓。每个人根据自己的志向和喜好,选择专业。院址根据专业来选择,如农学建在田野,矿学建在工场,商学建在市肆,渔学建在水浜,政学建在官府,各大学都设有游园,有花木亭子水池木舟。大学老师,不分男女,由精通专业者担任。

三、对康有为学前教育思想的评价

在《大同书》中,康有为详细地描绘了他对儿童公育的思想。虽然在当时的社会背景下,具有明显的乌托邦色彩,表现出一定的空想成分,但对后世产生了深远的影响。该理论也获得了大批进步主义学者的认同和支持,认为幼儿教育应该交给专业的机构和人,教育效果远比家庭教育更加理想,当时大多数的父母教育出来的都是愚孝、迂腐之人,妨碍了个人和社会的发展。康有为将对儿童教育的改革作为解放妇女和社会改革的手段。

康有为的儿童公育思想推动了我国儿童教育社会化的发展,具有很大的进步性。特别是他在人本院中体现出的胎教的思想和育婴院中体现出的育幼的思想,以及一些具体的做法,对当下依然有着一定的指导意义,尤其是对当今社会中产检机构、月子中心、托儿所、幼儿园等机构,在选址和人员设置等方面,至今仍然有一定的借鉴和指导意义。

第二节　梁启超的学前教育思想

一、生平简介

梁启超(1873—1929年),广东新会人,字卓如,号任公,又号饮冰室主人。中国近代思想家、政治家、教育家、史学家、文学家。戊戌变法(百日维新)领袖之一,中国近代维新派、新法家代表人物。其基本情况如表4-2所示。

表 4-2　梁启超生平简介

姓名	梁启超	生卒年	1873—1929 年	户籍	广东
名誉	思想家、政治家、教育家、史学家、文学家				
著作	《中国近三百年学术史》《中国历史研究法》《新中国未来记》《饮冰室合集》《变法通议》				

梁启超(图4-2)出生在"且耕且读"之家,虽为当地乡绅,有一定的势力和影响,但家庭条件并不能算太好,经济上并不富裕,靠着祖上的几亩田地维持生计。祖父梁维清是秀才,父亲梁宝瑛在乡里教书。梁启超10岁之前,都是由家里的长辈教导他读书。梁启超从小就表现出超越同龄儿童的聪慧,6岁已经读完《五经》,小小年纪被称为神童。12岁中秀才,17岁中举人。他先后在北京大学、北京师范大学和东南大学讲学,并在清华大学担任过研究院导师。1929年1月19日,在北京协和医院因病抢救无效,与世长辞,终年56岁。

图　4-2

二、"新民主义"教育思想

梁启超在变法救国的过程中,一直在思考和实践,到底怎样才能真正实现救国,从开始主张学习西方先进的制度,积极实行变法,到最后愈发注意到国家人民起到的作用。他认为国家的强盛兴衰取决于人民个体素质的高低优劣,"民弱者国弱,民强者国强,殆如影之随形,响之有声,有丝毫不容假借"[①]。一个国家,人民弱则国家弱,人民强则国家强,这一点丝毫不用质疑。因此,他提出了"新民主义"教育思想,认为应该通过教育的手段,培养"新民"。即通过教育更新人民的思想,培育出具有新道德、新思想、新精神、新的特性和品质的人民,培育出"备有资格,享有人权",具有自动、自主、自治、自立的品质,融民族性、现代性、开放性于一体的"本国之民,现今之民,世界之民"[②],在《新民说》一书中,梁启超称这种理想的国民为"新民"。在对中国儿童教育的改革中,梁启超倡导以培养"新民"为方向,实施"新民主义"幼儿教育,主要理论和措施,都在他撰写的《变法通议》中的《论幼学》一篇中有所体现。梁启超认为春秋万法托于始,几何万象都开始于一个点,人生几十年,立于幼学,可见他对于幼儿教育的重视。

(一) 教育目的

梁启超认为,通过教育可以提高人民的素质,进而做到提升国家的运势。国家要强大起来,首先要发展人民的智慧,注重教育事业的发展。维新变法期间,梁启超曾明确地将"开民智"与"兴民权"联系在一起。他认为,国民有智慧就会产生民权,有一分的智慧,就有一分的民权,有六七分的智慧就有六七分的民权。民权和民智是互生的关系。以往政府都想限制人民的权利,必然将抑制人民智慧的发展作为第一要义;如今我们要伸张民权,必然要以发展人民的智慧为首要任务。

戊戌政变后,梁启超发现将"民智"和"民权"等同起来是错误的,发展人民的智慧,虽然可以使其产生权利的意识,但也有可能培养出一个人的奴性。正因如此,他提出教育应当确定宗旨,明确教育的目的。梁启超提出,应该把培养"新民"作为幼儿教育的目的。即培养出具有新道德、新思想、新精神、新的特性和品质(诸如国家思想、权利思想、政治能力、冒险精神,以及公德、私德、自由、自治、自尊、尚武、合群、生利、民气、毅力等)[③]的新国民。

(二) 教育内容

梁启超针对儿童智力发展的特点,建议儿童的教育内容不宜过难,应该是儿童想要学习,乐于学习,易于学习的。主要包含以下几个方面。

(1) 识字书。选择实用的、现在通行的文字,采用合理的方法进行编排,让儿童尽快识得约 2000 个常用字。也可以借鉴西方的做法,将 26 个字母刻在球上,作为教具,在玩的过程中识字。

(2) 文法书。中国自古以文采闻名于天下,但缺乏教儿童的语法知识。可以学习西方,编著专门的语法书,教儿童如何联字成句,再如何将句子组合成一篇文章。

(3) 歌诀书。将当前各种知识,借鉴中国古代的经验,编成韵语。例如,学习经学,可

---

① 梁启超.饮冰室合集[M].北京:中华书局,1989:566.
② 童富勇.中国近代教育史资料汇编·教育思想[M].上海:上海教育出版社,2007:252.
③ 梁启超.饮冰室合集[M].北京:中华书局,1989:573.

以编《孔子立教歌》《历代传经歌》;学习史学,可以编《古今大事歌》《历代国号及帝王种姓歌》;学习天文,可以编《诸星种别名号歌》;学习地理,可以编《五洲万国名目歌》;学习物理,可以编《原质名目歌》等①。根据儿童所学内容的不同,都可以将其编成相关歌诀,让儿童从小诵读,明白其所以然,则人心自新,人才自起,国未有不强者也。

(4)问答书。古人有云,学问并举,学习应该与提问在一起进行,一边学习一边提问。西方有专门的问答书,如《启悟要津》,与歌诀书相配合。歌诀帮助记忆,问答帮助分析,引导学生理解。

(5)说部书。梁启超批判了当时存在的文字与语言相分离的现象,说话时,用的是今语,下笔则用古言,加大了读书学习的难度。他提出应该将文字与语言合一,采用俚语俗话,广著群书,可以包括圣教史事、国耻夷情等,让儿童阅读学习。

(6)门径书。开列儿童应读书目。在学习了前五项内容后,就可以开始加入西学最近的著作等书目来阅读学习。

(7)名物书。即字典。西方人有字典,里面包含了古今万国名物,儿童有此书,在学习上可以事半功倍。

(三)教育方法

梁启超批判了当时中国"未尝识字,而即授之以经;未尝辩训,未尝造句,而即强之为文"的教育方式。认为学习西学应该由浅入深,由易到难,循序渐进的教育方法,"先识字,次辩训,次造句,次成文,不躐等也"。同时教师在教育过程中,应该以理服人,而不是以力服人,更不可以对学生体罚。注意控制学习时间,劳逸结合,学习期间可以通过散步、看风景、跳操、听音乐来休息放松,不应该一直正襟危坐在庭内,以免使学生对学习感到无趣,学习效果还不好。

梁启超注重培养儿童的学习兴趣,多采用演戏法、歌谣、音乐等儿童乐知、乐闻、易上口、易理解、不枯燥乏味的形式进行教学。或采用实物教学、直观教学,注重儿童对所学内容的理解,而不是传统意义上的一味死记硬背。

三、论家庭教育

梁启超的9个孩子,每一个都成了杰出人才,其中还产生了建筑学家梁思成、考古学家梁思永、航天专家梁思礼三个中国科学院院士。一个家庭培养出三个院士,这在中国学术史上是绝无仅有的,梁启超也因此被称为"中国家庭教育第一人"。

1. 爱的教育

梁启超给每个孩子都起了昵称,如大宝贝、Baby、思顺、忠忠、达达、老Baby,这些听起来有些肉麻的昵称,体现出他对子女们深深的爱。包括他在和孩子的沟通过程中,也丝毫不吝啬将这份爱表现出来。这对于那些顾忌家长威严形象,不愿将对孩子的爱表现出来的家长来说,有很好的借鉴作用。正是家庭教育中的这份爱,让孩子们可以健康快乐地

---

① 梁启超.变法通议[M].北京:华夏出版社,2002:115.

成长。

2. 个性教育

梁启超意识到每一个孩子都有他自身的特点,他不会去压抑他们个性化的发展,反而是鼓励孩子选择自己的方向,挖掘自己的潜能,做自己喜欢做的事情。

3. 感恩教育

梁启超教育子女要对亲人心怀感恩,还要对社会、国家怀有感恩之情,时刻记得回报社会,回报国家,培养了孩子的家国情怀,为以后的成功打下了基础。

4. 乐观教育

梁启超身处乱世,流亡海外 14 年,一生经历了无数的挫折和打击。但他依然没有停止前进的步伐。在对孩子的教育上也是一样,当孩子们身处困境之时,他都会积极开导孩子以乐观的生活态度去面对。

四、对梁启超学前教育理论的评价

梁启超在《变法通议·论幼学》中,明确了学前教育的目的、内容和方法。和传统的教学比较起来,更具有科学性,开始注重儿童的发展特点。内容的选择上不宜过难,而是儿童想要学习、喜欢学习的,包括通过把内容编成歌诀的方式、便于儿童记忆等方式对于当今的学前教育仍具有指导意义。他的先进的家庭教育观,对于当今家庭教育也有着极大的启示。

第三节　鲁迅的学前教育思想

一、生平简介

鲁迅(1881—1936 年),浙江绍兴人,原名周樟寿,后改为周树人,字豫才,"鲁迅"是他1918 年发表《狂人日记》时所用的笔名,也是他影响最为广泛的笔名。中国著名的现代文学家、思想家、教育家[①]。其基本情况如表 4-3 所示。

表 4-3　鲁迅生平简介

姓名	鲁迅	生卒年	1881—1936 年	户籍	浙江
名誉	现代文学家、思想家、教育家				
著作	《呐喊》《彷徨》《朝花夕拾》《野草》《华盖集》《中国小说史略》				

鲁迅(图 4-3)一生都在不断地进行文学创作,对当时的国家、社会和人民提出自己独特的看法,研究描写社会和人民的劣根性,文笔犀利,批判起来丝毫不留情面。这也是他

① 刘运峰.鲁迅先生纪念集[M].天津:天津人民出版社,2007:10.

至今依然被当今的年轻人所熟知认可的原因。除了文学创作之外，鲁迅对多个领域的研究都具有重大贡献，他不止对五四运动以后的中国社会思想文化发展产生了重大影响，甚至在全世界都产生了影响，蜚声世界文坛，尤其在韩国、日本思想文化领域具有极其重要的地位和影响，被誉为"20世纪东亚文化地图上占最大领土的作家"。20世纪二三十年代，欧美国家开始对鲁迅的文学作品进行翻译。1936年，鲁迅身体开始出现不适，10月19日逝世，享年55岁。

图　4-3

二、"幼者本位"的儿童教育思想

鲁迅很重视儿童的教育，重视儿童在教育中的地位。他提出学前教育应该把儿童放在首位，他是第一位提出"幼者本位"的儿童教育思想的教育家。他认为应该在尊重儿童人格的基础上，按照儿童的兴趣，鼓励儿童的个性化发展，这样更利于儿童今后的成长和发展。在注重"父权"，认为父亲在孩子教育中有绝对权威的时代，鲁迅"幼者本位"的思想，具有巨大的进步性。

（一）教育目的

鲁迅认为，教育应该是将人培养成为有独立人格，自尊自强，摒除国民劣根性，不被封建礼教束缚的人。而学前教育应该实现将儿童放在主体的位置上，理解儿童的身心发展规律，尊重儿童的独立人格，解放儿童，对儿童进行生命关照，努力从小培养他们成为独立、自主、自由、强健的人。

鲁迅之所以会提出这样的教育目的，主要来自对当时"国民劣根性"的批判。通过阅读鲁迅的诸多文学著作，我们可以看出他对笔下所描写人物中含有的"国民劣根性"的批判。而"国民劣根性"的存在，主要是受传统封建教育思想的影响，认为父亲对于孩子有绝对的权威，儿童只是无条件服从的角色。正是由于这种长期处于掌控之下绝对服从的生活，导致了儿童从小就不敢反抗，没有自我意识，进而变得麻木不仁、妄自尊大和奴性十足。只有改变这种绝对的父权，实现"幼者本位"，尊重儿童、解放儿童，使儿童人格独立，有自我意识，才能改变"国民劣根性"。

鲁迅在《坟·文化偏至论》中，将"立人"与"立国"联系在了一起，他认为国家的存亡兴衰，主要"根柢在人"。"立儿童为人"和"立国"有着密不可分的联系。这里的人不同于旧社会有着"国民劣根性"的人，而是独立自主、自强自爱，有益于社会发展的人，可以振兴民族和建设国家的人。这就是教育最终的目的，即将儿童放在最主要的位置，尊重儿童独立人格的发展，促使儿童健全自我意识，解放儿童的天性，将儿童培养成独自、自主、自由、自强，推动国家发展的人。

（二）教育内容

鲁迅在《风筝》里写道："游戏是儿童最正当的行为，玩具是儿童的天使"，在他的其他很多著作里,也都有对各种儿童游戏的描述,如和小伙伴们一起看社戏、偷罗汉豆、看图画书等,我们可以感受出他在描写这些游戏时所表现出的那种轻松愉悦的情绪。所以鲁迅认为儿童应该有其自己儿童化的生活,儿童应该有符合儿童特征的、符合儿童天性的玩具或游戏。儿童正是在游戏的过程中,产生自己的思考,养成活泼健康的人格。

除了游戏和玩具,鲁迅也很重视儿童读物,他将其看作丰富儿童精神世界的食粮。在鲁迅4000余种的藏书中,有一部分是关于儿童读物的,主要有著名神话、童话故事、寓言故事,如《欧洲童话集》《安徒生童话全集》《阿娜克雷翁》等,还有各种连环画、儿童版画,如《连环画故事》《苏联儿童版画》等。他认为儿童读物一定要是"有益""有味"的。"有益"主要是指儿童读物应该有明确的思想性和现实教育意义,是遵循儿童心理发展规律,有利于儿童健康发展的。"有味"是指儿童读物要在教育性的基础上兼具趣味性,对儿童具有吸引力,而不是传统意义上的一味地教训。

(三)教育方法

鲁迅在《上海的儿童》一文中,对中国传统的儿童教育方法进行了批判。一种是完全不管教,对儿童的成长采取放任自流的态度;另一种则是过度地管束,甚至不惜通过打骂儿童这种极端的手段,来使孩子变得"听话"和"恭顺",但实际上教育出的却是畏手畏脚的"一个奴才,一个傀儡"。这两种教育方法都是错误的。就如何正确地对儿童进行教育,鲁迅在《我们现在怎样做父亲》一文中指出以下几点。

1. 理解儿童

家长要明白儿童有其自身的成长规律和特点,不能把儿童当作小大人,强行将成人的思想加于儿童,以免影响儿童的身心正常发展。这也正体现了鲁迅所说的"幼者本位",将孩子放在主体的位置上,一切以儿童为中心。在对儿童进行教育时,首先应该将儿童放在首位,从儿童的角度出发,理解儿童所特有的身心发展规律,用成人的标准去要求和衡量儿童是错误的。

2. 指导儿童

鲁迅认为作为长者,对儿童有着教育的义务,教育的同时要注意将儿童作为一个独立的人。"长者须是指导者、协商者,却不该是命令者。"[①]长辈应该通过引导的方式,在平等的对话交流中对孩子进行教育指导,而不是通过命令的方式,以免起到反教育的作用,养成儿童怯懦麻木的性格。

3. 解放儿童

鲁迅认为"子女是即我非我的人",意思是孩子既是父母的传承又是独立的个体。父母有责任和义务去教育孩子,教会孩子自立的能力,同时,孩子作为独立的个体,父母也要在思想上和行为上解放儿童,不应对儿童进行道德上的绑架,也不能因为是你带给他生命,就认为他是隶属于父母或家族的,要解放儿童,使其成为独立的个体。

---

① 鲁迅.我们现在怎样做父亲[M].北京:人民文学出版社,2011:75.

三、对鲁迅学前教育理论的评价

鲁迅"幼者本位"的儿童教育思想,在当时代表了最先进的儿童教育观点,抨击了旧社会绝对的父权对儿童身心健康的摧残,体现出对"救救孩子"的呐喊,将去除"国民劣根性",救民救国的希望寄托于对儿童的教育上。"幼者本位"的思想即使放在今天,也依然具有进步性和指导意义。对于一味要求孩子服从的家长,给予警醒和指导。

第四节 蔡元培的学前教育思想

一、生平简介

蔡元培(1868—1940年),浙江绍兴府山阴县人,字鹤卿,号子民。近代著名的教育家、革命家、政治家,其基本情况如表4-4所示。

表 4-4 蔡元培生平简介

姓名	蔡元培	生卒年	1868—1940 年	户籍	浙江
名誉	教育家、革命家、政治家				
著作	《蔡元培自述》《中国伦理学史》《蔡元培教育论著选》				

蔡元培(图4-4)出生于世代经商之家,祖父经营典当业,父亲是钱庄经理,但父亲在蔡元培童年时就去世了。蔡元培4岁进入家塾读书,1884年,16岁的蔡元培考中秀才,开始在家乡"设馆教书"。22岁考中举人,第二年参加会试,也顺利通过,但没有参加殿试,直到25岁的时候,他才去北京参加殿试,取得了二甲第34名进士的好成绩,被安排在翰林院编修。1898年南下从事教育活动。他的一生从此发生了巨大的转变,从一个清王朝的官员走向了王朝的对立面。1912年,中华民国临时政府在南京成立,蔡元培被任命为民国第一任教育总长时才回国。

图 4-4

就职期间,他主要借鉴西方教育制度,制定颁布了一系列教育政策、法规,如《普通教育暂行办法》《大学令》和《中学令》,为民国时期的教育奠定了基础。1916年,蔡元培受命担任北京大学校长,在校期间对北京大学进行了一系列的改革,彻底将北京大学从旧式学堂变成了真正的新型大学。他也很重视女子教育事业的发展,除了办女学,他还开始在大学招收女生,开了中国公立大学招收女生的先河。南京国民政府成立后,蔡元培被推选担任国民政府大学院院长、国民政府常务委员、中央政治会议委员等多个职务。1937年年底,他因病移居中国香港。1940年3月5日在香港逝世,享年72岁。

二、"尚自然、展个性"的儿童教育思想

蔡元培认为,中国的传统教育束缚了儿童的个性成长,无视儿童发展的自身规律,强行将成人的思想灌输到儿童的脑袋里。这样教育出来的儿童是没有健全人格的,是不会使国家变得强大起来的弱民。就如何通过教育培养出有健全人格的儿童、强民,受西方自然主义教育思想影响,蔡元培提出了"尚自然、展个性"的儿童教育思想。他认为教育儿童应该将儿童视为独立的个体,而不是父母或家族的附属品,相信人性本善,相信儿童有他自己的自然发展规律,尊重每个儿童按照自己的发展规律自然生长,施展自己独特的个性。这样的教育,才会培养出有健全人格、独立自主的儿童。

(一)教育目的

蔡元培认为,以前的教育都是儿童被动受教于成人,而现在的教育则应该是成人受教于儿童。成人关注儿童的成长,学习研究儿童成长的自然规律,并遵循这种规律,不过多插手,不用成人的眼光去衡量和批评。儿童教育与成人教育是完全不一样的。儿童有自身的发展规律和特点,儿童有他们自己独特的世界,对于儿童的教育,一定要了解和顺应其发展规律和特点,主动走入他们的世界,不能强制性地要求儿童做不符合他们自身发展规律的事情。

让孩子自然地成长,不过多地关注他、束缚他,反而有利于儿童养成健全的人格。如果违反自然的教育,就是违反儿童身心发展的教育,反而不利于养成健全的人格。旧教育对儿童过多地束缚,只会使儿童成长为一个行动上的傀儡,没有自己的思想和独立的人格。每个孩子都有他自身的特点和个性,成人过度地插手管束,只会压抑孩子的天性,抑制儿童的个性的发展,不利于儿童健全人格的养成。这样既不利于儿童的成长,也不利于国家社会的发展,只有人民养成健全的人格,才能使国家独立强大起来。

(二)教育内容

蔡元培就实现顺应儿童自然生长规律,发展个性,健全人格的教育目的,提出了"首在体育,次在智育,第三是德育"的教育内容。

1. 体育教育

蔡元培认为,儿童的成长和发展都是建立在健康的身体基础上。所以,他最重视的就是儿童的体育教育。这也正是我国旧教育所欠缺的。蔡元培批判旧时为女子缠足的陋习,认为正是缠足,限制了女子的行动,使其无法运动,导致其变得怯懦,凡事都依赖男子;没有男子可以依赖时,一点点小事都会心生畏惧;有战争时,敌人还没有来,就通过自杀结束自己的生命,怎么还能奢望其去抵抗。这都是因为不运动导致了身体上软弱,性格上懦弱。没有一个好的身体,就无法履行一个人对个人、对家庭、对国家的责任。通过体育教育,锻炼儿童的身体,使儿童健康快乐地成长。

2. 智力教育

只有健康的身体是不够的,还要注重儿童的智力教育,武装儿童的大脑。掌握的知识越多,心思越缜密,为人处世就越全面。蔡元培认为可以通过反复的练习来促进智力的发展,如练习算术既可以增加知识,又可以使大脑反复练习。研究的功夫深,为人处世的时候,就想得越明白全面,做到了然于胸,知识的积累也越丰富。

3. 德育

如果只有健康的身体和聪慧的大脑,没有美好的品德,反而是帮助其作恶。蔡元培认为只有注重德育的培养,使儿童有辨别是非的能力,儿童才会更好地彰显个性,建立独立的人格。

(三)教育方法

1. 自然教育

在教育方法上,蔡元培认为"今之教育,乃使成人受教于儿童",过去的教育方式都是将家长作为教育的主体,如今的教育方式应该是将儿童放在主体的位置上。既然教育应该遵循儿童的自然发展规律,家长就不应该过多插手管束,而应换位思考,站在儿童的角度,主动学习儿童的成长规律,结合儿童的实际需求,在儿童需要引导时给予一定的引导和帮助。

2. 因材施教

蔡元培认为每个儿童都有自己的个性和特点,在教育的过程中应该尊重儿童的个性,针对不同个性的儿童采用不同的教育方法。鼓励儿童发展自己的个性,而不应是像旧教育那样,对所有的儿童都采用一种刻板的教育方法,泯灭孩子的天性,培养出来的都是迂腐的小老头,没有孩子应有的天真活泼。

3. 启发式教学

蔡元培提出"我们教书,并不是像注水入瓶一样,注满了就算完事。最好让学生自己去研究,等到学生实在不能用自己的力量了解功课时,才去帮助他"。据此,蔡元培强调在教学上循循善诱地启发和引导学生,反对全然无视学生需求和兴趣,轻视学生自主学习机会的"注入式教学"。教学如果一味采用强制性的手段,会使受教育者完全处于被动的地位,在这类教学方法的影响下,势必会阻碍学生学习兴趣的培养,影响学生自主自立精神的发挥。蔡元培十分注重培养儿童的自立、自主精神,并且将其作为培养儿童健全人格的关键。

三、对蔡元培学前教育理论的评价

蔡元培受西方自然主义教育思想影响,提出了"尚自然、展个性"的儿童教育思想。认为儿童教育应该顺应儿童自然的成长规律,发展儿童的个性,健全儿童的人格。对于当今有些无视儿童成长规律,认为不能让孩子输在起跑线上,强行向儿童灌输过难学习内容的家长来说,极具指导意义。包括在教育内容的选择上,蔡元培将体育放在首位,再下来才是智育和德育,对于只关注智育和德育发展的传统教育而言,具有很大的进步性。

▶▶ 考点聚焦

第四章　课外阅读

中国近代的学前教育思想

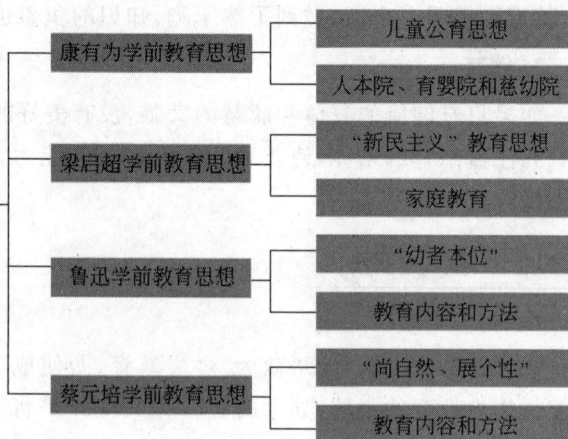

- 康有为学前教育思想
  - 儿童公育思想
  - 人本院、育婴院和慈幼院
- 梁启超学前教育思想
  - "新民主义"教育思想
  - 家庭教育
- 鲁迅学前教育思想
  - "幼者本位"
  - 教育内容和方法
- 蔡元培学前教育思想
  - "尚自然、展个性"
  - 教育内容和方法

本章知识在教师资格证考试中较少涉及,题型主要以选择题为主。主要考查学生对中国近代学前教育思想的掌握情况,例如康有为的儿童公育思想、梁启超的"新民主义"教育、鲁迅的"幼者本位"思想、蔡元培的"尚自然、展个性"思想。学生需要对其中人本院、育婴院、教育目的、教育内容和教育方法等知识点加以重点识记。

▶▶ 考题链接

一、选择题

1. 在我国近代学前教育史上,(　　)是"儿童公育"思想的首倡者。

A. 康有为　　　　　B. 梁启超　　　　　C. 谭嗣同　　　　　D. 严复

2. 康有为认为,所有的妇女怀孕之后,都要住进(　　)。

A. 人本院　　　　　B. 育婴院　　　　　C. 慈幼院　　　　　D. 育婴堂

3. 康有为在(　　)中详细地描绘了他"儿童公育"的思想。

A.《新学伪经考》　B.《康子篇》　　　C.《大同书》　　　D.《孔子改制考》

4. 在我国近代学前教育史上,(　　)是第一位提出"幼者本位"的儿童教育思想的教育家。

A. 李大钊　　　　　B. 鲁迅　　　　　　C. 严复　　　　　　D. 胡适

5. 梁启超认为应该通过教育的手段培养"新民",即通过教育更新人民的思想,培育出具有新道德、(　　)、新精神、新的特性和品质的人民。

A. 新思想　　　　　B. 新观念　　　　　C. 新价值观　　　　D. 新人生观

6. 1922年3月,蔡元培发表《教育独立议》,认为教育作为一种独立思想要教育经费独立、(　　)、学术与内容独立、脱离宗教而独立。

A. 行政独立　　　　B. 管理独立　　　　C. 制度独立　　　　D. 人员独立

二、名词解释

1. 儿童公育

2. 人本院

3. 育婴院和慈幼院

4. 新民主义

5. 幼者本位

三、论述题

论述鲁迅"幼者本位"的儿童教育思想,并分析该思想对当今学前教育有何借鉴意义。

第四章　考题链接参考答案

第五章
中国现代学前教育发展

本章导航

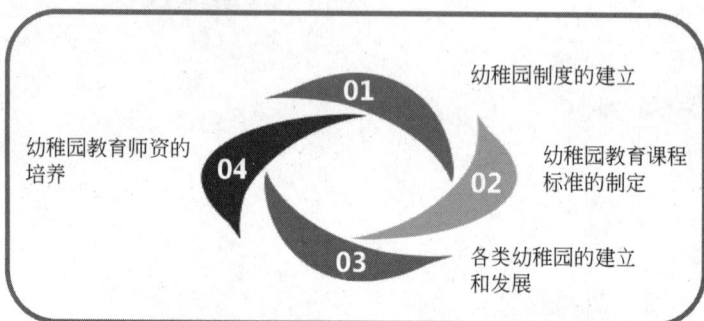

- 01 幼稚园制度的建立
- 02 幼稚园教育课程标准的制定
- 03 各类幼稚园的建立和发展
- 04 幼稚园教育师资的培养

学习目标

1. 掌握中国现代学前教育制度建立的背景与发展历程。
2. 了解中国现代幼稚园课程标准的制定、课程内容及教育方法。
3. 重点掌握几所具有代表性的幼稚园建立和发展的特点，了解其他性质不同的幼稚园发展情况。

故事探索

我党第一个幼儿园——大同幼稚园，接收烈士遗孤

1930年11月，毛泽东的妻子杨开慧在湖南长沙英勇就义。不久，在上海中共中央机关从事出版发行工作的毛泽民获悉三个侄儿在当地生活艰险，经报请党组织同意，设法帮助他们辗转来到申城。随即，毛泽民带着毛岸英（9岁）、毛岸青（7岁）和毛岸龙（4岁）悄然进入大同幼稚园。当时由于四处为革命奔波的干部子女需要有人照顾，因此周恩来提议建立一个儿童福利机构，抚养教育这些烈士子女。中国共产党在上海的戈登路（今江宁路）附近狭小的石库门房屋里，建立了"大同幼稚园"（图5-1），寓意"世界大同"。

图 5-1

本章介绍我国幼稚园发展的背景、各种制度的建立完善，以及各类幼稚园发展的详细历程。

第一节 幼稚园制度的建立

一、幼稚园制度建立的背景

在"科学民主"思潮影响下，一方面，中国两千多年的封建教育思想受到极大冲击；另一方面，人们的民主意识开始苏醒与逐步提高，这为马列主义传播、五四爱国运动和中国现代科学的发展奠定了坚实的思想基础。民主和科学深入人心，影响深远。在教育领域，人们开始批判封建教育思想，注重引进西方先进、科学的教育理论，人们的幼儿教育思想发生重大转变，越来越多的有识之士意识到儿童教育的重要性，大量的学前教育机构得以创办，推行现代学前教育制度已成为一种必然。

二、幼稚园制度建立的过程

在新文化运动的推动下，1920年10月，全国教育会联合会第六次代表大会提出了改革学制系统案，北洋政府被迫于1922年11月颁布由全国教育会联合会提出的《学校系统改革案》，又被称"壬戌学制""新学制""六三三学制"等。"壬戌学制"规定："小学校下，设幼稚园。"新学制规定实施学前教育的机构叫幼稚园（将蒙养园改成幼稚园），接收6岁以下的儿童（图5-2）。

该学制借鉴了美国"六三三制"，表明中国现代教育制度从照搬日本转向效法美国，由军国主义教育转向了平民主义教育。"壬戌学制"是中国教育界经过长期酝酿、集思广益的结晶。新学制的颁布和实施，确保了幼稚园教育在学制上的独立地位，提升了幼儿教育地位，同时标志着中国近代以来的学制体系建设基本完成。

> **📖 资料卡片**
>
> 新学制深受美国教育家杜威的教育思想的影响，是中国版的中小学"六三三"制，该学制摒弃了壬子癸丑学制的双轨制，表现单轨制的民主性，同时强调职业教育，是比较符合我国国情的学制，新中国成立后，继承了该学制。

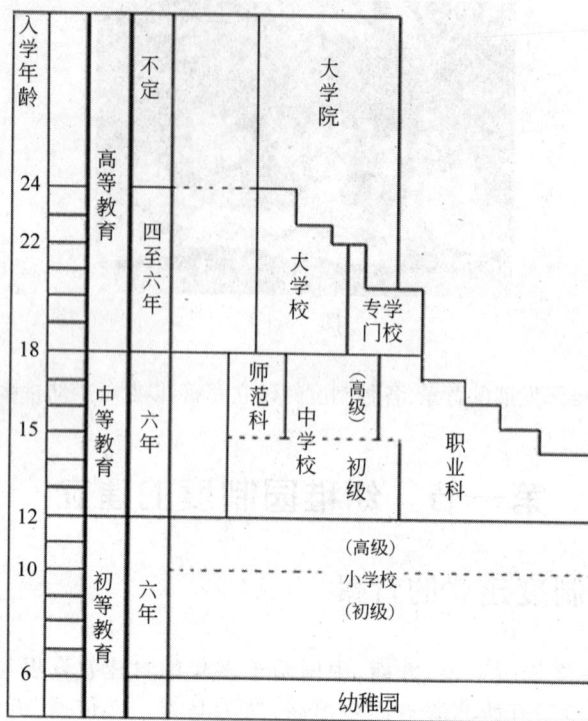

入学年龄

高等教育	不定	大学院
24		
22	四至六年	大学校 / 专门学校
18		
中等教育	六年	师范科 / 中学校（高级）/（初级）/ 职业科
15		
12		
初等教育	六年	（高级）小学校（初级）
10		
6		幼稚园

图　5-2

三、幼稚园制度的具体实施

新学制颁布后,幼儿教育有了长足的发展。在社会各界人士的支持下,尤其是以陈鹤琴为代表的一批知识分子积极探索学前教育中国化的道路,推动我国现代学前教育的发展,全国各地先后创办了一批各种类型的幼稚园。1922 年 12 月江西省立第一女子师范设立幼稚园,1923 年浙江省教育厅要求各县至少筹建一所幼稚园。截至 1924 年,南京第一女子师范学校对全国幼稚园数量进行统计:全国幼稚园共有 190 所,其中中国人自办的幼稚园有 34 所,教会办的有 156 所。南京国民政府成立后,幼稚园的数量在此基础上又有了明显的增加。

第二节　幼稚园教育课程标准的制定

我国现代幼稚园制度虽然得以确立,但是并没有相关文件具体规定幼稚园应该开设哪些课程,全国也没有统一的幼稚园课程标准,以至于当时的幼稚园课程设置较为混乱,照搬照抄西方现象较为严重,制定符合我国国情的幼稚园课程标准迫在眉睫。

一、课程标准制定的背景

新学制颁布实施以后,幼儿教育虽然有一定程度的发展,但存在诸如幼稚园教育师资培养、课程标准不统一等问题。为此,1928 年在南京召开的全国第一次教育大会上,陈鹤琴、陶行知等人提出"注重幼稚教育案"[①],主张幼稚教育必须要进行课程改革,走符合我国实际的中国化、科学化的道路。在多方的努力下,民国教育部于 1932 年 10 月正式颁布我国第一个自己制定的统一的《幼稚园课程标准》。在 1939—1943 年期间,将《幼稚园课程标准》改为《幼稚园设置办法》,该办法规定:"只接收 4 岁到 6 岁的儿童,特殊情况时接收未满 3 岁的婴儿给予保育,每个幼稚园只招收 120 名儿童,师生比例为 1∶20;规定幼稚园负责人和教员必须具有幼稚师范毕业资格;按照《幼稚园课程标准》,实施顺应儿童身心发展规律的教育。"[②]

该标准自颁布以来,成为指导我国各类幼稚园课程建设的纲领性文件,一直沿用至 20 世纪 40 年代末。该标准扭转了清末以来幼稚园教育课程混乱的局面,使我国幼稚园教育课程标准实现了中国化、科学化,极大缩短了我国幼稚教育水平与世界的差距。

二、幼稚园课程标准的目标和课程范围

《幼稚园课程标准》是中国国民政府时期关于幼稚教育的指导性文件。它的总目标包括四点:第一,增进幼稚儿童身心的健康;第二,力谋幼稚儿童应有的快乐和幸福;第三,培养人生基本的优良习惯(包括身体、行为等各方面的习惯);第四,协助家庭教养幼稚儿童,并谋家庭教育的改进。课程范围包括:音乐、故事和儿歌、游戏、社会和自然、工作、静息、餐点七项,每一项均列有目标、内容及最低限度要求。

三、教育方法

我国首个适合本国国情的幼稚园课程标准——《幼稚园课程标准》,该标准吸收借鉴了西方国家的幼儿教育思想,所提倡的教学内容和教育方法符合我国幼儿年龄阶段特征,具有较强的社会性和科学性,对我国学前教育的发展起到了重要的推动作用。

《幼稚园课程标准》总共有 17 条教育方法要点,倡导"教师要认真观察儿童的身体变化,儿童的性格喜好等,并做好教育记录,可作为研究和施教的材料;可以利用家中平时的废物、日用品,天然物之类的制作儿童的玩具"。该标准还着重强调了"课程组织的相关原则,以活动主题为中心组织课程,让科目服从活动主题;以儿童为主体,教师为主导相统一的原则;以儿童经验为中心的原则;灵活性和计划性相统一的原则"[③]。

① 新浪博客.http://blog.sina.com.cn/s/blog_6e16446501015nyx.html.
② 百度百科.https://baike.so.com/doc/28387525-29815663.html.
③ 新浪博客.http://blog.sina.com.cn/s/blog_6e16446501015nyx.html.

幼稚园教育方法特别提出：幼稚园办学要中国化、平民化，注重儿童独立性的培养；"凡儿童能做的园中的事务，都由儿童自己亲自做"，重视家庭教育的指导和家园合作，"教师应该常到儿童家庭去宣传幼稚教育和家庭教育的方法，或请家长到园中来，增进感情交流"。

四、《幼稚园课程标准》的评价

《幼稚园课程标准》的颁布，标志着我国结束了没有国家统一的幼稚园课程标准的历史。我国教育家在总结实践经验的基础上，吸收和借鉴西方发达国家的学前教育思想，建立了符合我国实际与儿童身心发展需要的课程理论体系，结束了我国自清末以来幼稚园课程外国化、宗教化和非科学化的混乱局面。同时该标准强调采用团体、分组和个别的方式，组织开展教学活动的方法，推动了学前教育的发展。这一时期开展的各种实验活动对幼稚园课程标准的科学性进行检验，有力地推动了《幼稚园课程标准》的修订。

第三节　各类幼稚园的建立与发展

新学制颁布后，随着幼稚园制度的建立，我国的幼稚教育有了新的发展，全国各地陆续创办了一批各种类型的幼稚园。

一、公立幼稚园的建立与发展

1. 南京高师附小幼稚园

1919 年，我国南京高等师范学校创建了自己的附属幼稚园——南京高师附小幼稚园。该幼稚园是一所带有实验性质的幼稚园，主要招收 3～6 岁学校教职工的子女。在教学中没有明显的分科目，主要以生活为作业，主要活动有手工、音乐、谈话、游戏等。每日上课时间约为 135 分钟，每周上课 13 小时 15 分钟。该园主要的教育目的是"使幼儿逐步适应社会生活，培养相关的本能和自发的活动。作业内容多是来自幼儿直接感兴趣的自然生活经验和社会生活经验"。[1] 这些方面的内容都是按时令季节进行安排的。例如，以秋季作业内容的安排为例，主要包括以下方面。

（1）社会生活：假期里的经验；学校团体；家庭；父母的职业；收获；食物；田里；农夫；打米人；交通；农场；菜店。

（2）秋季的节日活动：中秋、重阳、双十节、远足等活动，同时有适宜的游戏活动。

（3）自然：日短；天冷；秋天自然界的颜色；树叶脱落；蔬菜、稻子、水果成熟；小鸟迁徙。

---

① 陈文华.中外学前教育史[M].北京：科学出版社，2016：41.

（4）教材方面，以国语文学教材为例，内容大致如下：历史和名人故事，如失羊、孔子、屈原、黎元洪等；仙人故事、民族故事和寓言，如三只猪、三只熊、睡美人、玻璃鞋、太阳和月亮等。作为带有示范性的幼稚园而言，该园的教育内容较为充实丰富，活动形式多样，但不足之处在于收费较高，且不是全日制。[①]

2. 浙江大学教育系培育院

浙江大学教育系培育院于 1935 年建立，该院主要招收 2 岁半至 5 岁的幼儿，总共 20 人，一个级段有 4 名，每半岁为一个级段。该院是学前教育机构，旨在一方面给儿童更多自由活动的机会，要求生活必须自由、愉快、游戏化、家庭化；另一方面是以儿童身心全面发展为对象，同时以儿童训导为原则，理论研究以心理卫生为基础，对儿童日常的常态、变态行为的发展及个别儿童的特殊需要，给予适当的控制。

该院的课程研究主要包括四个方面。①观察：配合课程每周在观察室观察一个小时。②训导实习：学生参与院中生活，帮助院中教师照顾儿童。③专题研究。④个案研究。[②]

二、私立幼稚园的建立与发展

1. 厦门集美幼稚园

厦门集美幼稚园有明确的办园指导思想，"强调学生应有专业的精神、强健的身体、研究的兴趣等；课程目标实施按照《幼稚园课程标准》所制定，有严格的教学秩序"。陈嘉庚先生非常注重早期教育，对儿童从小养成良好的生活习惯和正确的坐姿，提出了 18 个方面的要求，要求分行路、读书、写字、洗澡、坐姿、便溺、咳嗽、喷嚏、睡眠、早起、整理衣被、刷牙漱口、戴帽穿鞋、开门关窗、穿衣、洒扫、进膳、立正等。

2. 南京鼓楼幼稚园

陈鹤琴于 1923 年创办了我国第一个幼教实验中心——南京鼓楼幼稚园，该园是时任南京大学教育科心理学教授的陈鹤琴得到东南大学教育科支持，在自己新建的住宅客厅里创办的，聘请东南大学讲师卢爱林为指导员，甘梦丹为教师。该幼稚园在课程上进行了读法研究、设备研究、行为习惯、技能练习、生活历（以日、周、月、学期、年为单位的幼稚园活动内容及程序）等七个方面的研究；该园的实验结果为我国幼儿教育中国化、科学化奠定了坚实的基础。该园的主要课程有音乐、游戏、工作、常识、故事、读法、数法、餐点、静息等内容。

3. 南京燕子矶乡村幼稚园

南京燕子矶乡村幼稚园创办于 1927 年，由我国人民教育家陶行知先生在南京市郊区燕子矶麓一手创建，是中国第一所私立乡村幼稚园。其宗旨为"建设中国的、省钱的、平民的乡村幼稚园"。该园利用当地的农村环境、花草树木、民歌谚语，向儿童进行生活教育，探索农村教育经验。他们的实验活动包括：草拟生活纲要、寻找生活材料、试用生活法

① 陈文华.中外学前教育史[M].北京：科学出版社，2016：41.
② 徐宝良.中外学前教育史[M].北京：教育科学出版社，2012：46,50.

等,推动了当时农村的幼稚园教育发展。该园第一期招收 30 名农家子女,1930 年被迫停办。

第四节　幼稚教育师资的培养

一、颁布相关的政策法规

幼稚教育的师资培养从最开始清末的由女子师范学堂承担到民国初年的女子师范学校,一直到幼稚师范学校负责,有了长足的进步。1932 年颁布的一系列教育法规,对师范院校、师范科、幼稚师范科的课程标准、教育内容、实习规定做了明确的规定。1935 年,民国教育部又颁布两年制、三年制幼稚师范科的教学计划,这既是对幼稚师范科的要求,也反映了当时师范学校附设幼稚师范科的教学基本情况。1944 年 8 月,民国教育部修正公布了两年制和三年制师范科教学科目及各科目时数表,并通令实施。从此,我国的幼稚师范教育有了较为统一的教学大纲。

二、实行幼稚师范生会考制度

为加强幼稚园教育师资的培养,保证幼稚园师资质量,1935 年颁布的《师范学校学生毕业会考规程》规定:对幼稚师范生实行会考制度,即在幼稚师范生毕业前,由国家统一安排考试,统一命题。会考科目总共 13 门,主要有公民、国文、幼稚园教材及教学法、保育法等。会考成绩占毕业成绩的 50%;会考三科以上不及格者,令其留级;一科或两科不及格者,可先行服务,继续参加下两届该科目会考两次,通过后才能毕业,否则不颁发毕业证书。该制度的实行,虽然从源头上对提高幼稚师资的素质有一定的作用,但同时给学生带来了较大的压力和学业负担。

三、确定幼稚师范及保教人员的任用标准

1944 年,民国教育部对从事幼稚师范学校教育,保教人员实行检定上岗,颁布《国民学校教员鉴定办法》(含幼稚师范),规定检定分为无试验检定及试验检定两种。[1] 教员若具备"国内外师范学校或师范大学毕业者"等七条资格中的一条,则可以接受无试验检定,由检定委员会根据证明文件审查通过即可。若不具备以上资格则要参加考试,即试验检定,合格者可取得教员资格。该办法对于提高教员的素质及教学质量,具有一定的保障和促进作用。

---

① 陈文华.中外学前教育史[M].北京:科学出版社,2016:58.

资料卡片

《国民学校教员鉴定办法》参见表 5-1。

表 5-1　《国民学校教员鉴定办法》

《国民学校教员鉴定办法》规定检定分为无试验检定及试验检定两种
国内外师范学院或师范大学毕业者
国内外大学研究院研究期满具有硕士或博士学位者
国内外大学教育学院或其他各院系毕业曾修习教育学科 20 学分以上有证明书者
国内外大学各院系高等师范本科或专科毕业后有一年以上教学经验者
国内外专科学校、专门学校本科或大学专科毕业后有两年以上教学经验者
曾任师范或其同等学校教员 5 年以上,经主管教育行政机关考核认定成绩优良,并有专门著述发表者
具有精练技术者
如不具备以上资格则要考试,经检定合格者才可任教

考点聚焦

```
                          ┌─ 幼稚园教育课程 ─┬─ 背景
                          │  标准的制定      └─ 具体实施
                          │
                          ├─ 幼稚园制度的建立
中国现代的学前 ───────────┤
教育发展                  ├─ 各类幼稚园的建立 ┬─ 公立幼稚园
                          │  与发展           └─ 私立幼稚园
                          │
                          └─ 幼稚教育师资 ──┬─ 作用标准
                             的培养          └─ 会考制度
```

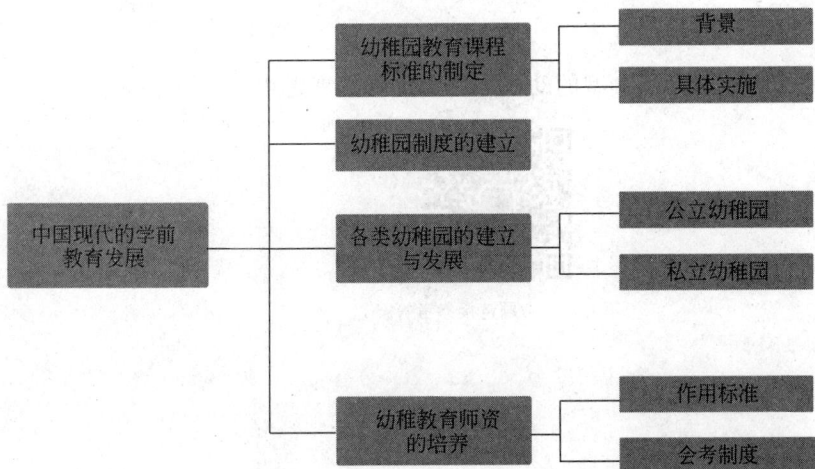

第五章　课外阅读

　　本章知识在历年教师资格证考试中较少涉及,题型主要是选择题,主要考查学生对中国现代学前教育发展的掌握情况,例如幼稚园制度建立的背景与具体实施,课程标准的制定与教育方法,不同幼稚园的发展历程、具有代表性的几所幼稚园,幼稚教育师资任用的制度、考核标准等内容,学生需要对其中幼稚园课程标准的制定、17 条教育方法,典型的几所幼稚园发展、师资任用标准等相关知识点加以重点识记。

考题链接

一、选择题

1. 北洋政府于 1922 年制定并颁布的《学校系统改革案》,又被称为(　　　)。

A. 癸卯学制　　　　　　　　　　　B. 壬子癸丑学制

C. 壬戌学制　　　　　　　　　　　D. 壬寅学制

2. 我国第一所独立的公立幼稚师范学校是(　　)。

A. 南京高师附小幼稚园

B. 上海大同幼稚园

C. 北京香山慈幼院

D. 江西省立实验幼稚师范学校

3. 被称为"白色恐怖下的红色摇篮"的幼稚园是(　　)。

A. 北京香山慈幼院

B. 南京高师附小幼稚园

C. 江西省立实验幼稚师范学校

D. 上海大同幼稚园

4. 为加强幼稚园教育师资的培养,保证幼稚园师资质量,对师范生实行会考制度,会考科目总共有(　　)门。

A. 11　　　　　　　B. 13　　　　　　　C. 15　　　　　　　D. 17

二、简答题

幼稚园课程标准的目标和课程范围主要有哪些?

三、论述题

论述我国各类幼稚园中一所典型的幼稚园的建立和发展过程。

第五章　考题链接参考答案

第六章
中国现代学前教育思想

本章导航

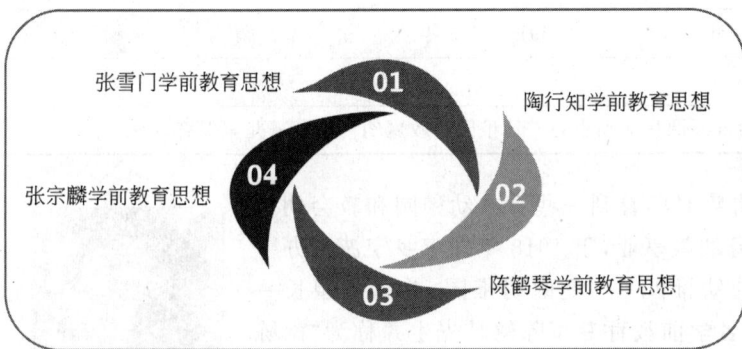

- 张雪门学前教育思想 **01**
- 陶行知学前教育思想
- 张宗麟学前教育思想 **04**
- **02**
- 陈鹤琴学前教育思想
- **03**

学习目标

1. 掌握张雪门、陶行知、陈鹤琴、张宗麟等思想家关于学前教育的主要思想观点。

2. 正确分析与评价我国现代教育家的教育理论以及对当时教育实践的影响。

3. 归纳总结现代学前教育思想中对当前学前教育发展的积极作用。

故事探索

教育就像喂鸡一样

一次，在武汉大学做报告的陶行知先生，从箱子里拿出一只大公鸡放在讲台上。观众们僵住了，不明白陶先生要做什么。陶先生平静地拿出一把米放在桌上，然后按了按公鸡的头，强迫它吃米。但是大公鸡就是不吃。继而陶先生掰开公鸡的嘴，将米硬塞进鸡的嘴里。公鸡拼命地挣扎和叫喊，还是拒吃。最后陶先生松开手，把鸡放在桌子上，后退几步，就见大公鸡自己开始吃米了。接着，陶先生说："我认为教育就像喂鸡一样。先生强迫学生学习,把知识硬灌给他,他是不情愿学习的。即使学了,很快,他也会把知识还给先生。但如果学生能主动学习、自由学习,则效果会更好!"观众为陶先生讲话的开场白热烈鼓掌。

思考:读了这个小故事之后,对你有什么启发?

第一节　张雪门的学前教育思想

一、生平简介

张雪门(1891—1973年),浙江人,我国著名的学前教育家,其基本情况如表 6-1 所示。

表 6-1　张雪门生平简介

姓名	张雪门	生卒年	1891—1973 年	户籍	浙江
名誉	教育家				
著作	《幼稚园行为课程》《幼稚园课程活动中心》《幼稚园行政》《幼稚教育》《儿童保育》				

张雪门(图 6-1)由于青年时期看到一些日本幼稚园和教会幼稚园的不良影响,遂立志投身幼教事业,于 1918 年在家乡宁波创办了当地第一所中国人自办的幼稚园——星荫幼稚园,并出任园长一职。他与我国的另一位著名学前教育专家陈鹤琴先生并称为"南陈北张"。

图　6-1

二、教育理论

(一) 行为课程理论

1. 教育理论

1966 年,张雪门出版了《增订幼稚园行为课程》,对行为课程进行了系统阐述。他说:"生活就是教育,生活在幼稚园的五六岁儿童的实践是行为课程。"他认为,这种课程"完全基于生活,它来自生活,从生活中发展,从生活中结束,不像一般活动完全局限于课本"。

"行为课程应首先注意实际的行为。通过这种实际行为,幼儿可以与环境接触,从而产生直接的体验。这种经历也可以说是生活的基本经验。"儿童有了直接经验,然后才能补充他们的想象力。

他指出,教师必须重视儿童的实际行为和直接体验,经常利用自然和社会环境来激发他们的生活需求,扩大他们的生活体验,培养他们的生活能力。

2. 幼儿园行为课程的目标

幼儿园行为课程的目标具体如下。

(1)满足幼儿身心发展的需要。张雪门认为儿童的身心发展有其特殊的规律,教育必须从儿童的身心发展水平、兴趣和能力出发,方有可能促进儿童的健康发展。

（2）培养"拓展经验"的方法和习惯。依据杜威认为"教育就是经验的生长、改进或改组"的观点,张雪门主张着重培养儿童"改造旧经验,扩充新经验"的方法和能力,而不是像传统教育那样着急灌输许多"新经验",以免适得其反。

（3）培养幼儿生活的能力与意识。当时的中国,需要的是能够自食其力的充足的劳动者和建设者,不再是只懂之乎者也的文弱书生。这样的课程目标不仅体现了当时时代的特征和需要,而且在幼儿教育"唯智化""小学化"倾向越演越烈的当下,依然值得传承和借鉴。

3. 幼儿园行为课程的特点

幼儿园行为课程的特点具体表现为：生活性、活动性、整合性、注重儿童心理、立足国情、与时俱进。

4. 行为课程的方法

在行为课程的教学方法上,张雪门主张采用单元教学法,打破学科界限,把不同内容有机结合。这与陈鹤琴主张的教育方法十分相近。

（二）关于幼儿师范教育实习的思想

张雪门编著了《实习三年》一书。根据"骑马者应从马背上学"的思想,提出了完整的实习体系,包括四大部分：一是帮助师范生形成关于幼儿园的基本概念和认识。二是见习,在做中学、在见习中学。他认为见习是师范生在实践学习中获得经验的再次展示,他们的理解更清晰,信念更坚定,他们对教育的看法不应只被视为一种知识,而是应该具有相当的热情和技巧。三是尝试教学,即让师范生加入幼儿园的事件处置,包括行政管理、基础教学业务等。四是辅导,即幼儿师范生以研究儿童问题为出发点和导向,进一步扩展到社会实践等。四个环节循序渐进,每个环节任务具体明确。

张雪门关于见习、实习的主张很好地协调了理论与实践之间的对接,让师范生有机会结合实际,从而更加娴熟地学习和领会书本上的知识,能较好地将从书本中所学的理论运用到教育实际操作中,能较好地指导当下的幼儿教师教育实践。

三、理论评价

张雪门的幼儿教育思想具有历史进步性,推动了我国幼儿师范教育的发展。他把蒙台梭利和福禄贝尔的幼儿教育思想理论带到了中国,为中国学前教育带来了新的幼儿教育理念和思想。在后期提出设立幼儿师范教育试验区的构想,尽管未能实现,但是为中国幼儿师范教育的发展提供了新的思路和方向。采用多种形式的学制开展幼儿师范教育,培养幼儿教育师资,不仅缓解了当时幼儿教育师资匮乏的困境,而且也是对幼儿师范教育学制的有益尝试。高度重视实践教学。张雪门对教育实践,教育实习非常重视,主张幼儿师范教育第一年应该有实践课,要求实践与理论同步学习,然后再实践,实习贯穿幼儿师范教育全过程,提倡边做边学、在做中学、在学中悟。他的主张在理论上是科学的、创新的,在实践中也是可行的。强调师范生的品德培养。张雪门高度重视对幼教师范生社会责任感和高尚人格的培养,体现了育人为本、德育为先的教育理念。

他的幼儿教育思想也存在一定的局限性。张雪门强调在做中学,认为最重要的知识来源于实践,最重要的经验是直接经验,其次是间接经验,这过于片面化、绝对化。张雪门强调行动中心,认为幼儿只有通过实际的行动才能获得有效的知识和经验,而基于此项论点设计的幼儿师范教育课程则在一定程度上忽视了对理论知识、间接经验的系统学习。张雪门根据当时社会幼儿教师匮乏的现实,设计实施幼儿师范教育半年制、一年制、两年制、三年制等学制类型,甚至用一个多月的时间来培养幼儿教师。这种灵活、多形式的学制类型虽然在短时间内培养出了大量的幼儿教师,解决了幼儿教师紧缺的问题,但这样的速成培养模式,其师资质量有待商榷。

第二节　陶行知的学前教育思想

一、生平简介

陶行知(1891—1946 年),安徽人,现代中国教育史上伟大的人民教育家,是中国工农学前教育事业的开创者和奠基人,其基本情况如表 6-2 所示。

表 6-2　陶行知生平简介

姓名	陶行知	生卒年	1891—1946 年	户籍	安徽
名誉	教育家				
著作	《创设乡村幼稚园的宣言》《幼稚园的新大陆》《如何普及幼稚教育》等				

陶行知(图 6-2)1913 年毕业于金陵大学。1914 年,他前往伊利诺伊大学和美国哥伦比亚大学攻读政治学硕士学位。在哥伦比亚大学学习期间,师从杜威、孟禄等著名教育家。回国后,任职于南京高等师范学校。他毕生致力于平民教育和农村教育。抗日战争前后,他主张并实行普及教育、国民教育、抗日教育。他创立的生活教育理论主张"生活就是教育""社会就是学校""教与做的结合"。

图　6-2

二、主要教育理论

(一)主张普及教育

陶行知提出"小学教育是建国之根本,幼稚教育尤为根本之根本"。他认为 6 岁以前是人格陶冶最重要的时期,此期间培养教育得好,往后就只需在此基础上加以教导,则会很大可能成长为社会优良的人士;倘若培养得不好,则难以改变。

他批评旧时我国幼儿教育犯了"外国病""花钱病""富贵病"。他认为,工人和农民才是幼儿教育最应该服务的对象。幼儿园最适合的地方是工厂和农村地区。他的这一思想开辟了中国幼儿教育的新大陆。要办好中国的工厂和乡村的幼稚园,就要打破对外国教

育的盲目崇拜,建立适合中国国情的本土幼稚园。

(二) 倡导儿童创造性培养

陶行知认为孩子们的创造力是很强的。儿童的创造力是人类能力和知识的本质,是人类祖先经过与环境进行长期斗争后获得和传播的。教育的任务就是对儿童的创造力进行认识、发现和培养。在对儿童创造力的发现、解放、培养过程中,儿童得以自由发展。这是陶行知关于儿童创造性教育思想的集中体现。

(三) 生活即教育

陶行知认为"教育的根本意义是生活的改变",提出了"生活即教育"思想,它是以生活为中心的教育。"是生活即是教育",生活教育"是供给人生需要的教育,不是假的教育""是要把学校的一切伸张到大自然里去",大社会里去。生活教育与封建传统教育、洋化教育是对立的。封建传统文化"以天理压迫人欲",生活教育主张"要用教育的力量,来达民之情,顺民之欲""要解放全人类"。生活教育认为文化"是要满足我们人生的欲望,满足我们生活的需要的"。"我们是现代的人,要过现代的生活,就要受现代的教育""过什么生活就用什么书,书不过是一种工具",反对读死书、教死书的"书本教育"。主张"儿童的生活才是儿童的教育,要从成人的残酷里把儿童解放出来"。"总之没有生活做中心的教育是死教育,没有生活做中心的书本是死书本。"中心思想是主张教育为人民大众服务,与社会生活需要和社会生活实践密切结合,促进社会和人民生活"向前向上"发展。

三、评价及启示

陶行知作为一名教育专家,关于幼儿教育、儿童教育的理论研究和实践探索,是其整个教育理论和实践的重要组成部分,体现了他的教育理论和实践的人民性、民主性和民族性特征。陶行知的幼儿教育理论强调教育要取材于生活,教育内容必须是浅显易懂并具有启蒙价值的。这就要求我们要从幼儿的实际生活出发,密切关注幼儿的实际生活。他在长期的教育实践中开创了独特的"生活教育理论",为我国幼儿教育的普及和科学化奠定了坚实的基础。陶行知从中国国情出发,从人民群众的角度出发,从理论到实践,积极创新,提出了一系列主张。陶行知不仅对当时的幼儿教育起到了推动作用,而且对 21 世纪我国幼儿教育和幼儿教育的改革具有重要意义。陶行知学前教育思想给我们深刻的启示。

(1) 学前教育的目标应该是个性教育,而不是技能学习。幼儿时期是进行人格教育的最佳时期,所以要注重幼儿的人格培养,注重心理健康和行为习惯的养成,不片面强调技能的训练和学习,这样才能为幼儿后期的学习奠定良好的基础。

(2) 幼儿教育应采取"生活教育"的方式,让幼儿逐渐了解自己。幼儿的生活环境是其认知、学习的主要渠道,因此我们要高度重视幼儿的生活,从幼儿的实际生活出发,从幼儿的生活和经验中来获得知识和学习。

（3）我们的教育要真正面对"活生生"的、发展着的、具体的儿童，把教育的出发点和落脚点落实到儿童发展上。遵循幼儿全面发展的理念，把幼儿教育总目标细化为具体的儿童发展目标，并找出儿童发展目标和每个幼儿的实际发展状况之间的差距，有计划、灵活地组织教育活动，从而促进每个孩子在不同层面发展。

第三节　陈鹤琴的学前教育思想

一、生平简介

陈鹤琴（1892—1982 年），浙江人，中国著名的儿童教育家、儿童心理学家、教授，中国现代幼儿教育的奠基人，被称为"现代学前教育之父"，其基本情况如表 6-3 所示。

表 6-3　陈鹤琴生平简介

姓名	陈鹤琴	生卒年	1892—1982 年	户籍	浙江
名誉	教育家				
著作	《儿童心理之研究》（1925 年）、《家庭教育》（1925 年）、《陈鹤琴全集》				

陈鹤琴（图 6-3）早年毕业于国立清华大学，留学美国5 年，1919 年获得哥伦比亚大学硕士学位。五四运动期间回国后，最初担任南京高等师范学校教授，讲授儿童心理学课程。东南大学成立后，任教授和教务主任。后担任中央大学师范学院院长和南京师范学院校长。

图　6-3

二、学前教育思想

（一）"活教育"理论

"活教育"理论是陈鹤琴独创的儿童教育理论，萌芽于 20 世纪 20 年代。1940 年，陈鹤琴在江西省泰和创办了中国第一所公立幼儿园师范学校并出任校长。1947 年，在长期的教育实验基础上，总结出"活教育"的理论体系。

陈鹤琴决心将当时腐朽的死教育转变为一种向前的、自动的和生动的教育。它的表达是：教活书，活教书，教书活；读活书，活读书，读书活。

陈鹤琴的"活教育"理论体系主要包括目的论、课程论、方法论三大纲领和教学原理。

1. "活教育"目的论

陈鹤琴以"做人"为出发点，把教育目的划分为递进的三个层次：做人，做中国人，做现代中国人。第一层次是"做人"，这是"活教育"最为一般意义的教育目的。它提倡学习如何做人，如何追求社会进步和人类发展。具体而言，涉及人际关系的建立，通过生活来改良社会，以追求个人和人类的幸福。第二层次是"做中国人"，有很强的民族性。旨在培养国民爱祖国、爱人民的爱国主义品质和情怀。最高层次的教育目的是"做现代中国人"，这样的人应该具备以下五个条件：有健全的身体，有能力建设，有能力创造，有能力合作，有服务精神。

2. "活教育"课程论

陈鹤琴鉴于传统教育忽视活生生的自然和社会的弊端，提倡"活教育"，主张到大自然、大社会中去寻找"活教材"。所谓"活教材"，是指取自大自然、大社会的直接之书，就是让儿童走进自然，走进社会，在亲自观察、切身体验和现场感知中获取经验与知识。"活教育"的课程论并不是摒弃书本知识、放弃间接经验的学习，而是把缺失的活生生的自然和社会重新发现和纳入，尊重和体现儿童的身心发展规律及其生活特征。

3. "活教育"方法论

"活教育"方法论的基本原则是"做中学，做中教，做中求进步"。1925—1928 年，陈鹤琴在以课程实验为主的南京鼓楼幼儿园开展了一项综合性学前教育实验。在教育实验基础上总结出"单元教学法"，也称为"整个教学法"。他认为"做"是"活教育"方法论的起点，是学习的基础。在此基础上，他提出了"生活教育"教学过程中的四个步骤：第一是实验和观察；第二是阅读和参考；第三是出版和创作；第四是批评和讨论。

（二）学前儿童的心理特点

陈鹤琴认为儿童不是"小人"。儿童的心理与成人不同。童年不仅是成年人的一种准备，也有其自身的价值。我们应该尊重孩子的个性，珍惜他们的幼稚。他认为儿童具有好动模仿、易受暗示、好奇、好游戏、渴望成功、乐群性、喜欢野外生活等主要特点，如能根据儿童的这些心理特征施行教育，必有良好的效果。

（三）学前儿童的发展阶段与教育

陈鹤琴认为需把人生过程分成几个阶段来考察，以此来研究人生的整个过程和进行教育。1920 年年底，他的长子出生，被他作为观察对象，研究儿童的心理和发展。他从儿子出生起就一直关注并记录他的身心发展。在多年的观察和实验研究的基础上，陈鹤琴主张将学前儿童发展划分为四个阶段（表 6-4），针对每个阶段提出了教育的重点。

表 6-4　学前儿童四阶段

年　　龄	阶段	特　　点
出生后到 1 个月左右	新生婴儿期	重点是关注环境教育、饮食教育、睡眠教育
1 个月左右到 1 岁左右	乳儿时期	教育的重点是关注乳儿情绪、帮助其学会行走
1~3 岁半左右	步儿时期	教育重点是发展行走能力，培养语言能力和智力水平
3 岁半左右至 6 岁左右	幼儿时期	注重幼儿思想活动、社会性发展和情绪的转变。要以积极的启发、暗示和鼓励，代替消极的限制和批评，鼓励幼儿自己动手、动脑思考问题。教师要为幼儿开辟活动园地，保护和发展幼儿的好奇心。提倡父母师长应以身作则、躬身示范

（四）幼稚园的课程理论

1925—1928 年,陈鹤琴在南京鼓楼幼儿园开展了以课程实验为先导的综合学前教育实验,总结出"单元教学法",也被称为"整个教学法"。

陈鹤琴提出了"五指活动":健康活动、社会活动、科学活动、艺术活动、语言活动,并把它作为课程组织的依据。

关于课程实施,陈鹤琴反对传统教学的绝对计划性,而生活化的教学方式又会因为教师准备不够,很难促进幼儿的发展,达不到预期的教育目标,因此,他主张教学一定要有计划,教师上课之前应该有充分的准备。

在幼儿园课程的组织上,陈鹤琴主张"要有目标,要顺应生活"。具体做法是:确定和计划学期的总体规划目标。

他提出幼稚园课程编制的十大原则:民族性、科学性、大众性、儿童性、连续发展性、现实性、适宜性、教育性、熏陶性、言语性。还提出三个课程编制的方法:圆周法、直进法和混合法。

第四节　张宗麟的学前教育思想

一、生平简介

张宗麟(1899—1976 年),浙江人,中国著名的幼儿教育家,中国第一个幼儿园男教师,其基本情况如表 6-5 所示。

表 6-5　张宗麟生平简介

姓名	张宗麟	生卒年	1899—1976 年	户籍	浙江
名誉	教育家				
著作	《幼稚教育概论》《乡村教育经验谈》《给小朋友的信》《幼稚教育论文集》(与陶行知、陈鹤琴合著)、《幼稚园的演变史》《乡村小学教材研究》				

张宗麟(图 6-4)早年毕业于浙江第四师范学校,1915 年毕业于袍谷敬敷高等小学堂,同年考入绍兴五师。2 年后,因带头罢课反对保守的历史教员被除名,经老师介绍转学至宁波浙江第四师范学校。在第四师范学校就读期间,任学生会主席,积极参加五四运动。上海沦陷后,组织复社,编辑出版《西行漫记》《鲁迅全集》《列宁全集》等,被日伪与国民党蓝衣社列为暗杀对象。1921 年秋考入南京高等师范学校教育系(后改为东南大学教育系)。毕业后追随陈鹤琴研究幼儿教育。

图　6-4

二、主要思想

（一）论幼儿教育的目的与教育原则

1. 教育目的

张宗麟关于幼儿教育目的的主张，体现在 1928 年出版的《幼稚教育概论》中，他认为中国幼儿教育应包括体育、德育、智育、美育四个方面。

2. 教育原则

为了达到教育目的、实现教学目标，幼儿教育活动中应使用多种多样的教育方法和教学方式，需要遵循一定的教育原则，保证教育的科学性。张宗麟根据当时我国幼稚园发展的状况，结合幼稚园教育存在的问题，提出了民族性、儿童性、自由性、非宗教性、游戏性、效果性、研究性七个教育原则。

（二）论幼稚园课程来源及其编制

1. 课程的本质是活动

关于幼稚园的课程内涵，张宗麟与张雪门、陈鹤琴等大课程观论者一样，秉持大课程观。认为"幼稚园课程者，由广义说之，乃幼稚生在幼稚园一切之活动也"。具体来讲，所有教科书、科目和幼儿活动都是课程。不过，关于课程本质的认识，与陈鹤琴、张雪门的课程本质观相比，张宗麟对课程本质的理解更为宽泛。

在幼儿园课程的划分上，张宗麟认为有两种情况，第一种情况是根据儿童的活动进行划分（表 6-6），第二种情况是按学科划分课程。

表 6-6　根据儿童的活动划分课程

序号	课程种类	课程内容及其举例和教育特点
1	开始的活动	幼稚生初入园时必须养成的习惯，也就是人生最基本的习惯，如放手巾、认识教师和同学，以及基本的礼貌、礼节等
2	身体活动	强健身体的习惯与技能，如各种卫生习惯、跑步、跳、爬等
3	家庭的活动	反映家人之间的关系、礼仪，以及关于家庭事务的活动
4	社会活动	养成公民素质的社会活动，包括各种节日、同伴关系的活动等
5	技能活动	培养儿童适当表现自己的活动

根据学科来划分课程，可以分为音乐、游戏、故事、会话、图片、工艺、自然、常识、阅读、数学 10 门学科。每个主题都包括许多小项目。例如，音乐包括听钢琴曲、唱歌、有节奏的表演、弹奏乐器。游戏包括个人游戏和团体游戏。故事包括听故事、讲故事、编故事。会话包括听、说、表演。绘画包括临摹、素描和复制。工艺包括造纸工人、泥瓦工、缝纫、竹工和木工。阅读包括文字识别、短句等。

2. 幼稚园课程发展趋势

张宗麟对世界幼儿园课程发展趋势进行分析，提出了五点看法。

（1）课程目标以幼儿的全面发展为出发点和归宿。儿童的生活是一个整体，儿童的生活世界又是立体的、真实的、现实的，幼儿的教育也应该是全面的。儿童不仅要有健康的体格和正常的感知，而且还要养成良好的习惯、形成必备的知识。

（2）课程内容须艺术化。艺术化的课程必定受幼儿的欢迎和喜爱，一定是寓教于乐的过程。课程内容艺术化，包括以音乐为中心的课程教学设计。

（3）日常生活及其活动是幼儿园课程的来源，课程源于生活世界，教育回归生活。儿童是社会的人，他们将来会步入成人社会。围绕于幼儿身边的一切事物、活动，包括衣、食、住、行、自然万物等，都与幼儿有着密切的联系，都是儿童应该明了、知道和学习的，是他们愿意知道和学习的，且是他们能明了与学习的内容。

（4）与小学的课程相沟通。教育是生命的过程，是不可分割的。因此，在世界范围内各国改变了或者正在致力于改变小学和幼儿园完全孤立的局面，一方面开始在幼儿园活动中贯穿游戏化精神，另一方面加强幼儿园与小学的衔接和纵向沟通，根据小学最新的要求适当在课程内容方面设计新的幼儿园教学活动和指导理念。

（5）减少各种形式训练课程。不管是福禄贝尔的课程，还是蒙台梭利的感官训练，它们都是正规形式训练学说的产物。随着行为主义心理学和生物学的发展，注重可观察的客观行为，认为行为就是可观察可测量的有机体的反应，是有机体刺激—反应之间的表征，就是通过对事物 A 的训练让事物 B 产生变化和改变，通过刺激—反应之间联系的确立以及强化，课程就是通过加强对幼儿的训练，以实现人的发展，这种课程理念逐渐遭到人们的质疑和摒弃。而以幼儿的生活为基础，以生活实际问题为导向的教育，正在成为学前教育课程新的发展趋势和追求。

3. 幼儿园课程设置及其编制

如何定义幼儿园课程？幼儿园课程具有怎样的特点？张宗麟认为"生活就是教育，整个社会就是学校。"他说："这是厘定所有学校课程的总纲领和指南。"幼儿园的课程设置也应根据一般课程标准确定和编制，但是幼儿园也具有其独立性和独到之处，不可一味套用和照搬。比如由于幼儿的生理、心理不成熟，需要特别注意以下四点：①注重儿童喜动的特点，为儿童提供足够的活动机会和空间。②鼓励儿童多接触自然，亲近自然。只有幼儿园的活动贴近自然，才能激发儿童对自然的浓厚兴趣。③多关注儿童个体的小社会，同时，给儿童发现自我、探索自我、表现自我营造氛围和提供机会。④重视儿童的直接体验。

幼稚园课程的设置是为了符合社会发展需要和满足儿童的需要。然而，事实上 6 岁以下的儿童与社会发展的直接联系很少，这样一来，满足儿童的需要就显得更为重要而现实了。对于幼稚园的幼儿来说，"各种身体运动都可以大致完成，心理发展特别迅速，知识、想象力、模仿……各种活动、生活、幼儿园课程都可以遵循这一点，并得到它的启发"。

（三）社会化的幼稚园课程思想

20 世纪 30 年代，张宗麟在其出版的《幼稚园的社会》一书中，阐述了社会化幼稚园课程思想。他认为幼稚园课程中应该增设"社会"科目。"社会"这一科目在幼儿园中应是主要的科目，不应该缺失，一是由于幼稚园的所有活动都具有社会性，二是由于幼稚园里的儿童是社会的人，他们之间的交往是社会性交往。

1. 确立幼稚园社会化课程的根据是什么

张宗麟认为："无论哪级哪类教育的课程，只有两个根据。一个根据是成人的生活——社会，另外一个根据是孩子的生活。"社会是十分复杂的，但是总体上社会有三大方面：第一是过去的历史的关系，第二是当下的各方面关系，第三是影响未来的大形势。依据这三个方面，学校课程相应地就要包括以上三个方面。然而，也要看到，幼稚园儿童的年龄小，缺乏社会经验，幼稚园要包罗万象地把整个大社会都囊括，是不可能的、不现实的、很难的。但是，儿童们能理解集体和小团体的生活，并且可以简单地"互助""合作"。这些需要依靠借助儿童的直接经验来完成。因此，在幼稚园课程中开设社会科目，需要了解儿童的社会、生活、直接经验。

2. 幼稚园儿童的"社会"是怎样的一种社会

张宗麟指出，幼稚园儿童社会不同于成人社会。它实际上是孩子们的"生活条件"。幼儿的生活状况是由直接经验组成的，幼儿的社会就是他们的直接经验构成的生活状况。离开儿童的具体的直接经验和他们周围的社会环境，很难理解儿童的"生活状况"。但是，儿童生活之间的差异是特别大的，有群体的差异，也有个体的差异。课程预设人员只能根据整体的普遍的情况，来设计富有弹性的社会课程。

3. 社会化课程的内容

社会化课程的内容主要包括七种类型的活动（表6-7）。

表6-7 社会化课程内容

（1）关于生活卫生、家庭邻里、商店邮局以及其他公共设施和名胜古迹等
（2）学习和实践日常礼仪
（3）节日和纪念日活动
（4）身体意识和基本卫生活动
（5）健康和清洁等卫生活动
（6）了解党旗、国旗和总理形象的活动
（7）各种集会和社团活动

为确保社会化课程对儿童的教育作用，张宗麟提出实施社会化课程活动时应该注意如图6-5所示的五个方面。

4. 社会化课程的实施及其原则

张宗麟对儿童参加社会活动的具体做法提出了自己的看法。他认为，在开展社会活动之前，教师应注意儿童的运动，随时帮助和指导他们；注意儿童目前的经历和看法；教师必须为儿童提供审慎的奖励，让他们了解和学习所需要的东西，并通过有目的和有计划的活动促进他们的成长。在与儿童一起开展活动时，教师应为儿童准备丰富的原材料和适当的工具。原料比现成的玩具更有价值，不需要太多地购买现成的玩具。鼓励儿童积极自由地行动，但教师合适地指导和引导儿童的思维也至关重要。教师必须掌握活动过程，及时结束和总结活动。

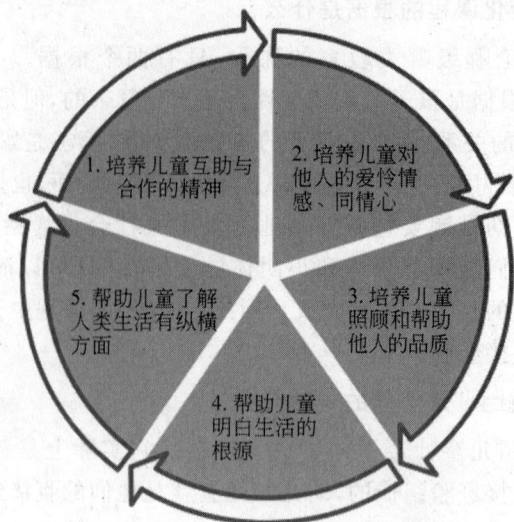

图 6-5

课程实施是十分关键的一环。张宗麟依据教育学、心理学理论,提出了社会课程应该遵循的教育学原则和心理学原则。社会化课程实施应遵循以下原则:①将学校生活与社会实际生活打成一片;②既尊重儿童的个别学习,又注意儿童之间的互助与合作;③教师要做儿童的朋友;④帮助儿童获得成功;⑤通过继续不断地学习,养成良好的习惯;⑥激发儿童参与社会性行为的兴趣;⑦注重对儿童社会性行为的培养。

(四)儿童游戏观

张宗麟毕生从事幼儿教育研究和教育实践,提出了科学的幼儿教育观。他倡导"健康第一"的指导思想,认为儿童具有"喜欢游戏"和"喜欢户外活动"的心理特征。他认为幼儿教育应该把幼儿活动(游戏)作为中心,主张游戏应该成为幼儿教育的主要内容和形式;幼儿游戏的选择和组织要符合幼儿的自然天性。关于幼儿游戏教育的实施,他不仅提出教师带领、指导儿童游戏时应遵循14条原则,而且在南京鼓楼幼儿园和晓庄村幼儿园开展了半彩色游戏实验。

三、评价及启示

20世纪初,我国农村社会处于崩溃的边缘,农村教育的发展面临着各种浪费。当时有识之士以"救济社会的危机,改进乡村中的教育"为目标,毅然开启了乡村教育事业的拓荒潮流。张宗麟便是乡村教育运动中的一员,他投身乡村幼稚教育的改革和研究中。

张宗麟开展的乡村幼稚教育实践与研究,主张的幼稚教育观,进行的社会化幼稚园课程实验,提出的幼稚园教学法,至今依然具有借鉴意义。他的教育思想主要集中在四个方面:以生命为本的农村儿童教育观、以社会性为核心的课程观、本土化的游戏教学观、德才兼备的精英教师观。其中乡村幼稚园课程思想是其乡村幼稚教育思想的重要组成部分,他对幼儿园课程本质的探讨,对幼儿园课程内容选择、编制方面的研究,对课程实施原则和注意事项的说明,对当今"乡村振兴"战略背景下幼儿园课程的建设和开发具有重要的借鉴意义。张宗麟乡村幼稚教育思想对当今发展农村学前教育具有重要的启示。一是重视农村学前教育,探索适合农村实际的教育模式;二是开设贴近农村儿童生活的学前教育课程;三是重视民间游戏和传统玩具的开发利用;四是加强学前教育师资队伍建设。

考点聚焦

中国现代学前教育思想
- 张雪门学前教育思想
- 陶行知学前教育思想
  - 生活即教育
  - 教学做合一
- 张宗麟学前教育思想
  - 幼儿教育课程思想
  - 幼儿游戏观
- 陈鹤琴学前教育思想
  - 活教育
  - 儿童创造性培养

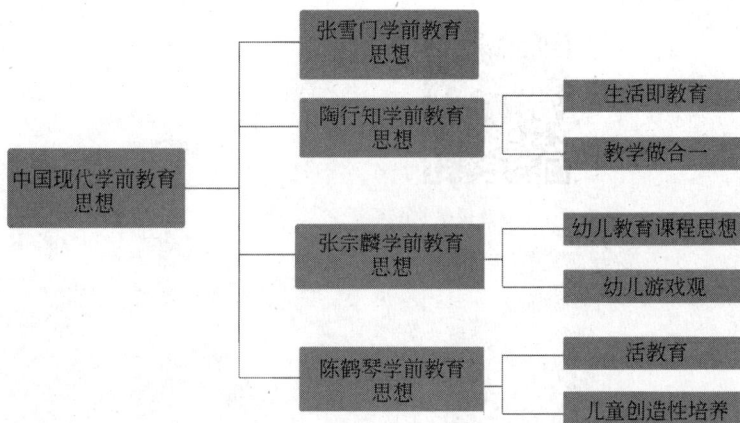

第六章 课外阅读

　　"南陈北张"及其观点和实践是本章的重点,也是考试的重点。陶行知、陈鹤琴学前教育思想是教师招聘考试、教师资格证考试的考查重点,主要是以客观题、主观题的形式出现。陶行知关于儿童创造性培养的观点和做法,在当下具有很强的借鉴价值,考试中会以思考题或者材料分析题出现。陈鹤琴"活教育"观点、学前儿童发展特点会以选择题和简答题出现,重点注意他关于儿童发展特点的论点。张雪门、张宗麟的幼儿游戏思想需重点识记。

考题链接

一、选择题

1. 被誉为"幼儿园之父"的是(　　)。
   A. 陶行知　　　　　B. 陈鹤琴　　　　　C. 福禄贝尔　　　　　D. 蒙台梭利

2. 提出行为课程理论的教育家是(　　)。
   A. 张雪门　　　　　B. 陈鹤琴　　　　　C. 陶行知　　　　　D. 蒙台梭利

3. (　　)创办南京市试验乡村师范学校,后来改名为晓庄学校。
   A. 张雪门　　　　　B. 陈鹤琴　　　　　C. 陶行知　　　　　D. 张宗麟

4. 以下教育主张由陶行知提出的是(　　)。
   A. 儿童中心　　　　　　　　　　　B. 生活中心
   C. 生活即教育　　　　　　　　　　D. 教学做合一

5. "活教育"的倡导者是(　　)。
   A. 张雪门　　　　　B. 陈鹤琴　　　　　C. 陶行知　　　　　D. 杜威

二、简答题

1. 简述张雪门学前教育思想的新时代价值及启示。

2. 简述张宗麟学前教育主张。

三、论述题

1. 陶行知儿童创造教育理论为当前"大众创业，万众创新"和"中国学生发展核心素养"提供了哪些启示和借鉴？

2. 陶行知"生活教育理论"在我国幼儿教育史上有哪些贡献？

3. 述评陈鹤琴"活教育"思想。

第六章　考题链接参考答案

第七章
中华人民共和国学前教育发展

本章导航

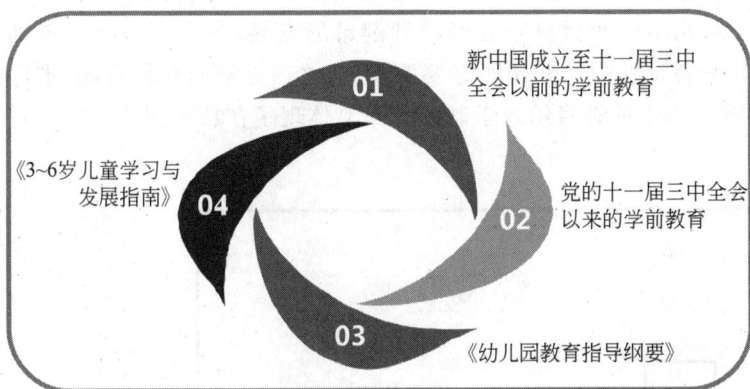

01 新中国成立至十一届三中全会以前的学前教育

02 党的十一届三中全会以来的学前教育

03 《幼儿园教育指导纲要》

04 《3~6岁儿童学习与发展指南》

学习目标

1. 了解新中国成立初期至党的十一届三中全会以前的学前教育发展的历程。

2. 了解党的十一届三中全会以来的学前教育的发展。

3. 理解《纲要》和《指南》的详细内容,掌握《纲要》和《指南》的内容。

故事探索

1949 年以后的中国学前教育

1949 年 10 月 1 日,中华人民共和国成立,学前教育事业开始发展起来,明确了向全体幼儿实施全面发展教育的方向,各种学前教育机构逐步建立起来,涌现了一批学前教育研究的工作者,同时为我国学前教育的组建发展提供了经验,奠定了基础。到 20 世纪 90 年代,我国学前教育进入了稳定快速发展阶段,学前教育机构逐渐发展,国家出台的政策性文件为我国学前教育发展提供了新的机遇。

第一节　新中国成立至党的十一届三中全会以前的学前教育

一、新中国成立初期的学前教育

（一）学前教育纳入学制

为了促进广大劳动人民文化水平的提高,促进国家事业建设,改善当前中国教育的不均现象,1951 年 10 月 1 日政务院公布《关于改革学制的决定》(以下简称《决定》)并且施行[1]。《决定》中规定实施幼儿教育的组织为幼儿园。幼儿园办学主要招收 3～7 岁的幼儿,幼儿园的教育目标是在幼儿园毕业后身心方面得到健康的发展,为升入小学打下基础。先在城市设立幼儿园,配备足够的幼儿园所需要的设施,之后逐渐向乡村发展,推广幼儿园的教育。《决定》的颁布将学前教育纳入学制(图 7-1),体现了在新中国成立初期对学前教育的重视。

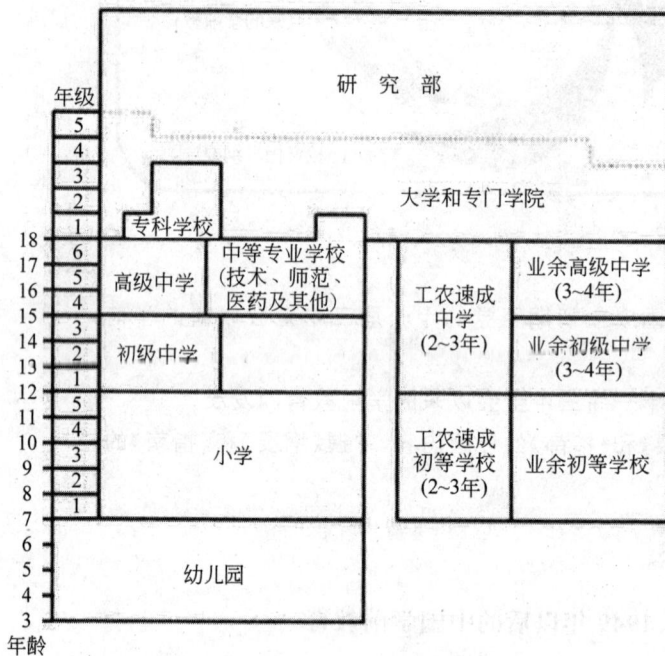

图　7-1

---

[1]　百度百科.https://baike.so.com/doc/3033349-3198195.html.

（二）明确学前教育

《幼儿园暂行规程（草案）》（以下简称《规程》）由中国教育部 1951 年制定，1952 年 3 月颁发，将幼稚园改名为幼儿园（图 7-2）。规定幼儿园的任务是：按照新民主主义的教育思想来培养幼儿，目的是在他们从幼儿园毕业后，在身体和心理上得到健康发展，同时可以使母亲从原来的育儿重任中解放出来，去参加社会活动，比如，参加政治生活，参加文化教育工作，参加生产劳动，促进教育水平的提升和社会的发展。《规程》规定，幼儿园培养幼儿全面发展，主要是从以下方面来培养：一是培养幼儿讲卫生，良好的生活习惯，饮食营养，学会锻炼身体，确保学前儿童身体健康发展；二是培养儿童语言表达能力、感官能力、适应环境的能力，促进儿童智力的发展；三是培养儿童热爱祖国，履行功德，诚实勇敢，团结友爱，守纪律，懂礼貌等品格；四是培养儿童的审美能力和艺术能力，提高儿童创造力。幼儿园以一天的生活为主，也有办理寄宿制和季节性的模式。在幼儿园，为了达成目标，一般为幼儿安排如下活动项目：体育活动、语言理解与表达、感知周边环境、美术熏陶、动手做手工、音乐活动、简单的数字计算。不教识字，不举行测验。《规程》对领导管理、组织编制、经费设备等也作了规定[1]。

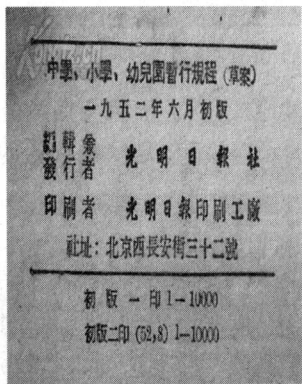

图　7-2

（三）学前教育初步发展

新中国成立初期，学前教育初步发展，具体表现在以下两个方面。

（1）1955 年《国务院关于工矿、企业自办中小学和幼儿园的决定》中提出："鼓励工矿、企业独立或联办中小学、幼儿园，列入地方教育事业规划。"《决定》的颁布，把幼儿园的办学纳入体制，给幼儿园的办学提供了充足的资金，幼儿教育事业以城市和企事业单位为主得到了稳定的发展[2]。

（2）"中等师范学校规程"是中国师范教育法规。《师范学校暂行规程（草案）（试行）》于 1952 年 7 月颁布。《规程》中规定的中等师范学校的任务为：培养从事初等教育和幼儿教育的教师[3]。1952 年颁布《师范学校暂行规定》，其中规定：师范学校设置专门的教育系，并且下面分设学前教育组，专门研究中等幼儿师范教育，培养幼儿师范教师，为幼儿园培养专门的教师，促进幼儿园教育和幼儿身心健康发展。南京师范学院教育系、北京师范教育系、西南师范教育系、西北师范学院教育系、东北师范教育系 5 所院校教育系承担研究学前教育专业的责任，同时也承担培养关于学前教育专业的教师和管理人员的责任[4]。此后学前教育和幼儿园教育逐渐发展起来，为以后的学前教育发展打下了基础。

---

① 顾明远.教育大辞典[M].上海：上海教育出版社，1998：102.

② 百度百科.https://wenku.baidu.com/view/63af0ca40029bd64783e2c86.html.

③ 百度百科.https://baike.so.com/doc/28256357-29670275.html.

④ 陈文华.中外学前教育史[M].北京：科学出版社，2016：50.

二、1956 年到十一届三中全会前的学前教育

(一) 学前教育现状

1956 年,三大改造完成,学前教育事业也得到了迅速的发展,体现了经济发展对教育发展的重要作用,同时,经济的发展给幼儿及其家长带来了幸福,促进了新一代的学前儿童健康成长,为国家今后的社会经济发展做好了人才准备。办好幼儿教育,不断提高幼儿教育质量,不仅是国家事业的强烈召唤,也是亿万人民群众的殷切心愿[①]。

(二) 学前教育发展

《师范学校暂行规程(草案)(试行)》于 1956 年 5 月废止,同时颁布《师范学校规程》。再一次确定中等师范学校的任务是培养小学教师和幼儿园教师,同时,根据幼儿园的需求和中等师范学校的条件,还需培训在职的小学教师和幼儿园保教工作人员。对于教师的培养,一般学习年限为 3 年或 4 年,招收初中毕业生或同等学力青年;学生毕业后,必须从事教育服务工作 3 年;同时,《规程》对小学教师和幼儿园教师提出一些新的基本要求,在学校设置上,除普通师范学校外,可设外语学校、艺术学校、特殊教育学校和民族师范学校[②]。《规程》的颁布实施,可以保障幼儿园教师的质量,促进幼儿身心健康发展,可以促进幼儿园的发展。

(三) 对《幼儿园教育工作指南(初稿)》的批判

《幼儿园教育工作指南》(图 7-3)是教育部组织编写的,于 1956 年完成初稿,由教育部发至各地征求意见,起到了推动和贯彻执行《暂行规程》和《暂行纲要》,也提高了幼儿园教师教育和保育质量的作用。1958 年,因为"左倾"错误,学前教育事业规模扩大,学前教育事业发展速度盲目上涨,批判资产阶级运动的群体呈现不良的走势,导致学前教育的发展受到了不良的影响。其中,在学前教育领域,最明显的就是对《幼儿园教育工作指南(初稿)》的批判。将《幼儿园教育工作指南》纳为"资产阶级方向",称其为"一面彻头彻尾,彻里彻外的大白旗",对《幼儿园教育工作指南》彻底进行否定。

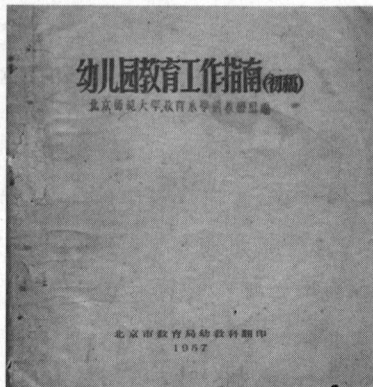

图 7-3

《幼儿园教育工作指南》受到批判,致使幼儿园的教育活动出现混乱,学前教育的发展受到了重创。学前教育在理论和时间上出现偏差,在实际工作中,出现形式化。针对学前教育活动的开展,大多数学前教育活动趋于口号化,流于形式,没有实质工作。学前教育活动成人化,使

---

① 中国学前教育研究会.中华人民共和国幼儿教育重要文献汇编[M].北京:北京师范大学出版社,1999:13.

② 百度百科.https://baike.so.com/doc/28256357-29670275.html.

学前儿童的身体和心理受到极大的影响。虽然在以后的学前教育发展中对错误进行了纠正,但是在学前教育活动开展的过程中成人化的错误一直影响着我国的学前教育,到后期出现了学前教育"小学化"等严重的现象。

在教育界的知识分子受到批判的同时,对一大批有真才实学,在教育中坚持实事求是,用科学的态度来指导教育的知识分子也进行了批判。如著名的学前教育学家、南京师范学院院长陈鹤琴教授也被批判了,并被强加上"文化买办""冒牌学者"等一系列污蔑不实之词。这些在学前教育领域默默奉献、为我国学前教育做出贡献、推动我国学前教育发展的前辈们不得不离开学前教育岗位,使我国学前教育的研究造成了巨大的损失,学前教育理论和实践受到沉重的打击,出现了空前混乱。《人民教育》于1963年10月发动了对南京师范学院附属小学优秀教师斯霞的"母爱教育"的批判,认为讲"母爱""童心"就是抹杀教育的阶级性,不要无产阶级方向,不要阶级教育。这是教育战线上阶级斗争扩大化的典型事例,对幼儿教育界一向强调教师对幼儿要有"爱心",起到了干扰作用。

虽然,后来对《幼儿园教育工作指南》进行了再一次评价,提出了在开展学前教育活动的过程中,应当注重学前儿童的年龄特点,根据学前儿童的年龄特点来开展学前教育活动,但是,在《幼儿园教育工作指南》被批判时出现的大量口号化、形式化、成人化的错误,对幼儿教育学术研究的影响是深远的①。

(四) 学前教育得到巩固

为促进经济形势的好转,中央一方面对"左倾"错误思想进行了适当的纠正,另一方面提出了"调整、巩固、充实、提高"的方针。以此为指导,学前教育机构根据经济、师资等实际条件采取了保留、撤销、充实等手段,朝着巩固和提高的目标逐步恢复正常秩序②。1962年,《教育部党组关于全国师范教育会议的报告》明确指出:"要重视幼儿园师资培养,3年制的幼儿师范主要是培养大、中城市重点幼儿园的教育教养员,目前不能多办,应该多办初级幼儿师范,招收相当于高小毕业程度的青年,培养成为城镇和农村幼儿园教养员,学习时间的长短可以因地制宜,经过调整和整顿,培养幼儿园教师由初级幼儿师范转为以中级幼儿师范为主,幼儿园教师的水平得到逐步提高"③。通过此次纠正,虽然学前教育活动仍然受到不良影响,但是学前教育事业的发展得到了一定的巩固。

第二节　党的十一届三中全会以来的学前教育

党的十一届三中全会召开后,我国学前教育如鱼得水,重新恢复和发展起来。从党的十一届三中全会召开到2019年期间,学前教育在一系列的制度颁布和相关文件的指导下,逐渐走上探索发展的道路。我国学前教育出现了前所未有的新兴的现状,并在不断地完善和发展,学前适龄儿童在身体和心理上得到了健康的发展。

---

①②③　陈文华.中外学前教育史[M].北京:科学出版社,2016:50-53.

一、《城市幼儿园工作条例（试行草案）》

1979 年 11 月,教育部颁发《城市幼儿园工作条例(试行草案)》(以下简称《条例》)。该《条例》共 6 章 30 条,内容有总则,卫生健康和体育活动,游戏活动,思想政治教育,教育员和保育员,幼儿园里需要的其他工作人员,幼儿园活动的组织和设备的投放等;《条例》还规定,幼儿园开展的一切活动必须贯彻"保教结合"的原则,贯彻勤俭办园的方针;各个地区开始先办理一批示范性幼儿园,以后逐步办园;《城市幼儿园建筑面积定额(试行)》是中国政府关于合理规划、建设与管理城市幼儿园园舍和用地的指导性文件,由国家教育委员会和建设部于 1988 年 7 月共同颁发[①]。《城市幼儿园工作条例(试行草案)》的颁布具有重要的意义。首先,幼儿园的教育有了规定性文件作为指导,幼儿园今后的发展有了明确的方向;其次,内容总则规定了幼儿园的活动包括卫生保健,体育活动,游戏活动,思想品德教育等,为幼儿园的教育提出了具体的内容;最后,给幼儿园提出办园的原则,为幼儿园教育活动的开展提供了保障。《城市幼儿园工作条例(试行草案)》的颁布,使我国学前教育在遭受 10 年破坏后,又重新开始得到发展。《城市幼儿园工作条例(试行草案)》的颁布,比之前的幼儿园指导文件更为科学和合理,更利于学前教育理论和实践的研究,也吸引许多学前教育学家和研究者重新回到学前教育工作和科研中,共同为学前教育的发展谋发展,创思路。

管理城市幼儿园园舍和用地的指导性文件,主要阐明编制本定额的目的、指导思想、编制依据和适用范围。园舍建筑面积定额:园舍建筑由活动及辅助用房、办公及辅助用房,以及生活用房三部分组成,规定 6 班园占 $1773m^2$,每生定额 $9.9m^2$;9 班园占 $2481m^2$,每生定额 $9.2m^2$;12 班园占 $3182m^2$,每生定额 $8.8m^2$;用地面积定额:用地面积包括建筑占地、室外活动场地、绿化及道路用地等,规定 6 班园占 $2700m^2$,每生定额 $15m^2$;9 班园占 $3780m^2$,每生定额 $14m^2$;12 班园占 $4680m^2$,每生定额 $13m^2$;另有附则,说明本定额在执行中的灵活性,附件有《城市幼儿园园舍面积定额分项参考指标》《城市幼儿园建筑面积定额(试行)编制说明》。通过相关文件的指导,我国幼儿园的办园在建筑面积上更加趋于合理,在幼儿园用地的规划上更加科学,促进了我国学前教育事业的发展。

二、《托儿所、幼儿园卫生保健制度》

1985 年 12 月,卫生部颁发了《托儿所、幼儿园卫生保健制度》(以下简称《制度》),指导我国幼儿园卫生保健教育工作。《制度》包括:幼儿在幼儿园的生活制度,幼儿在幼儿园的饮食制度,幼儿在幼儿园的体育锻炼制度,幼儿在幼儿园的定期健康检查制度,幼儿园的卫生消毒和隔离制度,幼儿在幼儿园的安全制度,幼儿园卫生保健登记和统计制度,幼儿园定期家长联系制度。《规定》有 7 则附表:每日膳食中营养素供给量;幼儿喂养参考表;九市城区出生到 7 岁儿童身高、体重统计表;城市 7 岁以下儿童身体发育情况;肠道

---

① 顾明远.教育大辞典[M].上海:上海教育出版社,1998:122-125.

传染病消毒方法；呼吸道传染病消毒方法；常见传染病的潜伏期、隔离期和检疫期限[①]。《规定》的发布，为我国学前教育的发展提供了科学的指导，幼儿在幼儿园中有科学的生活制度、饮食制度、锻炼制度、健康检查制度等，还有幼儿在幼儿园中的保育科学的保育方法，这些都有利于幼儿在幼儿园更好地生活，促进幼儿身心的健康成长。从《规定》中可以看出，我国在幼儿园教育的发展中，开始从关注制度发展到关注幼儿个体，特别是在身体健康教育和保育上提出了明确规定和制定了科学的制度，从而促进了我国学前儿童健康发展，同时，我国学前教育事业也开始蓬勃发展起来。

三、《全日制、寄宿制幼儿园编制标准（试行）》

1987 年 3 月 9 日，劳动人事部、国家教委颁发了《全日制、寄宿制幼儿园编制标准（试行）》（以下简称《标准》）的通知，大大提高了我国幼儿园办园的科学性，强调了幼儿园教育的重要性，积极发挥了幼儿园教育的重要作用，学前儿童身心得到了健康发展。我国幼儿园的办园逐步向科学化迈进，学前教育得到进一步发展。

《全日制、寄宿制幼儿园编制标准（试行）》做出了以下规定。

（1）幼儿园的办园规模和招收儿童的年龄。小班的规模为 20～25 人，招收 3～4 岁的幼儿入园学习；中班的规模为 26～30 人，招收 4～5 岁的儿童入园学习；大班的规模为 31～35 人，招收 5～6 岁的儿童入园学习。《标准》规定的幼儿园办园规模和儿童年龄的设置是比较合理科学的，符合科学的办园理念，符合当前儿童的身心发展规律。

（2）幼儿园教师和学前儿童的比例。全日制幼儿园的师幼比为 1：6～1：7；寄宿制幼儿园的师幼比为 1：4～1：5。《全日制、寄宿制幼儿园编制标准（试行）》规定的师幼比例，在当时是很难实现的，因为当时学前教育事业处于发展阶段，幼儿教师缺乏，保育员缺乏，这个比例在以后的学前教育发展中逐渐得到弥补。

（3）幼儿园教职工在园的配备比例。3 个班以下的幼儿园设置园长 1 名，超过 3 个班，即 4 个班以上的幼儿园设置园长 2 名，10 个班以上的寄宿制幼儿园一般可以设置 3 名园长；在专职教师的设置上，全日制幼儿园的教师配备是每班 0.8～1 名，寄宿制幼儿园平均每班配备是 2～2.5 名；幼儿园保育员的设置，全日制幼儿园平均每班配 0.8～1 人，寄宿制幼儿园平均每班配 2～2.2 人。幼儿园厨师的配备，40～45 名幼儿配备 1 名厨师，负责幼儿一日三餐一点的配备，少于三餐一点的幼儿园可以适当减少厨师。在幼儿园的医务人员的配备上，200 名幼儿以下的幼儿园一般配备医务人员 1 名，超过 200 名幼儿的可以增加医务人员；在寄宿制幼儿园中，200 名以下幼儿的一般配备 2 名医务人员，超过 200 名幼儿的幼儿园一般可以酌情增加医务人员的人数。幼儿园关于财会人员的配备，3 个班以上的幼儿园设专职会计 1 人；出纳视幼儿园规模大小设专职或兼职 1 人。

《标准》对幼儿园的办园人员进行了详细的规定，为幼儿园的办园提供了科学的依据，同时确保了幼儿园人员配备的科学性，促进了幼儿健康成长和学前教育事业的发展。

---

① 顾明远.教育大辞典[M].上海：上海教育出版社,1998：56.

第三节　《幼儿园教育指导纲要》

2001 年,全国基础教育工作会召开,颁布《国务院关于基础教育改革与发展的决定》,为进一步贯彻落实会议精神,推进幼儿园实施素质教育,全面提高幼儿园教育质量,从 2001 年 9 月起试行《幼儿园教育指导纲要》(以下简称《纲要》,图 7-4)[①]。《纲要》的实施,为我国幼儿教育的开展提出了要求,积极贯彻落实《纲要》,明确我国学前教育的目标为"五大领域",分别为健康、语言、社会、科学、艺术,幼儿园教育围绕"五大领域"来积极开展教育活动,促进幼儿全面发展。

图　7-4

一、《纲要》提出的要求

《纲要》是国家颁布的我国幼儿园教育工作的重要指导方针,要求幼儿园的教师积极学习《纲要》内容,把握好幼儿园教育目标的"五大领域",将《纲要》的指导思想运用到学前教育实践,认真做好幼儿园教育工作,促进幼儿健康成长,促进幼儿教育事业稳步上升。还要积极开展对《纲要》的宣传,加大宣传力度,利用多种宣传方式,广泛而深入地宣传,达到全国幼儿教师、家长、幼儿园工作者都能理解纲要的思想和要求,理解幼儿园培养幼儿的科学目标。通过宣传,使《纲要》的思想和要求在全国幼儿园教育活动中传播开来,积极开展对幼儿园的管理工作,不断提升幼儿园管理理念和办园模式。

二、《纲要》提出的目标

《纲要》把幼儿园培养幼儿的目标划分为"五大领域",幼儿园的教育应该是整体的,最具备启蒙性的,更符合幼儿身心发展的。各个领域的目标不是相互割裂的,应该是相互联系、相互渗透的,共同促进幼儿德、智、体、美、劳全面发展。

(一)健康领域

1. 目标

在健康领域要求学前儿童身体健康,在集体生活中情绪安定、愉快;生活、卫生习惯良好,有基本的生活自理能力;知道必要的安全保健常识,学习保护自己;喜欢参加体育活动,动作协调、灵活[②]。

---

① 教育部关于印发《幼儿园教育指导纲要(试行)》的通知.政府网.2001.7.2.

② 教育部.幼儿园教育指导纲要(试行)[S].北京:北京师范大学出版社,2001.

2. 内容与要求

在身体健康方面,首先在心理健康上,需要幼儿园做好精神环境创设,促进幼儿园良好的师友关系、良好的同伴关系,使幼儿在精神上感到放松愉快,对幼儿园形成安全和信赖感。其次在身体方面,一是幼儿园给幼儿提供良好的锻炼身体的空间,培养幼儿热爱体育运动的情感;二是建立合理的作息制度,培养幼儿自己养成生活自理的能力,培养幼儿良好的生活习惯,教导幼儿讲卫生,注重清洁,爱护公共环境卫生;三是对幼儿进行安全教育,包括食品安全、生活安全,让幼儿学会保护自己;四是幼儿不仅学会服务自己,也需要提高服务他人的意识。在这些教育活动中,还要注重培养幼儿的坚强毅力、不怕困难的品格,培养幼儿乐观的生活态度,培养幼儿学会合作的能力。

3. 指导要点

在健康领域,幼儿园要把幼儿的身体健康放在首位,尊重生命。幼儿园要确立正确科学的办园理念,幼儿园教师和其他工作人员要树立科学的保教理念,重视幼儿的身体和心理健康。在身体锻炼方面,幼儿教师要尊重幼儿身体发展的规律,循序渐进,开展丰富多彩的活动,促进幼儿骨骼的发育。在健康领域的目标重在培养幼儿对体育活动的热爱,而不是体育竞技和比赛,所以教师要创造良好的体育环境。在心理健康发展方面,教师要营造良好的幼儿园环境,培养儿童健康的心理。

(二) 语言领域

1. 目标

在语言领域的目标为:幼儿乐意与人交谈,讲话礼貌;幼儿学会听别人的对话,学会理解日常生活中的语言;学会表达自己内心的想法;喜欢听故事、看图书;在教师的指导下会说普通话,能听懂普通话[①]。

2. 内容与要求

教师需要创造儿童语言发展的环境,提供儿童语言发展的材料,促进儿童语言的发展。儿童能表达自己心里所想,能与同伴沟通交流,和教师沟通交流,和家长沟通交流,学会礼貌用语。学会倾听别人的语言,听懂普通话,发展语言表达能力。教师需要鼓励幼儿积极大胆地参与课堂活动,表达自己听到的、看到的、想到的,并能描述简单的事物;教师还要引导幼儿初步学习简单的文学作品,感受语言的美好,开展语言游戏活动,增强幼儿对语言的运用能力;教师还要培养幼儿对标点符号的使用的感知,初步感受文字,利用多样的方式引发幼儿对图书的热爱,初步培养儿童对阅读的兴趣。少数民族地区还应帮助幼儿学习本民族语言。

3. 指导要点

语言领域的要求是儿童在对语言进行学习时,需要教师提供良好的环境,在幼儿想说的时候有机会说,提供良好的环境让幼儿敢说,并喜欢说。幼儿语言能力的发展和幼儿的

---

① 教育部.幼儿园教育指导纲要(试行)[S].北京:北京师范大学出版社,2001.

情感体验、思维方式、社会交往能力等有很大的关系,在进行语言的教育时,教师应当将语言领域和各个领域相结合,将语言领域运用到各个领域中,促进幼儿语言的发展。在进行语言教育时,教师还要注重幼儿个体差异性,对具有不同发展特点的幼儿采用不同的方法进行指导,促进每一个幼儿的发展;教师还要关注一些特殊的幼儿,应该积极与家长配合,帮助幼儿提高语言表达能力,促进幼儿健康发展。

（三）社会领域

1. 目标

幼儿喜欢参加幼儿园的各项活动,并且做到积极主动,丰富自信心;喜欢与他人交往,能和他人相互合作,学会分享;初步学习日常规则和养成遵守规则的习惯;初步具备责任感和有责任心,能完成力所能及的事情;具有集体荣誉感,热爱集体,热爱家乡和祖国等。

2. 内容与要求

教师需要引导幼儿参加幼儿园组织的各种集体活动和社会活动,感受师幼关系、同伴关系的美好,感受集体的快乐。同时教师帮助他们了解自我,了解别人,了解社会,学会团结合作和形成初步的交往能力。指导幼儿学会克服困难,发展解决问题的能力。指导幼儿初步了解社会规则,并初步学会遵守规则,学会自律和尊重他人。教师指导幼儿学会爱护公物,爱护生活中的物品,爱护花草树木等。教师还需要与幼儿的家长和社区多沟通,培养其对劳动者的热爱和对劳动成果的尊重,促进幼儿社会性的发展,引导幼儿热爱祖国,热爱家乡。

3. 指导要点

社会领域的教育是一个循序渐进的过程。教师需要创造良好的环境,开展各种活动,促进幼儿社会性的发展。指导幼儿学会与他人交往,和谐共处,相互帮助。同时还要家庭和社区联合起来共同办园,形成良好的氛围,共同促进儿童良好品质的形成。

（四）科学领域

1. 目标

幼儿对周围的环境产生好奇心,喜欢探索周围的现象,并初步学会探索;幼儿学会表达自己的探索结果,学会和同伴一起探索,学会描述探索过程等;初步感受数字的意义和对数字产生兴趣;初步具备热爱大自然保护动植物的情感。

2. 内容与要求

教师需要引导幼儿学会观察身边的现象,培养儿童对周边环境的兴趣。创造良好的环境,培养幼儿科学探究的能力,并支持和鼓励幼儿积极动手、积极动脑开展探究活动。引导幼儿学会小组合作,共同探究,分享实验结果等,初步培养幼儿了解自然、环境和人类生活的关系。

3. 指导要点

在科学探究上,主要是培养幼儿探究的兴趣和爱好,让幼儿感受科学探究的过程与方法,积极开展与幼儿生活息息相关的科学探究,让幼儿体验科学探究的乐趣。

(五)艺术领域

1. 目标

幼儿初步学会欣赏美,感受美,欣赏和感受身边的美;幼儿喜欢参加美术绘画,大胆表现自己,大胆创造;用自己喜欢的方式积极参与艺术活动[①]。

2. 内容与要求

教师需要引导幼儿学会欣赏周围的人、事、物的美好,感受和体验审美的乐趣。在艺术领域的教育活动中,需要注重幼儿的差异性,促进不同幼儿审美能力的发展。给幼儿提供表现的机会,创造审美的环境,鼓励幼儿大胆发挥想象,大胆表现自己的情感。还要引导幼儿相互交流,相互合作,相互欣赏,共同提高。

3. 指导要点

艺术领域重在体验和感受的过程,促进幼儿欣赏美和体验美获得的感受,陶冶幼儿情操。重在过程而不是创造美的结果,因此教师需要给幼儿提供良好的环境,支持幼儿的创作,给予幼儿充分的指导。

《幼儿园教育指导纲要》的颁布和实施,标志着我国学前教育逐渐走向成熟,学前教育理论和实践得到了更大的发展,在以《纲要》为方针的指导下,学前教育在全国各地依次实行,我国幼儿园教育逐步走向规范化,学前儿童得到了更好的教育。在《纲要》出台近 20 年间,由于受到传统学前教育观念的影响,有的幼儿园出现"小学化"倾向,通过国家一系列的政策调控和指导,我国幼儿园教育逐步走上科学化发展。

第四节 《3~6岁儿童学习与发展指南》

为深入贯彻《国家中长期教育改革和发展规划纲要(2010—2020 年)》和《国务院关于当前发展学前教育的若干意见》(国发[2010]41 号),指导幼儿园和家庭实施科学的保育和教育,促进幼儿身心全面和谐发展,2012 年 10 月 9 日教育部正式颁布《3~6 岁儿童学习与发展指南》(以下简称《指南》,图 7-5)。

《指南》的颁布实施,对我国学前教育从理论和实践上给予指导。《指南》在《纲要》提出的"五大领域"目标的基础上,每个领域划分了"子领域"和"子目标",更加科学地指导我国幼儿园进行理论和实践的探索。

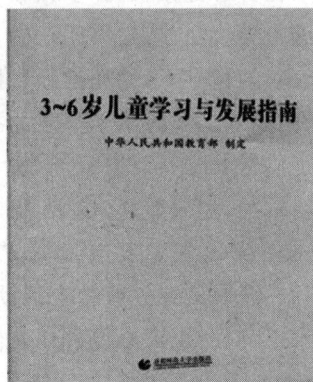

图 7-5

[①] 教育部.幼儿园教育指导纲要(试行)[S].北京:北京师范大学出版社,2001.

一、健康领域

健康领域要求学前儿童身体健康,在集体生活中情绪安定、愉快;生活、卫生习惯良好,有基本的生活自理能力;知道必要的安全保健常识,学习保护自己;喜欢参加体育活动,动作协调、灵活①。

在健康领域,还给予幼儿一定量的锻炼,促进儿童身体健康,骨骼健壮发育。创造良好的精神环境,促进幼儿心理健康,感受到亲人、伙伴和教师的关爱,形成乐观稳定的情绪。引导幼儿养成良好的作息习惯和卫生习惯,学会自我保护,提高自我服务的意识和养成良好文明的生活方式。

(一) 身心状况

1. 具有健康的体态(表 7-1)

表 7-1　具有健康的体态

3～4 岁	4～5 岁	5～6 岁
1. 身高和体重适宜。参考标准如下。 (1) 男孩 身高：94.9～111.7cm 体重：12.7～21.2kg (2) 女孩 身高：94.1～111.3cm 体重：12.3～21.5kg 2. 在提醒下能自然坐直、站直	1. 身高和体重适宜。参考标准如下。 (1) 男孩 身高：100.7～119.2cm 体重：14.1～24.2kg (2) 女孩 身高：99.9～118.9cm 体重：13.7～24.9kg 2. 在提醒下能保持正确的站、坐和行走姿势	1. 身高和体重适宜。参考标准如下。 (1) 男孩 身高：106.1～125.8cm 体重：15.9～27.1kg (2) 女孩 身高：104.9～125.4cm 体重：15.3～27.8kg 2. 经常保持正确的站、坐和行走姿势

资料来源：教育部.3～6 岁儿童学习与发展指南[S].北京：首都师范大学出版社,2012.

在身心健康状况"子领域"和具有健康的体态"子目标"下,《指南》给出了详细科学的健康指导。在 3～6 岁儿童的各个阶段中分别对男孩和女孩的身高体重提出了要求。在《指南》的指导下,幼儿教师可以定期给幼儿开展身高体重的测量活动,及时了解幼儿的身体发育状况,及时给予科学的指导。《指南》还给出了关于健康体态的教育建议,比如给幼儿提供营养丰富、健康的饮食,提供谷物、蔬菜、水果、肉、奶、蛋、豆制品等多样化的食物,均衡搭配,建议煎炸、烧烤、腌制食物少吃;提出了幼儿休息时间为 11～12 小时,中午 2 小时;提出幼儿站、坐、走、睡姿势要正确,桌、椅和床等要合适;定期给幼儿进行体检。幼儿教师在开展幼儿健康教育活动时,按照《指南》的指导来开展,可以极大地提高幼儿健康教育水平,同时也可以促进幼儿健康教育的科学化。

---

2. 情绪安定愉快（表7-2）

表7-2 情绪安定愉快

3～4岁	4～5岁	5～6岁
1. 能有比较稳定的情绪 2. 如果情绪不稳定时，能在大人的指导下安定	1. 经常表现出愉快的情绪 2. 情绪不愉快时，能在成人提醒下安定 3. 愿意告知他人自己的情绪	1. 有愉快的心情，并知道自己不开心的原因 2. 能正确表达自己的情绪 3. 学会转变情绪

资料来源：教育部.3～6岁儿童学习与发展指南[S].北京：首都师范大学出版社，2012.

在身心健康状况"子领域"和情绪安定愉快"子目标"下，《指南》提出了幼儿在各个年龄阶段的情绪表现和教育建议。幼儿园教师需要给幼儿创造良好的环境，促进幼儿情绪安定和愉快。

3. 具有一定的适应能力

在身心健康状况"子领域"和"子目标"下，《指南》提出了各个年龄阶段幼儿的适应能力标准，并建议教师要保证幼儿的户外活动时间，提高幼儿适应季节变化的能力。

（二）动作发展

1. 具有一定的平衡能力，动作协调、灵敏

在动作发展"子领域"和具有一定的平衡能力，动作协调、灵敏"子目标"下，《指南》提出了各个年龄阶段的儿童要具有一定的平衡能力，动作协调、灵敏。

2. 具有一定的力量和耐力

在动作发展"子领域"和具有一定的力量和耐力"子目标"下，《指南》提出了各个年龄阶段的儿童要具有一定的力量和耐力，并提出了教育建议，一是开展丰富多样、适合幼儿年龄特点的身体活动；二是让孩子多练习走路，促进幼儿骨骼发育；自己上下楼梯、自己背包。

3. 手的动作灵活协调

在动作发展"子领域"和手的动作灵活协调"子目标"下，《指南》提出了各个年龄阶段的儿童手的动作要灵活协调，并提出了教育建议，一是创造条件和机会，促进幼儿手的动作灵活协调；二是引导幼儿注意活动安全。

（三）生活习惯与生活能力

1. 具有良好的生活与卫生习惯

在生活习惯与生活能力"子领域"和具有良好的生活与卫生习惯"子目标"下，《指南》提出了各个年龄阶段的儿童要具有良好的生活与卫生习惯，并提出了教育建议，一是让幼儿保持有规律的生活，养成良好的作息习惯；二是规律饮食；三是培养幼儿对锻炼活动的兴趣，喜欢锻炼。

2. 具有基本的生活自理能力

在生活习惯与生活能力"子领域"和具有基本的生活自理能力"子目标"下，《指南》提出了各个年龄阶段的儿童要具有基本的生活自理能力,并提出了教育建议,一是鼓励幼儿做力所能及的事情,肯定幼儿,积极鼓励幼儿;二是幼儿需要掌握自我服务的方法,学会自给自足,学会生活中一些基本的能力;三是教师和家长需要给幼儿创造锻炼生活自理能力的条件①。

3. 具备基本的安全知识和自我保护能力

在生活习惯与生活能力"子领域"和具备基本的安全知识和自我保护能力"子目标"下,《指南》提出了各个年龄阶段的儿童要具备基本的安全知识和自我保护能力,并提出了教育建议,一是创设安全的生活环境,提供必要的保护措施;二是教师需要对幼儿进行一定必要的安全教育,促进幼儿掌握安全常识;三是教师需要普及一些自救常识、逃生常识,比如如何报警之类的。

健康领域分设了身心状况、动作发展、生活习惯与生活能力三个"子领域",每个"子领域"又设置了"子目标",在身心状况、动作发展、生活习惯与生活能力等方面都提出了详细的指导,覆盖了关于幼儿健康的方方面面,可以更科学地指导幼儿教师健康教育的实践,确保幼儿在幼儿园身体和心理健康发展。

二、语言领域

乐意与人交谈,讲话礼貌;幼儿学会听别人的对话,学会理解日常生活中的语言;学会表达自己内心的想法;喜欢听故事、看图书;在教师的指导下会说普通话,能听懂普通话,进一步拓展学习经验②。

(一) 倾听与表达

1. 认真听并能听懂常用语言

在倾听与表达"子领域"和认真听并能听懂常用语言"子目标"下,《指南》提出了各个年龄阶段的儿童要学会认真听并能听懂常用语言,并提出了教育建议,每个建议都很详细、很具体、很科学。教师通过对这些建议的采纳,可以促进幼儿健康发展。

2. 愿意讲话并能清楚地表达

在倾听与表达"子领域"和愿意讲话并能清楚地表达"子目标"下,《指南》提出了各个年龄阶段的儿童要愿意讲话并能清楚地表达,并提出了教育建议,一是为幼儿创造说话的机会并体验语言交往的乐趣;二是引导幼儿清楚地表达。

3. 具有文明的语言习惯

在倾听与表达"子领域"和具有文明的语言习惯"子目标"下,《指南》提出了各个年龄阶段的儿童要具有文明的语言习惯,并提出了教育建议,一是成人注意语言文明,为幼儿做出表率;二是帮助幼儿养成良好的语言行为习惯。

①② 教育部.3~6岁儿童学习与发展指南[S].北京:首都师范大学出版社,2012.

（二）阅读与书写准备

1. 喜欢听故事，看图书

在阅读与书写准备"子领域"和喜欢听故事，看图书"子目标"下，《指南》提出了各个年龄阶段的幼儿要喜欢听故事，看图书，并提出了教育建议，给幼儿提供读书环境，激发幼儿兴趣，引导幼儿使用标点符号等。

2. 具有初步的阅读理解能力

在阅读与书写准备"子领域"和具有初步的阅读理解能力"子目标"下，《指南》提出了各个年龄阶段的儿童要具有初步的阅读理解能力，并提出了教育建议，教师要经常指导幼儿阅读，并且经常和幼儿一起阅读，指导幼儿了解书上的内容和表达的意思，充分发挥幼儿的想象力和创造力，培养幼儿喜欢读书和喜欢文学。

3. 具有书面表达的愿望和初步技能

在阅读与书写准备"子领域"和具有书面表达的愿望和初步技能"子目标"下，《指南》提出了各个年龄阶段的儿童要具有书面表达的愿望和初步技能，并提出了教育建议，教师要指导幼儿初步了解标点符号的乐趣和作用，促进幼儿对书写的兴趣，教师培养幼儿学会欣赏文学作品。

语言领域设置了"子领域"和"子目标"，在倾听与表达上，在阅读与书写准备上都提出了具体的方向，幼儿园教师根据语言领域的"子领域"和"子目标"，对儿童进行科学的保教，促进儿童语言的发展。

三、社会领域

幼儿喜欢参加幼儿园的各项活动，并且做到积极主动，丰富自信心；喜欢与他人交往，能和他人相互合作，学会分享；初步学习日常规则和养成遵守规则的习惯；初步具备责任感和有责任心，能完成力所能及的事情；具有集体荣誉感，热爱集体，热爱家乡和祖国等[①]。

（一）人际交往

1. 愿意与人交往（表 7-3）

表 7-3　愿意与人交往

3～4 岁	4～5 岁	5～6 岁
1. 愿意和小朋友一起做游戏 2. 愿意与熟悉的长辈一起活动	1. 喜欢和小朋友一起做游戏，有经常一起玩的小伙伴 2. 喜欢和长辈交谈，有事愿意告诉长辈	1. 有自己的好朋友，也喜欢结交新朋友 2. 有问题愿意向别人请教 3. 有高兴的或有趣的事愿意与大家分享

资料来源：教育部.3～6 岁儿童学习与发展指南[S].北京：首都师范大学出版社，2012.

---

① 教育部.3～6 岁儿童学习与发展指南[S].北京：首都师范大学出版社，2012.

在人际交往"子领域"和愿意与人交往"子目标"下,《指南》提出了各个年龄阶段的儿童要愿意与人交往,并提出了教育建议,要主动亲近和关心幼儿,营造良好的精神环境,促进师幼关系和谐,给予儿童更多的表达机会,促进儿童对于社会交往的兴趣。

2. 能与同伴友好相处

在人际交往"子领域"和能与同伴友好相处"子目标"下,《指南》提出了各个年龄阶段的儿童要能与同伴友好相处,并提出了教育建议,幼儿教师需要营造良好的交往情境,指导幼儿学习交往规则,提高幼儿交往技能,指导幼儿学会理解别人,学会谦让,学会换位思考,积极发现别人的长处,发展幼儿与人交往的社会性。

3. 具有自尊、自信、自主的表现

在人际交往"子领域"和具有自尊、自信、自主的表现"子目标"下,《指南》提出了各个年龄阶段的儿童要具有自尊、自信、自主的表现,并提出了教育建议,一是关注幼儿的感受,保护其自尊心和自信心;二是鼓励幼儿自主决定,独立做事,增强其自尊心和自信心;三是和幼儿一起谈谈他的好朋友,引导他多发现同伴的优点、长处。

4. 关心尊重他人

在人际交往"子领域"和关心尊重他人"子目标"下,《指南》提出了各个年龄阶段的儿童要关心尊重他人,并提出了教育建议,一是成人以身作则,以尊重、关心的态度对待自己的父母、长辈和其他人;二是引导幼儿尊重、关心长辈和身边的人,教师需要引导幼儿学会珍惜伙伴的劳动成果,用科学的思想理念看待差异,学会尊重他人。

(二) 社会适应

1. 喜欢并适应群体生活(表 7-4)

表 7-4 喜欢并适应群体生活

3~4 岁	4~5 岁	5~6 岁
1. 对群体活动有兴趣 2. 对上幼儿园感兴趣	1. 愿意并主动参加群体活动 2. 愿意和他人参加社会活动	1. 在群体活动中积极、快乐 2. 对小学生活有好奇和向往

资料来源:教育部.3~6 岁儿童学习与发展指南[S].北京:首都师范大学出版社,2012.

在社会适应"子领域"和喜欢并适应群体生活"子目标"下,《指南》提出了各个年龄阶段的儿童要喜欢并适应群体生活,并提出了教育建议,一是让幼儿体会群体活动的乐趣;二是拓展幼儿活动范围,参加不同群体的社会活动;三是带领大班幼儿参观小学为入小学做准备。

2. 遵守基本的行为规范

在社会适应"子领域"和遵守基本的行为规范"子目标"下,《指南》提出了各个年龄阶段的儿童要遵守基本的行为规范,并提出了教育建议,一是成人要遵守社会行为规则,为幼儿树立良好的榜样;二是教师要引导幼儿懂规则,理解规则在生活中的重要性,教师要引导幼儿学会遵守规则,培养幼儿具有规则意识。

3. 具有初步的归属感

在社会适应"子领域"和具有初步的归属感"子目标"下,《指南》提出了各个年龄阶段的儿童要具有初步的归属感,并提出了教育建议,一是亲切地对待幼儿,关心幼儿;二是教师需要引导幼儿参加集体活动,培养幼儿集体荣誉感,促使幼儿学会爱祖国,爱家乡。

在社会领域的"子领域"和"子目标"中,人际交往方面:愿意与人交往,能与同伴友好相处,具有自尊、自信、自主的表现,关心尊重他人;社会适应方面:喜欢并适应群体生活,对小学生活有好奇和向往,遵守基本的行为规范,有初步的归属感。幼儿园教师通过社会领域的"子领域"和"子目标"的指导,给幼儿提供良好的社会体验环境,联系家庭和社区,让幼儿体验社会,促进幼儿社会性的发展。

四、科学领域

幼儿对周围的环境产生好奇心,喜欢探索周围的现象,并初步学会探索;幼儿学会表达自己的探索结果,学会和同伴一起探索,学会描述探索过程等;初步感受数字的意义和对数字产生兴趣;初步具备热爱大自然保护动植物的情感①。

(一)科学探究

1. 亲近自然,喜欢探究

在科学探究"子领域"和亲近自然,喜欢探究"子目标"下,《指南》提出了各个年龄阶段的儿童要亲近自然,喜欢探究,激发幼儿对科学探究的兴趣。

2. 具有初步的探究能力

在科学探究"子领域"和具有初步的探究能力"子目标"下,《指南》提出了各个年龄阶段的儿童要具有初步的探究能力,并提出了教育建议,一是有意识地引导幼儿观察周围事物,培养观察与分类能力,学会体验探究过程,动手动脑积极探究,做好探究计划和记录,与他人一起探究。

3. 在探究中认识周围事物和现象

在科学探究"子领域"和探究中认识周围事物和现象"子目标"下,《指南》提出了各个年龄阶段的儿童要在探究中认识周围事物和现象,并提出了教育建议,一是支持幼儿接触自然、生活事物和现象;二是引导幼儿在探究中思考,发现事物之间明显的关联;三是引导幼儿热爱大自然,爱护花草树木;四是引导幼儿熟悉探究过程。

(二)数学认知

1. 初步感知生活中数学的有用和有趣

在数学认知"子领域"和初步感知生活中数学的有用和有趣"子目标"下,《指南》提出了各个年龄阶段的儿童要初步感知生活中数学的有用和有趣,并提出了教育建议,一是引导幼儿学习描述的生动形象性和趣味性;二是引导幼儿感受数字的重要;三是鼓励和支持幼儿发现、尝试体会数学的用处。

---

① 教育部.3～6岁儿童学习与发展指南[S].北京:首都师范大学出版社,2012.

2. 感知和理解数、量及数量关系

在数学认知"子领域"与感知和理解数、量及数量关系"子目标"下,《指南》提出了各个年龄阶段的儿童要感知和理解数、量及数量关系,并提出了教育建议,一是引导幼儿感知和理解事物"量"的特征;二是引导幼儿学习通过对应或数数的方式比较物体的多少;三是引导幼儿理解数的概念;四是通过实物操作引导幼儿理解数与数之间的关系。

3. 感知形状与空间关系

在数学认知"子领域"和感知形状与空间关系"子目标"下,《指南》提出了各个年龄阶段的儿童要感知形状与空间关系,并提出了教育建议,一是用多种方法帮助幼儿在物体与几何形体之间建立联系;二是引导幼儿运用空间方位经验解决问题。

在科学领域的"子领域"和"子目标"中,科学探究方面:亲近自然,喜欢探究,具有初步的探究能力,在探究中认识周围事物和现象;数学认知方面:初步感知生活中数学的有用和有趣,感知和理解数、量及数量关系,感知形状与空间关系。教师在科学领域的"子领域"和"子目标"的指导下,在幼儿园科学活动中,积极指导幼儿开展科学实验、科学探究,指导幼儿学会与同伴合作,共同实验,学会分享实验结果,学会总结实验,最终培养儿童对科学探究的兴趣,对大自然的热爱。

五、艺术领域

幼儿初步学会欣赏美,感受美,欣赏和感受身边的美;幼儿喜欢参加美术绘画,大胆表现自己,大胆创造;用自己喜欢的方式积极参与艺术活动[①]。

(一) 感受与欣赏

1. 喜欢自然界与生活中美的事物

在感受与欣赏"子领域"和喜欢自然界与生活中美的事物"子目标"下,《指南》提出了各个年龄阶段的儿童要喜欢自然界与生活中美的事物,并提出了教育建议,一是和幼儿一起感受、发现和欣赏自然环境和人文景观中美的事物;二是和幼儿一起发现美的事物的特征,感受和欣赏美。

2. 喜欢欣赏多种多样的艺术形式和作品

在感受与欣赏"子领域"和喜欢欣赏多种多样的艺术形式和作品"子目标"下,《指南》提出了各个年龄阶段的儿童要喜欢欣赏多种多样的艺术形式和作品,并提出了教育建议,一是创造条件让幼儿接触多种艺术形式和作品;二是尊重幼儿的兴趣和独特感受,理解他们欣赏时的行为。

(二) 表现与创造

1. 喜欢进行艺术活动并大胆表现

在表现与创造"子领域"和喜欢进行艺术活动并大胆表现"子目标"下,《指南》提出了

① 教育部.3～6岁儿童学习与发展指南[S].北京:首都师范大学出版社,2012.

各个年龄阶段的儿童要喜欢进行艺术活动并大胆表现,并提出了教育建议,一是创造机会和条件,支持幼儿自发的艺术表现和创造;二是营造安全的心理氛围,让幼儿敢于并乐于表达、表现。

2. 具有初步的艺术表现与创造能力

在表现与创造"子领域"和具有初步的艺术表现与创造能力"子目标"下,《指南》提出了各个年龄阶段的儿童要具有初步的艺术表现与创造能力,并提出了教育建议,尊重幼儿自发的表现和创造,并给予适当的指导。

在艺术领域的"子领域"和"子目标"中,感受与欣赏方面:喜欢自然界与生活中美的事物,喜欢欣赏多种多样的艺术形式和作品;表现与创造方面:喜欢进行艺术活动并大胆表现,具有初步的艺术表现与创造能力。在艺术领域的"子领域"和"子目标"的指导下,教师需要积极营造幼儿艺术教育环境,指导幼儿自己动手探究,大胆想象,大胆发挥,大胆表达,喜欢艺术,喜欢欣赏,热爱艺术。

《指南》的颁布与实施,逐步纠正了幼儿园"小学化"的误区,全国上下开始在《纲要》和《指南》的指导下对幼儿园的保教进行新的规划,我国学前教育逐步趋于成熟。

考点聚焦

中华人民共和国的学前教育发展
- 《幼儿园暂行规程(草案)》
  - 时间
  - 内容
- 《幼儿园教育工作指南》
  - 时间
  - 内容
- 《3~6岁儿童学习与发展指南》"五大领域"
  - 子领域
  - 子目标

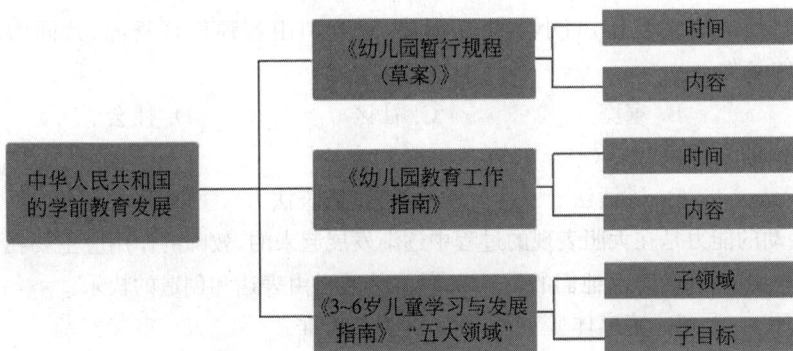

第七章 课外阅读

中华人民共和国的学前教育在教师资格证考试中主要以选择题的形式出现,主要考查以下几个方面:①《幼儿园暂行规程(草案)》颁布的时间及重要内容;②《幼儿园教育工作指南》颁布的时间及重要内容;③《幼儿园教育指导纲要》实施的时间;④《3~6岁儿童学习与发展指南》提出的各个领域的具体目标和表现形式。在复习的时候,重点关注《3~6岁儿童学习与发展指南》提出的"五大领域"的具体目标所要达成的具体方面。

考题链接

一、选择题

1.《幼儿园教育指导纲要(试行)》是( )颁布的。
    A. 1996年7月   B. 1996年9月   C. 2001年7月   D. 2001年9月
2. 幼儿园的教育内容是全面的、启蒙的,各领域的内容相互渗透,从不同角度促进幼儿( )等方面的发展。

  A. 知识、技能、能力、情感、态度   B. 情感、态度、能力、知识、技能

  C. 能力、情感、态度、知识、技能   D. 情感、态度、知识、技能、能力

3. 对幼儿园教育工作的评价以（　　　）为主。

  A. 管理人员评价 B. 教师自评   C. 家长评价   D. 社会评价

4.《纲要》的基本指导思想集中反映在总则里，贯穿在整个《纲要》的各部分，它包括（　　　）。

  A. 终生教育的理念   B. "以知识为本"的幼儿教育

  C. 面向世界的科学的幼儿教育   D. "以人为本"的幼儿教育

5. 从教育角度来说，儿童绘画的真谛是（　　　）。

  A. 内心的表现   B. 直观的表现

  C. 创造性的表现   D. 创造性自我表现

6. 对幼儿发展状况评估的目的是（　　　）。

  A. 筛选、排队   B. 教师反思性成长

  C. 提高保教质量   D. 了解幼儿的发展需要

7. 对于我国大部分的幼儿园来说，课程的整合首先应该关注的是（　　　）。

  A. 领域间的整合   B. 领域内的整合

  C. 超领域的整合   D. 多个领域之间的整合

8. 幼儿园应与（　　　）密切合作，与小学相互衔接，综合利用各种教育资源，共同为幼儿的发展创造良好的条件。

  A. 中学   B. 家庭   C. 社区   D. 社会

9. 幼儿发展评价的方法不包括（　　　）。

  A. 作品分析法   B. 谈话法   C. 问卷调查法   D. 家长评价

10. 幼儿艺术活动的能力是在大胆表现的过程中逐渐发展起来的，教师的作用应主要在于激发幼儿感受美、表现美的情趣，丰富他们的（　　　），使之体验自由表达和创造的快乐。

  A. 认识水平   B. 情感体验   C. 创造思维   D. 审美经验

二、填空题

1. "五大领域"是指_____。

2.《3～6 岁儿童学习与发展指南》颁布实施的时间是_____。

三、简答题

简述《3～6 岁儿童学习与发展指南》颁布实施的意义。

四、论述题

谈谈你对幼儿园"小学化"的理解并提出克服"小学化"的措施。

第七章　考题链接参考答案

下篇　外国学前教育史

第八章
外国古代学前教育发展

本章导航

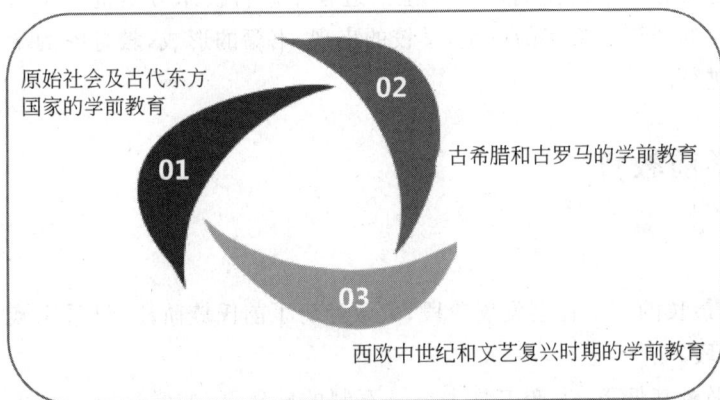

- 01 原始社会及古代东方国家的学前教育
- 02 古希腊和古罗马的学前教育
- 03 西欧中世纪和文艺复兴时期的学前教育

学习目标

1. 了解不同时期学前教育的特征以及教育家的学前教育思想。

2. 能列举出学前教育在不同时期的特征，并结合时代说明形成此特征的背景。

故事探索

苏格拉底趣事

苏格拉底是古希腊伟大的哲学家，他的妻子是出名的泼妇。一次，苏格拉底正在待客，妻子为了一件小事大吵大闹起来，他却淡然置之，笑着道："好大的雷霆啊！"谁知妻子越闹越凶，竟然当着客人的面，将半盆凉水泼到了苏格拉底身上。客人很尴尬，以为苏格拉底一定会发火了，谁知苏格拉底却心平气和地说："我知道，雷霆过后，必有大雨。"经过这件事后，妻子很后悔，决心改掉自己的坏脾气。后来，当奴隶主当权者不允许苏格拉底的"异言邪说"传播，将他处以死刑时，引起了普通百姓的极大愤慨，临刑时，一位妇女哭喊着："他们要杀害你了，可是你什么罪也没犯呀！"苏格拉底回答说："噢，傻大姐，难道你希望我犯罪，作为罪犯死去才值得吗？"这位伟大的哲人到生命的最后一刻，居然还保持着轻松幽默的情趣。

大家看完"苏格拉底趣事"后，我们可以感受到古代西方教育家的幽默诙谐，让我们一起来学习外国古代的学前教育思想。

第一节　原始社会及古代东方国家的学前教育

作为人类的史前阶段，原始社会是人类发展的第一个阶段。原始社会时期的儿童主要采用公养公育的形式，教育贯穿在平时进行的生产生活过程中。古代东方是世界文明的发祥地，也是世界教育文化的摇篮。文字的产生，学校的出现，书籍的形成，教育家的孕育，都是在古代东方国家中进行的。

一、原始社会的学前教育

（一）教育形式

原始社会是人类历史上最长的一个社会发展阶段，大致经历了前氏族阶段、母系氏族公社和父系氏族公社三个阶段。

前氏族时期，生产力水平极其低下，生产工具主要是石制的砍砸器，非常简陋。这个时期的成年男女主要负责劳动，年老体弱者和儿童从事次要的活动。儿童教育的任务就自然地落在了老人的身上，他们在生产生活和劳动过程中将工具的使用方法、一些生活的技能、生活习惯等传授给儿童。到了母系氏族时期，男女分工加强，女子处于主导地位，儿童8岁之前的教育主要由母亲承担。到了父系氏族时期，出现了人类社会第一次社会大分工——农业和畜牧业的分工。这个时期，男子的劳动占主导地位，在公社中取代了女子的地位。这个时期，孩子学前教育主要由以父系为主的大家庭负责，幼儿期的儿童主要由大家庭中的成年妇女教导，生母的弟兄也可以协助教育。因此，这时期的教育存在儿童共育的意味。

（二）教育内容

原始社会时期，儿童的教育内容主要是根据未来人类生存与延续的需要而实施的。主要包括社会常识、劳动技能、原始文化和军事技能。

1. 社会常识

原始社会的儿童生活在复杂的血缘关系和氏族部落中，他们最先接触到的是生活的社会环境，然后是生产劳动。因此社会常识对他们而言非常重要。原始人类在长期的发展过程中，逐渐形成了各种社会行为规范和生活方式。孩子从小就需要接受社会常识方面的训练，遵守一定的社会规范和生活习惯，目的在于逐渐提高儿童适应社会的能力。

2. 劳动技能

由于原始社会生产力水平低下，人们必须参加生产劳动，才能维持个体和部落的生存。因此，每个儿童都必须接受劳动教育，以便尽早参加集体劳动。原始部落的儿童从小就要学习从旁观察并模仿成年人的生产劳动。年纪稍长，女孩在家中向母辈学习家务劳动，男孩则跟随父辈进入劳动现场学习。

3. 原始文化

在人类社会早期产生了自然崇拜、图腾崇拜、祖先崇拜等宗教信仰。原始宗教反映了远古人类对自然、人等问题的模糊认识和当时艰苦的生活状况，这些内容为后来宗教文化教育发展奠定了基础。原始先民通过音乐、舞蹈、绘画等方式，传递宗教文化。儿童通过学习这些内容并参加宗教仪式，了解并习得原始宗教文化。

4. 军事技能

部落日常的活动主要是原始部落的狩猎和部落之间的争斗。狩猎要求儿童具有健康的体格和掌握工具的使用方法，部落之间的争斗要求儿童学习武器的使用方法和作战策略。因此，适当的军事训练、基本的捕猎和军事技能，成为儿童教育内容的重要组成部分。

（三）教育方法

原始社会的学前教育主要通过在实际的生产生活中，由长辈进行讲解和示范，儿童进行观察和模仿，辅以奖励和惩罚措施，让儿童掌握基本的生活常识和技能。在教学过程中，儿童缺乏参加实际生活的能力，所以只能由长者模拟实际生活的场景，对儿童进行讲解和示范。之后让儿童自己进行操作和练习。在检查儿童学习效果时，奖励学习效果好的儿童，鼓励效果欠佳的儿童，促使儿童更快地掌握知识和技能。

二、古代东方国家的学前教育

（一）古代埃及的学前教育

家庭教育和宫廷教育是古代埃及学前教育的主要形式。在古王国时期，教育事业没有完全形成，儿童的早期教育场所在家中，父母就是教师。家庭中孩子最后几乎都会走父辈、母辈的从业道路，继承父业。所以，男童学前教育学习的主要内容是父辈职业相关的知识和能力，女童则跟着母亲学习缝纫和家务劳动。到了古王国末期和中王国时期，贵族子弟拥有进入宫廷学习的权利。宫廷学校由国王（法老）在宫廷中专门开设，邀请有经验的僧侣、官吏、文人和学者任教，或者法老用自己教学的方式进行教学。宫廷学习的主要目的是为继承皇权和成为最高统治者做准备。因此，贵族子弟学习的主要内容除了祭祀、医学、建筑、军事、农务等基础知识之外，还需要学习和模仿宫廷的礼仪。

（二）古代印度的学前教育

古代印度的幼儿教育与种姓制度和宗教神学之间的联系十分密切。公元前 500 年前后，婆罗门教的种姓制度影响着人们的思想和行为。种姓制度是印度特有的一种阶级压迫制度。从事不同社会分工的人群,被分为 4 个等级。第一等级是"婆罗门",主要是僧侣贵族们,他们掌握着宗教的事务;第二等级是"刹帝利",主要是世袭贵族们,他们掌握着行政和军事的事务;第三等级是"吠舍",主要是农夫、手工业者和贫民等,他们主要从事各种生产活动,并且需要向前两级交税;第四等级是"首陀罗",是社会最底层的被征服者和奴隶。种姓制度规定,前两级和后两级之间,存在明显的等级差异,他们之间不能通婚,不得公食。公元前 6 世纪,佛教开始兴起,他们以反婆罗门为己任,逐渐取代了婆罗门,成为印度国教。

婆罗门教的宗教信条为其学前教育提供了主导思想,种姓制度也深刻地影响了印度的学前教育。古代印度盛行家长制,因此父亲在家中承担了教育子女的任务。婆罗门种姓的儿童,从小的教育内容最主要的就是背诵《吠陀》经,其他的教育内容还包括身体的养护和传授生活知识、行为规范和风俗习惯等方面。刹帝利和吠舍种姓的儿童学习《吠陀》经的时间明显减少,首陀罗种姓的儿童则被完全剥夺了接受教育的权利。在奴隶主看来,首陀罗种姓的儿童仅仅是他们养的牲畜而已,可以随意打骂、使用、交换和出售。

佛教,反对婆罗门的种姓制度,强调众生平等,所有儿童皆享有受教育的权利。佛教的学前教育以家庭教育为主,普通家庭的儿童,从懂事起,就跟着信佛的父母学习。在父母的言传身教和日常相处过程中,逐渐了解和学习有关信仰、公德意识和行为习惯方面的知识。

(三) 古代希伯来的学前教育

古代希伯来的学前教育历史进程可以分为两个时期,分别为家庭教育时期(前 1300—前 586 年)和会堂教育时期(前 586—前 70 年)。

前 1300—前 586 年期间,希伯来处于原始社会向奴隶社会的过渡时期,这一时期,家庭在人们心目中占据着十分重要的地位。父亲既是一家之主,又是家庭的祭祀,因此教育儿童的任务便理所应当落在父亲身上。在教育过程中,父亲通常采取非常严格的教学方法,其中不乏体罚的内容。希伯来信奉犹太教,并将"耶和华"奉为唯一的真神。因此在家庭教育中,父亲会通过言传身教,培养孩子对耶和华的敬畏之情。

公元前 586 年至公元前 70 年,希伯来人为促进文明的进步,在巴比伦国土上建立了犹太会堂。儿童在犹太会堂中设立的学校进行学习。学校教师采用口授的方式教给儿童读书、写字和一些简单的法律知识。教育的形式主要是家长制加体罚,他们认为只有纪律才能保证家庭和宗教教育的成功。

第二节　古希腊和古罗马的学前教育

一、古希腊和古罗马的学前教育概况

古希腊和古罗马被普遍认为是西方教育的发源地,古希腊和古罗马的学前教育是古希腊和古罗马教育的重要组成部分,因此了解其学前教育可以帮助我们更好地了解西方学前教育的发展。

（一）古希腊的学前教育

古希腊地处欧洲南部,地处地中海和爱奥尼亚海区域。古希腊的文化教育大致包括三个阶段:①荷马时代(前1100—前800年);②城邦制时代,包括古风时代(前800—前500年)和古典时代(前500—前330年),其中斯巴达教育和雅典教育是城邦制时代最具代表性的教育类型;③希腊化时代(前330—前30年)。相较于史前社会和古代东方国家,古希腊人对儿童有更深的认识,对教育问题理解的深度和广度也更为突出。①

1. 古希腊社会中儿童的地位和特性

古希腊社会认识到了儿童对于社会的重大意义和价值,强调儿童是自己与未来的连接。为保证人种的优越性,古希腊人对儿童实行严格的"优生"和"选育"制度。男女青年生育前应保证身体和精神健康。儿童出生后要经由长老检查体质,选择健康的婴儿加以抚养,不健康的婴儿将被放弃抚养。为培养未来文明的承担者和合格公民,古希腊人重视对儿童的教育和训练,强调要发展儿童的道德,为此,古希腊人专门为儿童设立了"教仆",以监督和保护儿童的道德品质。同时古希腊人也看到了儿童在家庭中的地位和价值,认为孩子不仅意味着家庭的完整,也意味着家族的延续。一旦孩子被家庭接受,家庭必须养育他并保证儿童的安全。此外,古希腊社会出于控制人口数量和提高人口质量的考虑,出现杀婴现象。

古希腊人对于儿童的特性有了比较清晰的认识,看到了成人和儿童在身体上的区别,认为儿童身体柔弱,应当加以保护。同时古希腊人也看到了儿童行为和情绪上的特性。研究者们概括了古希腊人发现的儿童特性,认为儿童是能被塑造的、缺乏道德的、无知的、缺乏力量的、爱哭的、恐惧的、愉快的、任性的、爱模仿的、天真的和有想象力的。以上这些关于儿童特性的描述主要存在三种价值倾向。第一种是把儿童看作积极的个体,如儿童是可爱的、天真的。第二种是把儿童看作消极的个体,如认为儿童是任性的、野蛮的。第三种是中性价值问题,没有明显倾向性。出于儿童任性等特性,古希腊人比较关注儿童的纪律和控制,纪律教育讲究温和。从无知的特性出发,古希腊人认为知识的缺乏是儿童和成人的最大区别,强调要对儿童讲授正面的故事和寓言,使儿童精神振奋。

2. 斯巴达的幼儿教育

斯巴达地理环境闭塞,斯巴达人作为奴隶主,常常压迫和剥削当地的奴隶和平民,激起民众的暴动和反抗,使斯巴达人无时无刻不处于戒备状态。相对闭塞的地理环境和好斗的民族传统等因素让斯巴达将尚武精神作为国家灵魂,其教育内容主要以单纯的军体训练和性格教育为主。教育目的是培养坚强、英勇善战的军人,以确保对内稳固统治,对外侵略和防御。斯巴达人认为儿童的所有权属于国家,教育年青一代是国家职责。婴儿出生后就面临被选择,健康、强健的婴儿将让父母代替国家抚养,反之则被抛弃。

斯巴达妇女善于教养抚育儿童。新生儿要进行洗浴以强身健体,婴幼儿时期便教孩子面对饥饿和痛苦等,还努力使孩子知足,不任性。男孩5岁时就被父亲带到叫"法伊迪

---

① 郭法奇.外国学前教育史[M].北京:北京大学出版社,2015:19.

塔"的聚会场所进行成年男子聚会,通过观察成年人的活动受到初步熏陶。男孩在 7 岁后被送到名为"教育场"的国家公育机关,过集体军营生活,进行严格的军事和性格训练。训练后的斯巴达男子行为庄重、态度严峻,静若处子、动如脱兔。斯巴达教育是国家本位和外铄论的典型案例。

3. 雅典的幼儿教育

雅典地理位置优越,有优良海港和丰富的自然资源。因其与古埃及等先进的东方文化中心交流频繁,促进了雅典文化的发展。此外,民主政体使雅典全体公民都有参加公民大会的权利,决定国家重要事务。这种政治要求决定雅典公民必须具备对事物的全面认识和多种才能。为适应这种政治和民主政体的需要,雅典教育要培养具备多种才能,精于论辩,善于通商交往的公民。因此在雅典的教育中智育成分所占比重很大。随着经济政治文化的发展,雅典人逐渐形成了追求身心和谐,德、智、体、美多方面发展的教育理念,认为教育要兼顾个性和公民性的要求,只有身心和谐发展的公民才能享有公民权利,履行公民职责。雅典的幼儿教育受古老习俗影响深远,也具备和谐发展的教育思想。

雅典儿童在 7 岁以前的所有权属于家庭和父母,并由家庭负责教养。婴儿能否被养育由父亲决定。婴儿出生后要举行向神灵表示敬意的仪式,仪式由祖母或奶妈主持,除此以外还要设宴庆祝。雅典有重男轻女思想,与女孩的出生相比,男孩的出生被看作更值得庆祝的事。雅典儿童通常由家里的母亲或奶妈养育,富裕家庭则会雇用保姆,尤其是喜欢雇用善于教育婴儿的斯巴达妇女。断奶后则由上了年纪,经验丰富的家庭女教师照顾,负责孩子的饮食起居和外出玩耍。雅典家庭幼儿教育内容主要包括:①帮助儿童陶冶性情的音乐;②故事,主要包括寓言、童话和神话故事,例如《伊索寓言》和荷马史诗中古老的英雄故事;③游戏,包括玩球、掷骰子等;④玩具,雅典人认为玩具具有重要的教育作用,玩具主要包括彩陶娃娃、陀螺等;⑤行为习惯和礼貌的培养。7 岁前男女儿童享受同样的家庭教育。7 岁后男孩进入文法学校、弦琴学校等学校学习,获得和谐发展的教育,女孩则仍留在家中。

(二)古罗马的学前教育

古罗马原属于意大利的一个城邦,公元前 6 世纪开始通过战争不断扩张领土,通过多次战争,在公元前 1 世纪征服了希腊全境。古罗马的历史主要分为三个时期:第一个时期是罗马王政时期;第二个时期是罗马共和时期,罗马教育主要是从共和时期开始的;第三个时期是罗马帝国时期。

1. 古罗马儿童的地位

受古希腊文化的影响,古罗马的家庭和社会十分重视儿童;与古希腊不同的是,古罗马家庭中父亲处于主导地位,完全控制和支配他的家庭和孩子。同时,古罗马统治阶级内部斗争也影响了父权的变化。古罗马父亲原有处死儿童的权力,但由于古罗马统治阶级的权力增强和军队长期战争对男性儿童的大量需求,古罗马父亲的绝对权力受到限制,这表明,古罗马社会认识到儿童与社会发展的紧密联系,儿童不应仅仅属于家庭,还属于整个社会。

古罗马家庭存在重男轻女现象。新生儿出生后,如果是男孩,便立刻将之放于地上检验其是否强壮,然后才被放于父亲脚边意味着属于父亲;如果生下女孩或者身体不健全的孩子,父亲有权放弃抚养。一旦儿童权利受到确认,古罗马人便十分重视孩子的发展和教育,被认可的孩子的教育抚养权属于父亲,出生后8天家庭要举行庆祝活动表明对孩子的认可和接受,由父亲取名并进行生育登记。古罗马敬奉了很多保护儿童的神灵,这表明古罗马人看到了儿童成长中需要加以保护。

古罗马与古希腊社会一样,存在弃婴现象,法律也允许弃婴现象存在。一些研究表明,古罗马人遗弃儿童的原因主要是儿童身体不健全、私生子、经济上的需要等。古罗马人依靠弃婴来控制人口数量和质量。社会允许父母挑选孩子性别。但随着社会发展和统治阶级的政策约束,要求对遗弃孩子的父母施以惩罚,这对婴儿的存活起到了积极作用。婴儿由于身体柔弱,处于社会的"边缘"地位,但是这种地位能让儿童得到特殊照顾。在战争中,儿童不能被杀掉或当作人质。

2. 古罗马儿童的特性

和古希腊人一样,古罗马人对儿童的特性有着比较清晰的认识,认为儿童身体柔弱,缺乏判断,不知责任等。"儿童"意味着完全受他人支配,不能担起责任的人。如果称一个人为"儿童",那么对此人来说便是极大的侮辱。当然,古罗马人也看到了儿童快乐、喜悦、有感情和未成熟特性的一面。这种未成熟的特性是无意识的、可以被塑造和教育的,具有恶的倾向。较之于古希腊人,古罗马人更强调儿童的消极特性。值得注意的是,古罗马人还看到了古希腊人没有注意到的儿童的三种特性,即竞争性、求知欲和记忆力。这三个特性的发现,反映了古罗马人重视儿童知识学习和掌握的相关能力。其中关于儿童"未成熟"和"可塑造"的认识为古罗马人提供了对儿童进行知识和道德教育的思想基础。而与发现儿童三种特性的认识联系,古罗马人重视儿童记忆和学习能力的形成,认为要在儿童发育的早期对儿童进行教育,尤其是记忆力的培养。此外,很多教育家看到了儿童有爱、身体和情感上的需求,也看到了儿童需要管理和约束。

二、古希腊和古罗马的学前教育思想

古希腊是西方学前教育思想的发源地,由于城邦制度的繁盛和奴隶制经济的发展,促进了希腊文化教育的繁荣,为古希腊学前教育思想的孕育提供了土壤,以柏拉图和亚里士多德为代表的古希腊学前教育思想家为西方学前教育思想奠定了坚实基础。古罗马学前教育思想在吸收、传播、补充古希腊学前教育思想的过程中逐步发展,具有罗马特色,在西方学前教育思想史上占有一席之地。

(一) 柏拉图

柏拉图是希腊著名的哲学家,早年接受了良好的教育,青年时期师从苏格拉底,钻研哲学,苏格拉底死后,他在外游历长达12年,而后回到雅典创办了阿加德米学园,授徒讲学长达四十余年,直到逝世。柏拉图十分重视学前教育,在其相关著作中,《法律篇》对学前教育有较为详尽的论述。

1. 学前教育的意义和任务

柏拉图的理想国里最重要的公职是"教育部长",他认为,教育部长是这个社会最杰出的人才,承担着社会上最重要的责任:对提供给下一代的教育起监督职责。教育部长需要选定专家提出相应的意见。柏拉图强调国家应统一办学和教育组织的系统性,使儿童获得社会需要的精神和品质,教育不应听任父母的意见和选择。

柏拉图在西方教育史上最早论述了学前儿童的教育问题,他认为开始最重要,幼儿的精神和肉体具有极大的可塑性,因此,对儿童早期的教育引导至关重要,对儿童未来的发展走向具有决定性的作用。而早期教育的主要任务是对儿童加以适当引导,使其养成良好的习惯。柏拉图认为,儿童最早对情绪的知觉便是快乐和痛苦,要通过这方面的训练将对善与恶认识的种子播撒在儿童的心灵,当儿童长大时便会明确是非,明辨善恶。

2. 学前教育的阶段划分和各阶段的教育内容

柏拉图的教育理想是为了培养"哲学王"。为此,他拟定了贯穿人从出生到 50 岁的长期教育计划。按照他的教育计划,7 岁前的教育是人生的奠基时期,他主张优生,认为壮年应选择优质的配偶,同时还应实施计划结婚和计划生育。为保持城邦的人口适当,孕妇应做一些有益于胎儿健康的身体训练,优秀者的孩子应留下来抚养,而一般人或者有缺陷的孩子则秘密加以处理。这种做法是为了保证治理者品种纯粹。

对于 0~7 岁的儿童,柏拉图将其细分为两个阶段教育。0~3 岁为第一阶段,这一阶段应进行儿童共育,具体指婴儿出生后应送到国家设立的托儿所,在托儿所里由母亲喂奶,夜间照顾由保姆进行。儿童应进行有益运动,呼吸新鲜空气。要让婴儿在接近于在大海里摆动的环境生活,给他唱歌,使他免受惊吓。这是为他能拥有勇敢和坚定的性格做的必要准备,而且应保证儿童保持心平气和。3~7 岁为第二阶段,在这一阶段,儿童应被带到神殿,在特定的妇女管理下玩耍。柏拉图认为儿童本性需要游戏,除游戏外,他还为儿童安排了广泛的教育内容,主要包括讲故事、诗歌、音乐和体育锻炼等。他认为,和谐的教育应用体操锻炼儿童身体,用音乐来陶冶儿童心灵。

3. 论幼儿游戏和故事材料的选择

柏拉图认为,幼儿的游戏的内容、方式应符合法律精神。在不与法律精神相悖的前提下,他主张让儿童自己发明游戏,游戏应与音乐配合,这样可以让儿童养成守法的精神。柏拉图认为给孩子讲故事是给儿童进行政治道德教育的有效方式,但应注意对故事材料加以选择。教材中的神的形象应是神圣的,没有瑕疵的,英雄的形象应是勇敢和无私的。为培养儿童的美德,母亲和保姆应给孩子讲已经审定的故事。

4. 论幼儿道德习惯的培养

柏拉图继承并发展了苏格拉底的"智德统一",在肯定"知"的同时强调"行"的重要作用。在教育初期通过实践培养良好习惯尤其重要。他主张利用儿童喜欢模仿的特点,引导孩子从小模仿拥有如勇敢、节制、自由等良好品质的人物,而不应模仿丑陋的人和事物。当模仿成为习惯,言行举止都会受到影响。

5. 柏拉图在教育史上的地位

柏拉图提出了很多教育领域的重要问题,对后世西方教育思想发展影响深远。他重视教育的政治意义和国家价值,认为教育是个人和社会相互影响的过程,教育不仅影响到个人,还影响到社会本身,教育应由国家负责,实行儿童公育。他是西方学前教育史的奠基人,重视优生优育和和谐发展,指出了游戏对儿童的意义并提出故事选择的问题,是教育性教学的萌芽。此外,他还重视道德习惯的培养,这些在西方学前教育史上意义重大。但他的思想保留有奴隶主偏见和唯心主义哲学观,应加以摒弃。

(二)亚里士多德

亚里士多德是继柏拉图之后西方教育思想史上的又一重要思想家,他师从柏拉图,但与其思想并不完全一致,他倡导用现实态度和实证科学的方法研究人类的教育问题,将西方教育理论提升到更高层次。公元前335年,他创办了吕克昂学园,招生授徒,著书立说。亚里士多德一生著作丰富,被称为古代百科全书式的思想家。他的学前教育思想散见于《政治学》和《伦理学》等著作。

1. 论教育的作用和目的

亚里士多德十分重视教育的政治意义,但与柏拉图不同的是,他辩证地看待个人和国家二者的关系。理想的城邦应以共和制为政体,中产阶级占绝对优势。个人和公众社会都应具备智慧,正义、勇敢和节制的美德。获得这些美德需要通过三种途径,分别是天赋、习惯和理性。天赋指民族赋性,习惯和理性需要靠训练来发展,因此,立法者应重视教育,全体公民应遵循统一的教育体系,采用一致的教育方案,由城邦办理教育。

亚里士多德认为教育具有双重性,从人的政治性来说,教育需培养有道德的公民,从理性角度说,教育应以发展人的理性为终极目标,从而达到至善。他提倡自由教育,倡导在闲暇时间学习自由学科来发展理性。因此政治家在制定教育法规时,要注重公民的闲暇生活。

2. 年龄分期与教育程序

亚里士多德是西方教育史上首次提出教育适应自然的思想家,他认为教育阶段应根据儿童身心发展特点来划分。他将人受教育时期划分为三个阶段,第一阶段是0~7岁,第二阶段是7~14岁,第三阶段是14~21岁。第一阶段为学前教育阶段,需要在家里进行教育,后面两个阶段需要进行正规的集体教育。

亚里士多德根据灵魂学说来安排教育的具体程序和任务。他认为,人由肉体和灵魂两部分组成,而灵魂又分为理性和非理性两个部分。根据人体的肉体、理性和非理性三个部分,应发展体育、德育和智育,而发展理性是处于三者的最高位置。但他从人类生理和心理的自然发展顺序出发,认为应该先重视体育,而后才发展灵魂部分的理性。

3. 论学前儿童的保育和教育

亚里士多德重视优生问题,为了保持婴儿的体格健康,他认为婚姻应当考虑配偶的年龄和品质,夫妇应当向医师和自然学家学习生育知识。孕妇应当有经常运动的习惯,保证饮食营养丰富,避免劳神忧思。

关于婴儿的保育问题,亚里士多德认为首先应重视其营养问题,应让儿童多食有利于儿童发育的乳类食品,为避免疾病,应让儿童远离烟酒;其次,应尽早让儿童培养良好习惯,诱导儿童做适宜于他们的运动;还应培养儿童耐冷的习惯,既能促进其身体健康,也可以为其长大后服兵役做准备。

从婴儿期到 5 岁,应避免其做任何对其身心发展有障碍的活动,不应强迫其劳作或者做功课,但应安排一些有利于其肢体活动的游戏或者其他娱乐方式。7 岁以前应注意对儿童日常生活的管理,避免儿童接触任何不良的陋习,任何人不应对儿童口出恶言。5～7 岁的儿童应旁观他人正在做的工作,为他们将来的工作做准备。

亚里士多德的学前教育继承了柏拉图理性主义,重视教育的政治意义,重视儿童游戏和故事材料的选择。与柏拉图不同的是,他更注重非理性因素在人发展中的作用。他关于教育遵循儿童自然发展的主张,成为后世教育适应自然的思想源头。

(三) 昆体良

昆体良是古罗马著名的教育家,著有《雄辩术原理》,在这本书里他论证雄辩家的培养应从小开始,从中可以窥见雄辩家培养中关于学前教育的很多主张。与古希腊教育思想家不同的是,古罗马人重视教育与人天性的关系,在道德与知识问题上更重视道德的培养,更加从个人角度认识教育现象,较为关注具体的教育问题。

1. 论教育与人的天性

昆体良从教育与人的天性二者之间的关系出发论证了教育在发展中的重要作用,认为大多数人都可以经由教育培养成才。教育应适应人的自然天性,才能培养出优秀的雄辩家。

昆体良关于教育和天性的论述可以概括为以下几点:①人都具有通过教育成为人才的可能,充分肯定了教育的价值,反映出平等思想。②昆体良认为人的自然性是教育基础的同时指出了天性的不完美和可塑性,进一步肯定了教育的作用。③个体在自然性上具有个别差异,个体具有独特性,并为其因材施教的原则奠定了理论基础。

2. 论道德与知识

重视道德修养是古罗马教育家的又一特点。昆体良认为道德比知识更重要,而雄辩术则是第二位的。要成为雄辩家首要条件应该是善良,拥有良好德行。其次,他认为排除各方面的干扰是潜心学习的重要条件,人如果不能完全摆脱邪念,就不能追求崇高的理想。他的重德思想是罗马传统道德意识在教育思想上的反映。

3. 论学前儿童的教育

昆体良十分重视家庭环境对儿童的影响,对保姆、父母和教仆提出了严格要求。首先,应慎重选择保姆,最好选择受过良好教育的妇女,在道德和语言方面没有问题。其次,孩子的父母应具有较高的受教育水准。7 岁之前不能轻视教育的原因是:①0～7 岁的儿童能接受道德教育,也能接受知识学习;②7 岁之前的良好教育可以为 7 岁之后的学习奠定坚实基础,并且有利于儿童后期知识学习的深入;③初期识字主要靠记忆力,而儿童的记忆也更加牢固。在强调及早教育的同时,昆体良还强调不能逼着孩子学习,不能让孩子厌恶学习,应当想方设法激发儿童的学习兴趣。

在儿童的智育内容上,昆体良也做了相应阐述。他主张教儿童认识字母、书写和阅读,并试图改进教学内容和方法。在教育史上他第一次提出双语教育这一概念,认为应当学习希腊语和拉丁语,他认为当时的幼儿语言教学不尽合理。书写方面,对儿童来说应同时教他们认识字母的形状和名字,并主张让儿童临摹字母形状,并刻在木板上。在阅读方面昆体良主张阅读先求正确,再求连贯。为使儿童口齿清晰,他认为在儿童幼年时就要注意纠正其发音错误。

4. 论教师和教学原则

昆体良认为教师应德才兼备,严于律己,最重要的是,教师应具备慈父般的态度。他把教学看作一种双边活动:教师要具备教的职责,学生的职责是证明其具有可教性,二者缺一不可。此外他还精辟论证了因材施教的思想,对受教育者的要求应将注重整体统一和照顾个别差异相结合。在进行教学活动前应先了解学生的能力和天赋,并根据学生的性格差异决定驾驭方法。此外,教师还应善于利用每个人的才能优势使其进步,扬长避短。他反对体罚儿童,认为体罚是一种残忍的行为,并将造成儿童的心情沮丧。

昆体良奠定了教学中量力性原则的基础,同时十分注意教学过程中的启发诱导和提问解答。在防止儿童过度劳累方面也提出了意见。他认为娱乐和游戏有利于发展儿童的智力,便于教师对儿童的道德品质进行施教。

昆体良在教育史上的重大贡献是教学法的成就,同时他的《雄辩术原理》中的理论成就,重视教育在人发展中的作用,重视道德品质的早期培养和学前道德习惯与语言的发展思想,都是其留给后世的宝贵财富。

第三节 西欧中世纪和文艺复兴时期的学前教育

公元前 476 年,西罗马帝国灭亡,标志着西欧进入了新的历史阶段——封建社会。欧洲封建社会包括中世纪和文艺复兴时期。公元前 5 世纪末至 14 世纪上半叶,是封建社会形成与发展的时期,历史上称其为中世纪时期;14 世纪下半叶以后,资本主义开始萌芽和发展,封建社会趋于解体,这段时期是从封建社会向资本主义社会过渡的时期,历史上称其为文艺复兴时期。

一、西欧中世纪的学前教育观

恩格斯指出,欧洲中世纪"从没落的古代世界承受下来的唯一事物就是基督教和一些残缺不全,而且失掉文明的城市。其结果正如一切原始发展阶段中的情形一样,僧侣们获得了知识教育的垄断地位,因而教育本身也渗透了神学的性质"[①]。恩格斯深刻地揭示了欧洲中世纪的本质特点——浓厚的宗教性和等级性。中世纪基督教会控制着人们的精神生活,基督教会的宗教观就成了维护封建社会形态的精神支柱。教会在思想意识上大力推崇的原罪说、禁欲主义和蒙昧主义等思想,严重阻碍了人们对儿童的认识。"性恶论"和

---

① 弗里德里希·恩格斯.德国农民战争.马克思恩格斯全集[M].第 7 卷,北京:人民出版社,1959 年,400.

"预成论"成为中世纪流行的学前教育观。

（一）性恶论

性恶论儿童观认为，儿童最初的道德本质是恶的，所以对于儿童的教育，应摧残其肉体，进而拯救其灵魂。中世纪基督教理论的奠基人奥古斯丁（Augustinus）认为，在上帝面前，没有人是纯净无瑕的，刚刚出生的婴儿也不例外。在他看来，儿童的纯洁仅仅是因为肢体的稚弱，儿童的内心并不单纯，刚出生的小孩对于一同吃奶的孩子就会表现出嫉妒。所以，他认为儿童是生性本恶的。在基督教获得教育的垄断权之后，奥古斯丁的儿童性恶论得到进一步的推广和强化，人们普遍受到了儿童性恶观点的影响。由此，在性恶论的影响下，中世纪学前教育呈现出以下特点：①中世纪学前教育盛行体罚，强调只有摧残儿童的肉体才能拯救其灵魂；②中世纪学前教育强调圣书及其讲解人的权威，不允许儿童独立思考；③中世纪学前教育取消体育，并且反对儿童嬉笑打闹，强调禁欲在儿童教育中的重要性。

（二）预成论

预成论认为，儿童是作为一个已经制造好的小型成年人降生到世界上来，儿童与成人没有明显的区别，儿童与成人之间仅有的区别只在于身体大小和知识的多少而已。预成论忽视了儿童与成人在身心特点上的差异和儿童身心发展的阶段性。受到预成论儿童观的影响，人们对儿童的要求与成人类似。儿童可以参加成人社会，和成人一起玩游戏，穿小规格的成人服饰，行为举止也与成人相似。从中世纪至 18 世纪期间，在法国的贵族家庭中，小男孩的穿着一般都是：身穿骑士服，腰佩宝剑；小女孩的穿着一般都是：身穿拖地长裙，脸化浓妆。孩子通常被称为"小大人"或"六岁小妇人"。在预成论的影响下，西欧中世纪时期的学前教育呈现出普遍忽视儿童身心发展的特点，儿童的喜好和需要都得不到重视，儿童的发展整齐划一，儿童的培养千篇一律。

二、西欧中世纪的学前教育形式

（一）基督教的学前教育

中世纪的欧洲，基督教成为封建制度的精神支柱，教会垄断了文化和教育。教会学校几乎是这个时期的唯一教育机构，而僧侣是主要的教育者。教会举办的学校，主要有僧院学校、主教学校和教区学校。三种教会学校之间互不衔接，都没有固定的入学时间和学习期限，教学进度也不一致，以个别教学为主。教育内容主要以神学为主，世俗文化教育成为神学的陪衬。教学涉及的世俗文化内容都渗透着宗教教育的目的和神学说教的性质。基督徒对子女进行宗教意识的熏陶，幼儿在跟随家长参加众多的圣事礼仪和节日活动的过程中，逐渐接收到教会学校的学前教育，从而培养孩子从小就信奉宗教，对上帝虔诚。

（二）宫廷的学前教育

宫廷学校设在国王或大贵族宫廷中，教育目的在于提高贵族的文化素养，培养国家官吏。参加宫廷学校学习的只是皇宫的王子、王孙、公主和少数机要大臣的子弟。早在 8 世纪上半叶，法兰克王国的皇宫便设有宫廷学校，邀请著名的僧侣对王室子弟进行教育。在查理曼大帝统治时期，曾招聘有学识的僧侣，对帝王、王族和大贵族的子弟进行教育。宫廷学校的教学科目主要是"七艺"、拉丁语和希腊语等。教学方法因年龄而异，学前教育阶段主要采用当时修道院学校盛行的问答法，教师一般采用编写好的对话体教材，与学生一问一答，通过问答达到背诵的目的。

（三）骑士教育

骑士教育是中世纪时期特殊的家庭教育。骑士教育对象是男性儿童，女性儿童大部分待在家中接受关于贤妻良母的教育，少数接受修道院教育。骑士教育的内容为骑士七技，即骑马、投枪、击剑、行猎、游泳、弈棋和吟诗。骑士教育过程包括三个阶段：0～7 岁的家庭教育阶段，儿童在家中接受宗教教育，养育健康身体；7～14 岁的侍童教育阶段，按照封建爵位等级的顺序，出生在某一爵位家庭的儿童，需要到比自己家爵位高一级的封建贵族家庭做侍童，学习封建礼节知识，侍奉领主和主妇；14～21 岁的侍从教育阶段，青少年继续在别人家里受教育，主要随主人征战，打猎，做侍卫，接受一些军事方面的训练，21 岁结束教育过程，通过仪式被授予骑士封号。

其中第一个阶段是骑士的学前教育阶段，主要由父母对儿童进行初步的宗教和道德教育，以及身体的养护。骑士的首要标准就是对上帝虔诚，因此宗教意识在学前教育中占有十分重要的地位。父母从小就会给孩子灌输宗教神学的概念，在带着孩子参加各种宗教活动的过程中，让孩子耳濡目染，培养对上帝的虔诚，为日后成为一名信奉基督的骑士奠定思想基础。道德教育的培养也是通过父母从小的教导逐渐形成尊重家长、遵从贵族礼仪等习惯。骑士也需要健壮的体魄，因此养护身体也是十分重要的。家长通过增加孩子的日常锻炼，提升孩子的身体素质。

三、文艺复兴时期的学前教育

文艺复兴时期是指 14 世纪中叶至 16 世纪末叶西欧在意识形态领域里，向封建主义和天主教神学体系发起的一场伟大的文化革命运动的历史时期。文艺复兴运动就其词义来看，是指古代文化的复兴。在中世纪早期，基督教神学对人们的思想进行了严密的禁锢，古希腊和古罗马的文化被埋没了近千年。直到 14 世纪，欧洲大地出现了一批资产阶级的先进思想家。他们利用古代文化作为武器，向封建主义及其意识形态发起了猛烈的进攻。他们到处收集残存下来的古典著作，发掘古罗马废墟中的古代文物，掀起了研究和复兴古代文化的热潮，把欧洲的学术文化思想推向了一个空前繁荣的时期。这就是所谓的"文艺复兴"。

文艺复兴运动就其本质来看，是资产阶级的新文化运动和文化革命，是新兴的资产阶级和新贵族阶层为谋取自身的经济利益和政治地位,以复兴古希腊和古罗马文化的形式,掀起的一场反对封建文化,创造资产阶级新文化的运动。

(一)文艺复兴时期的学前教育特征

文艺复兴主要表现为意识形态的斗争,文艺复兴时期资产阶级倡导的那种新的文化和世界观被称为"人文主义"。人文主义,即是以"人"为中心的文化,其基本精神是提高人的地位,贬低神的地位,把抽象的人看作权衡历史是非的准绳,以人学、人性、人权反对神学、神性和神权。用到教育上,人文主义教育,即是以"人"为中心的教育。作为文艺复兴运动的主要思想旗帜,人文主义被用来反对封建神学蒙昧主义和禁欲主义。它要求解放人的个性,恢复人的价值和尊严,提倡人道主义,发展人的能力,反对宗教对人的发展的禁锢,肯定现实生活的价值和尘世的享乐,提倡学术,尊崇理性。

在学前教育思想上,文艺复兴时期的人文主义教育家和思想家批判了性恶论,反对将儿童看成带有"原罪"并有待赎罪的羔羊,认为儿童是应当得到成人的悉心关怀、照顾的自然生物。他们重视对儿童的培养,在学前教育阶段的教育改革主要表现在以下几个方面。

(1)在教育目标上,反对僧侣主义教育,提出身心和人格和谐发展的培养目标。

随着当时社会政治经济的发展,资产阶级上层意识到教育需要培养的人才不再是僧侣和神职人员,也不是参加奴隶主政治的雄辩家,取而代之的是社会、政治、文化、商业等方面的积极活动家甚至是冒险家。因此,人文主义教育家们提出促进儿童各方面和谐全面发展的教育思想。

(2)在教育对象上,扩大教育对象,创建新形式学校。

新兴资产阶级出于政治斗争和经济发展的需要,扩大了教育对象,打破了中世纪统治阶级子弟独享教育权的局面。在此基础上,出现了多种形式的学校,例如维多里诺的"快乐之家",改变了教会学校占绝对优势的状况。在新形式学校中,重视人文学科,重视体育、道德教育,运用新的教学方法,对儿童的早期培养产生了很大的影响。

(3)在教育内容上,反对"神道"之学,提倡人文之学。

从中世纪以来,学校的教育内容主要以神学为主,文化知识为辅。在教学内容"七艺"(文法、修辞学、辩证法、算法、几何、天文学和音乐)理论中,"后四艺"也得不到重视。因此人文主义教育家强调增设教育内容,适当增加历史、自然、地理等人文学科,尤其重视对古希腊、古罗马的古典文学与作品的研究。同时他们也重视家庭教育,认为儿童虽然以 7 岁入学为宜,但在入学之前,儿童应在家庭中受到良好的预备教育,尤其是道德行为与语言文字方面的教育。

(4)在教学方法上,破除经院学风,提倡新的教学方法。

人文主义教育家和思想家们强调,在教学过程中,应注重研究儿童的年龄特征和个体差异,重视培养儿童的兴趣和学习的积极主动性,遵循教学直观性原则,采用事物教学。在儿童的培养上,一个美化的学校环境与一种欢乐的学习氛围也十分重要。师生之间亲密关系的培养也应引起重视。在学校中,他们反对死记硬背,反对压制学生独立思考和体罚学生。

（二）文艺复兴时期的学前教育实践

文艺复兴时期,许多人文主义思想家、政治家、文学家都非常关心教育问题,并进行理论探索和教育实践,促进了这一时期教育理论的发展。他们在著作中多方面地对教育问题进行了论述,虽然很多理论还不成体系,但却闪烁着人文主义重视人才培养、重视教育作用和要求改革教育的进步教育思想的光芒,提出了近千年来都未曾提出的教育思想。他们提出的教育理论、观点、设想形成了人文主义教育思想。

维多利诺是文艺复兴时期第一个伟大的教育实践家,他将学校设在优美的自然环境中,建立了"快乐之家"。在他看来,宽敞的校舍和舒适的环境可以促进儿童身心得到和谐发展。他将人文主义时期的儿童教育思想付诸实际,并取得了很好的效果。

拉斯谟在其《论儿童的文雅教育》《论少年早期的文雅教育》等著作中都指出了儿童成长中后天教育和学习的作用。在他看来,个人的发展依赖三个因素,包括自然、教导和联系,三者之间相辅相成,缺一不可。

拉伯雷在其著名的教育小说《巨人传》中讽刺了封建主义教育,并赞扬了人文主义教育。其中,他还提出了很多人文主义教育的基本原则,包括注意体育的锻炼,重视广泛的智力教育,提倡美育等。

蒙旦在其著作《儿童教育论》中谈到,对儿童的养育和教育是人生最苦难和最重要的学问。在他看来,培养儿童的思考力、判断力和理解力比掌握书本的知识更重要。谈到学问和能力的重要程度时,他认为"宁可首先取其态度和判断力,而学问倒可以居其次"[1],"一个人如果正确地掌握了他学到的知识,他就是一个有充分自由的人"[2]。

蒙田在其以优美著称的《随笔集》中阐述了发展学生思考力、自动性和积极性的重要性。他认为体育在儿童的成长过程中也占有重要的地位,应将体育和智育紧密地结合起来,促进儿童全面发展。

▲ 考点聚焦

```
                        ┌── 原始社会及古代东方国家
                        │    的学前教育
                        │
外国古代学前教育发展 ────┤    古希腊和古罗马的学前   ┌── 斯巴达和雅典教育
                        │    教育                  │
                        │                          └── 希腊三杰
                        └── 西欧中世纪和文艺复兴时
                             期的学前教育
```

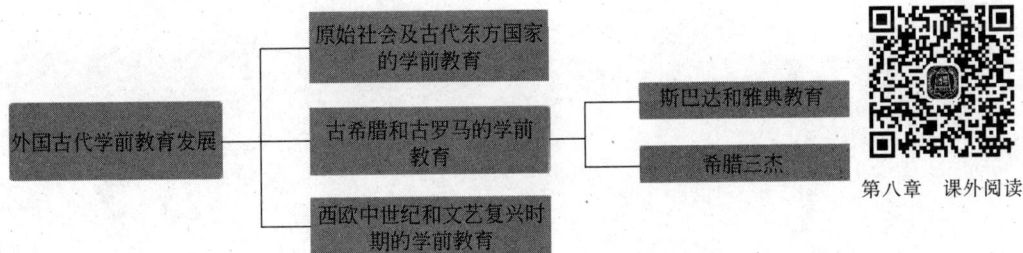

第八章 课外阅读

外国古代学前教育史在教师资格证考试中主要是以客观题的形式出现,主要包括两个方面:①各个时期的教育家及其著作和地位;②各个时期的教育家的主要学前教育思想。在古希腊学前教育时期出现的希腊三杰,包括苏格拉底、柏拉图和亚里士多德,这几位教育家的贡献需要重点关注。

---

[1][2] 王天一,夏之莲,朱美玉.外国教育史[M].北京:北京师范大学出版社,1984:107,108.

♨ 考题链接

一、选择题

1.将学校设在优美的自然环境中,并建立了"快乐之家"的教育家是(　　)。

　　A. 亚里士多德　　　B. 维多利诺　　　　C. 昆体良　　　　D. 柏拉图

2.被认为是近代教育理论的奠基之作,也是教育学成为独立学科的标志的教育著作是(　　)。

　　A.《大教学论》　　　B.《母育学校》　　　C.《世界图解》　　　D.《雄辩术原理》

3.历史上第一部按照直观原则编写的幼儿启蒙看图识字课本是(　　)。

　　A.《爱弥儿》　　　　B.《大教学论》　　　C.《世界图解》　　　D.《母育学校》

二、简答题

简述亚里士多德的学前教育观点。

三、论述题

论述母育学校的学前教育内容。

第八章　考题链接参考答案

第九章
外国近现代学前教育发展

本章导航

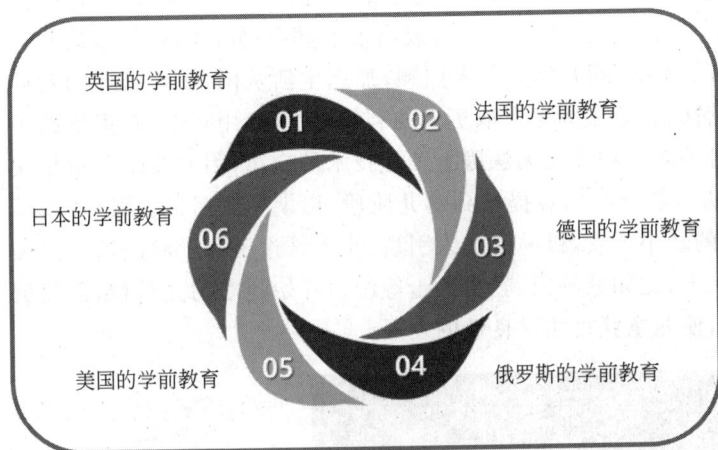

英国的学前教育　01
法国的学前教育　02
德国的学前教育　03
俄罗斯的学前教育　04
美国的学前教育　05
日本的学前教育　06

学习目标

1. 了解近现代国家的学前教育发展历程与特点。
2. 理解美国"开端计划"提出的缘由及其影响。
3. 了解与掌握日本学前教育制度的建设之路。

故事探索

　　在一个阳光明媚的清晨,小猪佩奇和小羊苏茜在绿茵茵的草地上打网球。佩奇一边打球,一边呼喊着"苏茜,快接住";反过来,苏茜叫到"佩奇,该你接球了"。话音刚落,球从佩奇的头上飞了过去。佩奇和苏茜高声叫道:"天啊,飞得好高呀!"虽然,她们两个人总是接不住球,但是玩得却十分地开心。她们会叫乔治去捡球,乔治不是很高兴,因为捡球很累,这时来了其他的小伙伴,佩奇邀请大家一起玩网球,但是由于球拍不够……

　　《小猪佩奇》的故事风靡了全球,成千上万的儿童喜欢这个故事。而《啥是佩奇》这个短视频更是让众多的成人认识到了"佩奇",走进了"佩奇的故事"。

思考：这个故事体现了英国怎样的学前教育思想？接下来我们一起学习外国近现代学前教育的发展历程。

第一节　英国的学前教育

一、学前教育初步创建阶段（第一次工业革命至第一次世界大战前）

（一）背景

18—19世纪，第一次工业革命给英国带来了重大的变革，"珍妮纺纱机""蒸汽机"等发明的诞生，将手工作坊变成了大机器生产的工厂，使手工业被机器工业所取代，这就需要更多的劳动力（图9-1）。因此许多妇女从家务中解放出来了，但是也带来了很多幼儿教育问题：首先，劳动妇女走出了家庭，幼儿年幼无人照顾，加之生活贫困，缺乏必要的营养品，致使婴幼儿大量死亡。其次，企业主为了谋取更大的利润，大量雇用童工，且提供的工资低廉、环境恶劣。童工自身的知识和技能无法跟上工业技术的变革，因此要求儿童尽快掌握文化技术知识，通过将初等教育的内容提早到幼儿阶段，以期达到目的。最后，由于父母长时间工作而无人管教的幼小子女，极易受坏人引诱，步入歧途。为了解决这一严峻的社会问题，一些有爱心的人士，比如慈善家、教会人士等纷纷开始建立幼儿学校，创建健康的环境以保护和教育儿童，使儿童获得相对良性的发展。

图　9-1

（二）早期幼儿学校的创立

1. 欧文的"性格养成乐园"

罗伯特·欧文（1771—1858年）[①]是英国著名空想社会主义思想家、教育家、实业家、慈善家。1809年在苏格兰一个名为新拉纳克的棉纺厂，建立了第一所幼儿学校，这是英国乃至世界上最早的学前教育机构，开启了近代学前教育的先河。

由于当时第一次工业革命开始，大量的劳动力进入工厂，而工人的孩子们的教养成为

[①] 石卉.欧文幼儿学校及其学前教育思想[J].比较教育研究,2005(2).

最大的问题。为了使工人阶级的孩子能够接受教育和良好的抚养,进而建立了幼儿学校。

加之此时的儿童犹如"白纸"一般,容易受到环境影响,当受到优良环境影响时,可以养成良好的个性品德。同时儿童记忆力和模仿能力都非常强,会逐渐将外在学习的行为操守、道德行为等内化成为一种习惯。反之,如果一个人一开始就受到不良环境的影响,那么他们的身心将会受到损害。另外,儿童具有巨大的潜能,有待深入挖掘开发。

在两者因素的共同作用下,欧文建立了旨在培养性格和促进身心健康发展的"性格学校"①。幼儿可以快乐地进行团体游戏和实物学习,教师们始终坚持以"儿童为本"的教学理念。同时要求教师通过德、智、体、美、劳等全方位培养儿童,将教育融入游戏中,比如唱歌、跳舞、体操以及一些实践活动;要培养儿童的独立自主和思维发展能力,排斥一味要求儿童死记硬背;要尊重儿童的兴趣爱好,激发儿童的兴趣,多观察周围的世界;对待学生的态度要和蔼、温柔,要注重教育方法的合理性和科学性,可以采用语言和非语言相结合的方式;反对体罚、责骂学生,从而激发学生的潜能,使其能够健康快乐成长。

2. 怀尔德斯平的幼儿学校

怀尔德斯平(1792—1866 年)是英国幼儿学校的著名领导人。1820 年在斯平托开建立了幼儿学校,推动了幼儿学校的巨大发展,并做出了卓越的贡献。由于工业革命给贫民和工人阶级带来了更艰苦的生活,这种生活严重影响了幼儿的身心发展。怀尔德斯平希望创立幼儿学校,给幼儿提供一个健康安全的环境。因此创办幼儿学校,招收贫民与工人阶级的幼儿,训练幼儿的体质,锻炼其身体素质,确保其安全和健康地成长。

怀尔德斯平继承欧文的"寓教于乐"的游戏式教育方式,重视在游戏中运用实物,提倡开放式的教育,将德育、智育、体育等与游戏相结合,要求教师以关爱、怜惜的心态对待幼儿,进行"爱的教育"。

同时,他认为教学内容应该包括以下几个方面:①重视儿童智育的发展,幼儿在学校里学习国语、算术、自然、社会、音乐、宗教等知识;②排斥灌输、填鸭式的教学,主张给幼儿留有独立思考、探索的空间,促进相互之间的人际交往以及培养幼儿独立思考、发现知识的能力;③激发好奇心,让幼儿学会主动观察外在世界,积极参与各项活动;④重视道德教育,由于这些幼儿都是社会最底层的人群,为了防止幼儿受到外在环境不良影响,教师要运用故事、案例、典故等方式培养幼儿的仁爱之心。

3. 英国政府对幼儿教育实施的政策

英国的学前教育在整个工业革命前后,发展都是相当缓慢的,没有引起政府和社会的普遍重视。而且这时的幼儿学校,主要是慈善性质的,不算正规的学校。学校硬件设施匮乏、简陋,"教师"都没有接受过专门训练。且主要是针对幼儿的"养育",照料幼儿饮食起居,真正的"教育"很少。为了更好地解决这一问题,1833 年,政府开始从国库中拨款补助幼儿学校,为幼儿学校提供资金的支持和帮助,用于校区建设、设备更新、教师聘请等方面,但是接受补助的幼儿学校必须接受政府的监督和控制。1844 年,政府将对幼儿学校提供资金的方式改为了国库补助与个人自筹相结合。

---

① 欧文.欧文选集.2 卷[M].何象峰,何光来,秦国显,译.北京:商务印书馆,1984:84.

4. 19 世纪下半叶英国的学前教育发展

1851 年,德国伦克夫妇将福禄贝尔幼儿园引入英国,设立德语幼儿园,提倡以儿童为中心进行教育,重视发展儿童个性,这使英国的教育逐渐开始向双轨制转变:一轨是建立招收贫困家庭和工人阶级子女的幼儿学校,另一轨是建立招收中上层阶级子女的幼儿学校。

由于私立幼儿园办学质量参差不齐,加之数量不能满足社会的需要,这极大地制约了学前教育的发展,因此英国政府采用法律的手段推动学前教育的发展。1870 年,颁布《初等教育法》,建立公办的幼儿园来补足幼儿学校的缺口;19 世纪 80 年代,英国颁布《义务教育》,把幼儿教育纳入义务教育体系,儿童从 5 岁开始接受义务教育。这些都促进了英国学前教育的发展。

二、学前教育发展阶段

(一)"二战"之前英国学前教育的发展状况

"二战"之前英国学前教育的发展状况如表 9-1 所示。

表 9-1 "二战"之前英国学前教育发展状况

时间	20 世纪到第二次世界大战之前
发展特点	保育学校建立与发展
创立	1913 年,麦克米伦姐妹创立了保育学校
办学特点	教育目的是给儿童提供适宜的生长环境,促进其健康成长 教学理念是反对刻板灌输式教育,提倡开放式的教育,注重多方面的培养 教学内容是通过手工、言语、体质、家政服务、自我游戏等方面培养 教学创新是学校建立在郊外,有相对广阔的活动空间,儿童可以尽情地玩耍,释放自己的个性,增强体质 要求教师注意对学校环境的布置和对儿童玩耍时的管理
影响	保育学校的建立,受到了英国各界的高度关注和赞扬,并极大地推动了欧文学校学前教育思想的发展 1919 年,政府拨出财政资金对学校进行补助 1923 年,以麦氏姐妹为首的保育学校联盟建立,主要是在各地推广保育学校的建立和培养训练专门的教师 1918 年,颁布与实施《费舍法案》,目的是强调保育学校属于国民教育制度的一部分,要求建立成以保育学校—小学—中学—专科学校—大学为系统的教育体系
管理政策	要求地方教育行政机构负责管理保育学校的设立和援助工作,且儿童除了缴纳规定的伙食费和医疗费外,免费入学 由于地方资金援助与扶持不足,保育学校的发展相当缓慢,10 年之间,仅仅增加了 15 所保育学校 1933 年,颁布与实施《哈多报告》——《关于幼儿学校和保育学校的报告》,其内容包括:第一,要重视家庭环境教育,家庭是儿童人生发展的第一环境,良好的家庭环境对幼儿的发展至关重要;第二,要将幼儿学校和保育学校作为独立的保育机构,专门招收 7 岁以下的幼儿;第三,幼儿学校和保育学校中的教师必须严格按照学校的办学原则、理念与规章制度等进行教学,确保其教学质量 该报告极大地推动了英国学前教育理论和实践的发展

(二)"二战"之后学前教育的发展

"二战"后,随着各项学前教育政策的实施与完善,推动了学前教育的发展进程。

1963年颁布了《普洛登报告》,提出重视5岁以下幼儿教育与小学的衔接问题,为幼儿教育的发展提供了许多建设性建议。1972年,英国教育科学大臣撒切尔在《教育白皮书》中提出,要扩大5岁以下的幼儿教育,在10年内实现免费入学的幼儿教育。政府加大对幼儿教育的支持和倾斜力度,提供必要的经费。1995年,英国教育和就业大臣谢泼德制定了《幼儿凭证计划》,主张发放1100英镑的凭证给家长,以此支付每一个(4岁以上)愿意进入学前教育机构接受3个月高质量学前教育儿童的学费,但是忽视了4岁以下的儿童的教育。

(三)英国学前教育机构的发展

英国学前教育机构的发展如表9-2所示。家长可以根据自己的经济条件和实际需求,选择丰富多样的学前教育机构。

表 9-2 英国学前教育机构管理部门与类型

管理部门	类型	发展状态
社会福利部门	日托中心、托儿所、社区中心婴儿室	日托中心,全年开放,接收8周至5岁的幼儿且保留至今
教育部门	托儿所、幼儿学校、幼儿班	不断发展
卫生保健部门	日托中心、游戏小组	游戏小组是为儿童提供游戏场,保留至今
民间组织	托儿所、幼儿学校、游戏小组、亲子小组、保育中心	逐渐地发展与扩大

📖 资料卡片

社区玩具馆

英国第一所玩具幼儿园是由一名教师和家长共同建设的,整合社区中每个家庭玩具的资源,将玩具进行多种组合和改建,供社区的每个儿童玩耍。一方面,儿童可以玩到多样的玩具,促进儿童在游戏中得到智育、美育、体育等多方面的发展,培养创新、思考等能力,学会分享与合作;另一方面家长们可以在游戏中观察儿童的表现,也可以参与到游戏中,走进儿童的世界,有助于拉近亲子之间的心理距离。同时,当玩具价格上升时,家长、教师与儿童三者可以一起动手创作新的玩具,也可以众人筹资,购买难以创作的玩具。玩具馆逐渐在各个社区推广开来。

三、英国学前教育的特点与发展趋势

(一)发展现状

英国学前教育的发展现状表现为以下几点:①要完善法律规章制度,制定了一系列政策促进学前教育的发展,设定标准、提供平等机会,确保每一个儿童都能够接受优质的学前教育资源。②需要构建学校、家庭的教育合作关系,将教育与教育合二为一;同时开拓学前教育机构类型和功能多样化,满足家庭需要。③要求从个人和社会教育角度制定教育目标。④应从人格、情感发展、沟通、语言、运算、思维、理解力、身体素质、创造力发展等方面全面进行教育,强调以游戏为主的教学方法。⑤对学前教育的师资配备要求严格明确,重视对教保人员的培训,提高其教育能力和专业知识。

(二)发展特点

英国学前教育的发展特点具体如下。

1. 发挥家庭的基础作用

通过颁布教育法,规定父母有参与管理学前教育机构和引导儿童教育的权利和义务。同时,当地的教育部门要定期为父母提供培训课程,帮助父母解决在教育子女中面临的问题,从而提升父母的教育水平。

2. 发挥社区联结作用

社区可以设置互助机构,聘请学前教育的权威教师到社区定期举行讲座或者举办亲子游戏等活动,引导父母学会与不同年龄阶段的儿童相处,采用合理的方法解决亲子之间的问题,拉近亲子关系。

3. 设立学前教育目标

2003 年,在《每个孩子都很重要规划》中设置了健康、安全、快乐与成就、有积极贡献、为获得经济保障做准备五大学前教育目标,目的是使每个儿童都能够接受优质的学前教育,缩短各个地区学前教育的差距。

4. 建立良好的学前教育

2005 年,在《早期奠定阶段规划》中提出要为低生活质量的儿童提供优质的学前教育,旨在帮助儿童健康快乐地成长,以及促进儿童品德、知识、能力等各方面的发展,逐渐缩小贫困地区与富有地区学前教育发展的差距。同时,颁布与实施《儿童保育法》,将免费的学前教育写入该法,赋予免费学前教育以法律地位,实施每周固定时间的免费幼儿教育。

5. 区别幼儿教育与学前教育

幼儿教育是针对 0~7 岁阶段幼儿的教育,属于义务教育的基本阶段;而学前教育则是指针对 0~5 岁阶段幼儿的教育。

(三)发展趋势

英国学前教育的发展趋势表现为两个方面:一方面,政府对学前教育的投资力度不断地加大,用立法确保学前教育的地位,由财政促进发展,加大对学前教育机构的管理力度和听取多方面的建议和意见,进行"跨部门联动政府"改革,从根本上促进学前教育的不断发展;另一方面,促进 5 岁以下的儿童教育服务更加综合化,体现人性化服务与注重个人价值和社会价值的教育目标,强调全面推进个人发展和主动学习,同时要提高对师资质量的要求和科学配备。

第二节　法国的学前教育

一、学前教育初步创立阶段（18世纪末至19世纪上半叶）

（一）背景

第一次工业革命给欧洲各国带来了革命性的变化，法国此时已经有了很多资本主义性质的手工厂，资产阶级拥有先进的生产设备、雄厚的资金、优越的政治才能和文化知识，且在不断地发展和壮大。但是整个法国阶级等级森严，天主教和贵族居于统治地位，而资产阶级、工人阶级和农民都是被剥削和被压迫的。1789年法国爆发了大革命（图9-2），推翻了封建制度，后建立共和国，标志着资本主义制度在法国的建立，因此学前教育的发展也应运而生。

图　9-2

（二）早期幼儿学校的创立

1. 奥柏林"编织学校"

奥柏林（1740—1826年）是法国最早的学前教育机构的创立者。1770年建立了法国首个慈善性质的学前教育机构，标志着学前教育设施规范建设的萌芽和法国近代学前教育的开端。主要招收4～7岁的儿童，以培养儿童良好的纪律性与辛勤的品德操守、学习宗教礼仪和知识、提升语言发展能力为教育的目的。他要求教师以直观生动的教学方式对儿童进行教育。要求较为全面地培养儿童，主要从标准法语、宗教礼仪和教义、名言名著阅读与鉴赏、书法、唱歌、算术与地理等方面进行学习，又强调教师要开展各种各样的户外游戏、引导儿童观察动植物与采集植物。特别是传授缝纫和纺织的方法于儿童，使其掌握一门手工技术。

2. "托儿所"

柯夏（1789—1841年）是法国托儿所的创立者。1828年在巴黎建立法国第一间托儿所，掀开了法国学前教育的新篇章。一方面他希望托儿所能够帮助那些因家庭贫困和父母工作繁忙，而无暇被照顾的儿童；另一方面照顾那些还未到法定入学年龄的儿童。托儿所招收 2～6 岁的儿童,形成以"儿童"为本,教师以身作则、尊重孩子、正确引导的教学理念和对儿童进行身心照顾和品德培养相结合的教学方法。在这里,儿童主要学习宗教礼仪和教义、阅读与鉴赏、绘画、唱歌等知识,同时进行手工与体育锻炼。

3. 法国政府对学前教育实施的政策

法国政府对学前教育实施的政策参见表 9-3。

表 9-3　法国学前教育政策法规

年份	政 策 法 规	内容与影响
1833 年	《基佐教育法》	将托儿所当作初等教育的基础
1835 年	《关于在各县设立初等教育的特别视学官的规定》	对托儿所具有监督和管理的机构是视学官,这标志着政府开始将学前教育的管理纳入工作范畴
1836 年	《布雷文件》	规定了托儿所是一种公共的学校,接受地方教育机构的管理。标志着托儿所逐渐转为国民教育事业
1837 年	《托儿所管理和监督体系规定》	将托儿所纳入政府教育管理体系

二、19 世纪下半叶法国的学前教育

1855 年,德国别劳夫人在法国 3 年的时间里,举办了大大小小上千次的讲座,系统宣传福禄贝尔的教育思想和幼儿园的办学特色,终将福禄贝尔幼儿园引入法国,这使法国的教育逐渐开始向双轨制转变。一轨是建立招收贫困家庭和工人阶级的子女的托儿所,另一轨是建立招收中上阶层子女的幼儿园。19 世纪 80 年代,教育家凯果将托儿所改造成母育学校,并纳入国民教育体系。政府为了更好地推动学前教育的发展,从政策的制定与实施上为其提供政治支持。

(1) 1881 年,颁布法令要求所有的托儿所更名为"母育学校"。

(2) 1881 年颁布了《费里教育法》,规定儿童 6 岁入学,接受免费的初等义务教育,指出国民教育具有义务性、免费性和世俗性。这标志着法国近代资本主义教育制度的初步建立,也是影响法国最长远的教育政令之一。

(3) 1886 年颁布了《戈勃莱法案》,强调了学前教育在法国学制体系中的基础地位,隶属于初等教育。初等教育包括两个阶段,一个是 2～6 岁的母育学校,另一个是 6～11 岁的小学。

📋 资料卡片

1986 年颁布了《对母育学校的方向指导》,指出母育学校的教育目标在于促进儿童全面发展,培养个性与形成良好的人格,引导其社会化发展、掌握相应的技能、提供其成才的机会与条件。母育学校的基本情况如表 9-4 所示。

表 9-4　母育学校

教学目的	早期教育为主,主张德、智、体、美全面发展
招生对象	2～6 岁儿童
办学特点	(1) 按年龄和理解能力进行分班,一班为大班,一班为小班 (2) 注重智育的学习和发展,学习内容广泛且与日常生活相结合 (3) 顺应儿童身心发展规律,采用直观教学方式 (4) 逐渐学习资产阶级道德教育方法,慢慢取代宗教教义学习
教学方法	强调实物教学和游戏教育,运用形象生动的方式使孩子喜爱学习
教学内容	(1) 道德教育,培养良好的品性修养和养成规范的行为 (2) 学习唱歌、绘画、书法、阅读与鉴赏、语言、地理的基础知识 (3) 训练手工练习 (4) 教学生掌握一些日常生活中的实用知识 (5) 不同年龄阶段的儿童接受不同程度的体育训练,增强体质 要求教师具有"三心"——安全心、爱心、耐心,以及正直的品德、规范的行为操守、扎实的专业知识

三、学前教育发展阶段

(一) 20 世纪上半叶的学前教育

20 世纪上半叶法国的学前教育发展趋势表现为以下几点。

(1) 学前教育制度逐渐完善,且形成了一套相对系统的管理模式,而且母育学校和其他学前机构数量急剧增多,满足了法国 95% 的学前教育需求。

(2) 母育学校的性质分为两种,一种是公立学校,由国家财政和地方部门给予资金支持,实行免费制度,在学前教育机构中占比最大;另一种是私立学校,由慈善机构、社会团体、私人等筹集资金作为资金来源,占比较少,是对公办学校的补充。

(3) 建设幼儿园和幼儿班,幼儿班主要建设在农村地区,也分为公立和私立,幼儿园属于私立。

但是受教育思潮和民主化影响,母育学校暴露了很多的不足,要求对母育学校进行改革。因为母育学校只是照顾家境不好的儿童,对他们进行德、智、体三方面的教育,设置的课程与初等教育的课程相互契合,虽然有利于将学科之间更加紧密地联系,也有助于儿童认知思维的发展,但是这反映了当时过度重视知识发展的倾向,强调基础知识和技能的积淀,忽视了其他方面的发展。

(二) 20 世纪下半叶的学前教育

20 世纪下半叶法国学前教育在政策的支持下,取得了长足的发展,其学前教育发展特点如表 9-5 所示。

表 9-5　20世纪下半叶法国学前教育发展特点

发展特点	逐渐民主化、个性化、全面化
郎之万—瓦隆改革方案	首次提出教育民主化和儿童中心化;顺应儿童的身心发展规律,关注个体的差异,做到因材施教。这个方案是当时法国学前教育改革与发展的风向标
三段分期教育法	1969年,首次将初等教育的所有学科进行全面的整合并划分为三大学科:基础学科(语文、数学)、启蒙知识科(历史、手工、图画、地理等)和体育。这样可以使各种学科联系起来,知识能够相互地穿插起来,形成相对系统完整的知识体系,引导儿童在学习的过程中,全面整体地认识世界
《哈比教育法》	1975年颁布,该法案规定所有的儿童都享有教育的权利,可以弥补家庭教育的不足,使学校和家庭相互配合。学前教育有四个基本目标:教育(发挥儿童的个性和挖掘潜能)、补偿(可以消除因各种内外原因造成的教育资源和机会的不均等,以及家庭教育所欠缺的部分)、诊断治疗(可以及早地发现身体和智力上有缺陷的儿童)、幼小衔接(帮助儿童顺利地度过学前教育到小学教育的过渡期,提升儿童的环境适应性)
《教育方针法》	1989年颁布与实施,表明了学前教育具有四个作用:启蒙教育、促进个体社会化发展、诊断和治疗身心不健康的个体、幼小衔接 要求学前教育的培养要注重美感的启蒙教育、进行身体动作与姿态的训练、引导儿童学会在集体中与人相处和团体生活、培养个性与语言等发展,做到及早教育,抓住儿童发展的关键期
政策法规	20世纪80年代,法国政府强调学前教育作为初等教育,是保障每个儿童均等接受教育的机会、科教兴国、增强国家文化软实力的重要环节之一。同时,规定中央、省、市三个层次共同承担学前教育的资金来源
《幼儿学校大纲》	20世纪90年代开始对学前教育体制和模式进行了系统的改革,试图将母育学校、幼儿园、幼儿班以及小学整合纳入初等教育中,打破原有的入学年龄的限制,建立新的教学组织形式"学习阶段" 注重儿童个体之间的差异、因材施教、以儿童为中心、关注优势方面与完善劣势方面、培养儿童的创新与创造能力;实现学前教育和小学教育的顺利衔接,并且能够灵活地组织学生参加不同形式的学习,多方面地培养学生,促进其全面发展

（三）学前教育机构的发展

法国学前教育机构性质、类型与发展的基本情况如表9-6所示。学前教育机构承担了教养、诊断与治疗三重职能。①

表 9-6　法国学前教育机构性质与类型

名　称	性质(不属于义务教育)	发　展
母育学校和幼儿学校	公办、私立兼具	法国最重要、最传统的学前机构,具有免费性
托儿班	公办、私立兼具	为幼小顺利衔接做好准备
托儿所	公办、私立兼具	教养相结合

① 左茹.法国学前教育的特点及其对我国的启示[J].学前教育研究,2010(6).

四、法国学前教育的现状、特点及发展趋势

(一) 发展现状

法国学前教育的发展现状表现为以下几点:①供求不足,导致学前教育机构的数量与教师人才的数量缺口大,不能满足社会需求;②由于地区经济、教育、师资等差异,带来了教育机会、资源和质量等发展不均衡;③教育主管部门机构重叠、官僚化严重、管理混乱、办事效率低下;④儿童存在着许多环境适应不良的问题,影响儿童的身心健康发展;⑤家庭和学校之间没有形成统一的配合协作,致使配合参与断裂,对儿童的教育阻碍较大。

(二) 发展特点

法国学前教育的发展特点具体如下。

(1) 政府高度重视学前教育的发展,将学前教育视为国民教育的重要部分和解决社会问题的手段。实行中央和地方共同管理分工合作的模式。中央财政拨款支持、招聘与培训教师、制定教学大纲等,地方负责校区的修建与安排专人负责管理等。

(2) 政府颁布各项有关学前教育的政策法规,规范有序地管理学前教育工作,同时给予地方和学校一定的自主管理的权利,更加完善管理机制。

(3) 明确教育目标,主张对儿童进行智力、个性、品德、体质、艺术、动手能力等全面的教育,锻炼儿童的身体、强化体质,培养儿童的社交、语言、动手、创造、表达、鉴赏、独立思考等能力,激发儿童的兴趣和求知欲,使儿童主动探索世界、挖掘潜能,培养积极向上的健康人格。

(4) 要求学前教育顺应儿童身心发展的特点,不可过度教育,针对每一个独特的儿童,教师要发挥其独特、擅长的一面,引导其发挥潜能,促进个别化与非凡化成长。同时,要以儿童为中心,多方面了解儿童,采取适合的方式进行教育,做到因材施教。

(5) 政府通过增加学前教育男教师的比例,将儿童进行年龄、身心状态的划分,编入不同的班级,递进式地教学;合并学前和小学阶段的教育以及管理工作,提高幼小衔接的效率。这不仅可以减少儿童重复学习知识的厌烦感,而且可以帮助儿童提升适应环境和独立自主学习、生活的能力。

(三) 发展趋势

法国学前教育的发展趋势表现为两方面:一方面,要求继续完善学前教育法制和制度的建设,对参差不齐的学前教育体系进行整治,提升学前教育的质量,保障学前教育良性健康地发展和继续推进全面教育。采用多样化的活动激发儿童的兴趣,使儿童主动参与到教学中。另一方面,提升幼小衔接的工作效率。各教育部门加大对学前教育机构的监督、管理和整治力度,从根本上保障良性的学前教育环境。同时积极探索学前教育和小学教育衔接的教学方式、内容等,杜绝"小学化"现象,以免压抑儿童的天性。特别是要积极地联系家长,使家长主动参与教育,与教师建立紧密的双向联系,促进家庭教育与学校教育相互融合。一方面,可以借用家长们提供的各种资源,以丰富多样的活动对儿童进行各种理论和实践的培养,使儿童在生活中学会学习。另一方面,能够更好地了解儿童的表现,及时纠偏或赞扬,有利于儿童健康成长。

第三节 德国的学前教育

一、学前教育创立阶段(18 世纪末至 19 世纪上半叶)

(一)背景

在 19 世纪中期以前,德国都处于分裂动荡的状态,教育处于断裂状态。1871 年普鲁士建立了德意志帝国,结束了长久以来的分裂局面,实行军国主义统治。随着统一的实现,德国的学前教育开始有所发展。而保育学校(具有慈善性质)直到 19 世纪才逐渐出现。

(二)早期幼儿学校的创立

1. 巴乌利勒保育所

巴乌利勒侯爵夫人(1769—1820 年)是德国最早、最负盛名的保育所创立者。1802 年建立了德国第一所保育所,标志着德国学前教育的开始。该幼儿园招收 1~4 岁断奶的幼儿和日间劳作农民妇女的儿童,主要为了维护婴儿生理需要、照顾婴儿健康成长,其主要责任在于保养,附带教育。它是一种季节性的托儿所(初夏至晚秋),属于慈善机构。在幼儿园里担任保育工作的教师主要是失业妇女、孤儿院年长的长辈或者女孩。幼儿在保育所中以自由游戏活动为主,教师会少量地进行标准德语讲授、唱歌、阅读、写作等语言训练以及行为操守规范、良好生活习惯、道德品质规范养成训练。

1819 年,幼儿教育家瓦德切克建立了柏林最早的托儿所,招收城市工人阶级 9 个月至 2 岁的婴幼儿,也是以保养为主。

2. 幼儿学校运动

弗利托娜(1800—1864 年)是德国幼儿学校的创立者。1835 年在教区建立了第一所幼儿学校,极大地促进了学前教育的发展。该幼儿园招收 40 名(2 岁至义务教育年龄)贫困工人阶级的儿童,一方面为了帮助那些贫困的工人阶级的家庭,照顾年幼的儿童,使父母能够安心工作;另一方面提供相对良好的环境,引导儿童学习宗教教义、道德规范、礼节、行为操守与培养良好的生活习惯和勤劳上进的品质,提倡户外运动,使儿童能够健康成长与生活。教堂的修女担任教师,教师们不仅通过组织各式各样的户外活动和游戏,增强儿童的身体素质,而且还会教导儿童学习宗教礼仪和教义、阅读与鉴赏、书法、算术理论知识、手工训练、军事游戏、绘画训练实操等课程,从而推动儿童全面发展。

3. 福禄贝尔幼儿园的发展

福禄贝尔(1782—1852 年)被誉为德国幼儿教育之父。1840 年在勃兰根堡建立了福禄贝尔幼儿园,这是世界上第一所正式的学前教育机构,推动了德国乃至世界学前教育工作巨大的飞跃,促使学前教育的发展进入全新的阶段,教育体制也逐渐形成双轨制。幼儿园招收 3～7 岁中上层家庭的儿童,幼儿园遵循"以他们为主体"的教学理念,满足幼儿爱玩的天性,并在"天性"中加入多样的活动方式(比如与教师一起制作玩具、游戏、娱乐等),促进儿童个性的发展、潜能的挖掘和能力的培养。

福禄贝尔强调教学应该以直观、生动、形象的方法,特别是要合理、紧密、巧妙地贯穿在游戏、课外活动中,以及要训练动手能力与探索能力,正确认识外在世界、提升适应能力,为幼小衔接做好准备。

同时在教学内容上也是多样的,他主张从三个方面对儿童进行教育:①引导儿童参与教具的制作,提升动手、认知能力等;②重视游戏对儿童成长的作用,将幼儿园变成游戏的乐园,使儿童在这所乐园中培养良好的个性,形成健全、健康的人格[①];③主张对幼儿布置作业,作业是课堂的延展、能力的探索以及家师生关系的拉近,有助于儿童体力、智力和道德的和谐发展。

4. 德国政府对学前教育实施的政策

德国 18—19 世纪针对学前教育施行政策的基本概况如表 9-7 所示。

表 9-7 德国 18—19 世纪学前教育施行政策

年份	政策法规	内容与影响
1825 年	《黑森卡塞尔选帝候指令》	幼儿教育的目的在于对儿童的安全和健康的保障,提供父母充足的时间工作,保育的时间为农忙季节(5—10 月,早 6 点至晚 6 点),费用由富有的居民捐助和市政资金补助
1827 年	普鲁士政府颁布《教育部政令》	受英国幼儿学校的影响,要求各地尽快建立怀尔德斯平学校。为贫困子女建立"中央基金"资助,免去幼儿学校印刷费、手续费和地租等费用
1839 年	《托儿所规定》	制定了详细的学前教育政策,对学前教育各方面都做了详细的说明

19 世纪德国的学前教育呈现以下特点。

(1)鼓励不同性质的学前教育机构的建立,增加学前机构数量,满足社会需要,并加强监督管理。

(2)加强对贫困阶层子女的照顾和管理,强调对儿童进行道德、行为规范、宗教礼仪等的教育。

(3)重视游戏和户外活动对儿童的重要性,增强体质与开发潜能、提升能力、学习知识等并举。

(4)教养相结合,更注重教育。

二、19 世纪下半叶德国的学前教育

由于福禄贝尔幼儿园与普鲁士政府的统治利益相冲突,1851 年,普鲁士政府以莫须有的罪名下达禁止令,要求对所有福禄贝尔幼儿园进行查封。直到福禄贝尔逝世后,1860 年

---

① 福禄贝尔.人的教育[M].孙祖复,译.北京:人民教育出版社,1991:33.

该禁令才被解除。但是随着福禄贝尔教育思想的不断传播,福禄贝尔幼儿园重新获得发展,各地建立了各种福禄贝尔幼儿园团体,使幼儿园运动向纵深发展。同时,19世纪60年代,各种具有特色的、多样化的学前教育机构在这场运动中不断建立,且按照福禄贝尔幼儿园的模式进行教学和管理,推进了德国学前教育的巨大发展。

三、学前教育发展阶段

(一)"二战"前学前教育的发展

随着学前教育的政策逐渐规范,一方面为学前教育的发展提供了良好环境,另一方面社会各界人士认识到学前教育的重要性,建立了具有不同特点的学前教育机构,使学前教育的发展呈现多样化的特点,开始逐渐确定学前教育基础教育的地位和作用。

政府从政策、制度上对学前教育加强了管理。

(1)1924年,德国政府颁布了《青少年福利法》,规定了儿童受教育的权利、家庭教育的重要性与青少年福利机构负责学前教育管理。同时,提出建立"白天的幼儿之家",由训练有素的修女提供专业照顾、培养与教育,并加强幼儿教师培训,提升学前教育质量。

(2)幼儿园条例规定幼儿园招收的对象是2～5岁的儿童,教育部门同卫生部门协同监督管理幼儿园等学前教育机构和教养儿童也需要得到儿童局许可。

(3)1933年法西斯政府对学前教育进行中央集权管理,要求幼儿学习关于法西斯和纳粹的知识,对领袖致以崇高敬意,并加大对幼儿的体质训练,以强壮体魄为学前教育的教育重点。

(二)"二战"后的学前教育

"二战"导致教育文化事业等遭受了巨大的冲击,此阶段的工作重心主要是学前教育事业的重新恢复与建设。政府从政策法规上为恢复学前教育提供坚实的政治力量,具体表现如下。

(1)颁布《关于德国学校民主化的法律》,强调幼儿园虽属于国民教育体系,但却不属于非义务教育阶段,说明学前教育地位的重要性。

(2)颁布《德国教育民主化的基本原则》,确保每一个儿童都能享有免费的、均等的受教育权利,为贫困家庭的子女提供生活补助。

(3)颁布《教育结构计划》,1970年起进行全国教育制度的改革,将教育系统分为初等教育、中等教育和继续教育三层,并将3～4岁的儿童纳入初等教育,将5～6岁的儿童纳入义务教育,使入园率不断提高。

(4)颁布《青少年福利法》,1990年开始各州县负责幼儿园的建设和扩建,保证社会的需要与幼儿园的质量。

(三)学前教育机构的发展

"二战"后德国学前教育机构不仅有公办的,也有私立的,其性质与类型如表9-8所示。

表 9-8 "二战"后德国学前教育机构的性质与类型

名　　称	性质(不属于义务教育)	内容与发展
传统幼儿园	公办、私立兼具	招收 3～5 岁儿童,未纳入国民教育体系
学前班	公办、私立兼具	为幼小衔接做准备
"白天的母亲"	公办	提供保育场所,解决家庭的实际困难。由政府批准建立,提供少量资金与短期培训
托儿所	公办、私立兼具	主要招收双职工家庭 0～3 岁的子女,对他们进行保育
幼儿园	公办、私立兼具	以不同教育家的名字命名的幼儿园
林间幼儿园	公办、私立兼具	新型幼儿园

四、德国学前教育的发展现状、特点与发展趋势

(一)发展现状

德国学前教育的发展现状表现为以下几点:①私立幼儿园的数量多于公办幼儿园,容纳 70％的适龄儿童;②幼儿园非义务教育,自愿入园,入园费用昂贵;③中央与地方管理职责混乱;④财政经费投入不足;⑤幼儿园的课程自主制定,发展不均衡。

(二)发展特点

德国学前教育的发展特点具体如下:①要提供温馨、真实、自然的环境,促进儿童感知、认知、适应等能力发展。②要使学前教育机构类型多样化、特色化,可以满足不同家庭的教育需求,并以游戏课程为主,注重生活体验、自主探索学习、独立意识和社会适应能力培养。③要求混龄编班[①],打破传统的按年龄编班,一方面培养大孩子的照顾、沟通、管理等能力,另一方面引导年幼的孩子学习如何与大孩子进行沟通、融入不同的环境等,有助于幼小衔接。特别是将特殊教育与普通教育相互融合,使其感受到社会的尊重与关爱,从而可以健全人格的良性发展,提高社交能力,感受世界的美好与多彩性。将学前教育作为家庭教育的责任与义务,学前教育机制只是补充。④对于家庭而言,每个家庭都有权利和义务参与幼儿园的相应的事务,并签订合同保障,同时对幼儿园工作人员学历、素质的要求逐渐严格。⑤建设不同的家庭教育援助项目,提供培训与咨询,提升家庭教育质量,使家庭和学校教育有效结合。

(三)发展趋势

德国学前教育的发展趋势为:不仅要继续完善学前教育法制和制度的建设,对参差不齐的学前教育体系进行整治,提升学前教育的质量,保障学前教育良性健康地发展,以及明确中央与地方在学前教育工作中负责的范围,还要加大财政投入的力度、降低入园费

---

① 周馨宇.德国学前教育特色及对我国的启示[J].现代交际,2017(8).

和提升学前教育师资的质量与数量。

第四节　俄罗斯的学前教育

一、学前教育初步创建阶段（沙俄时期的学前教育）

（一）背景

18 世纪下半叶，封建农奴制在俄国逐渐解体，受欧洲的启蒙运动与福禄贝尔的影响，沙俄的学前教育开始了萌芽探索与初步发展。

（二）萌芽探索的开始

沙俄于 18 世纪 60 年代创建了第一所教养院，到 19 世纪末，出现了大量慈善性质的学前教育机构。沙俄学前教育机构的发展如表 9-9 所示。

表 9-9　沙俄时期学前教育发展

时间	影　响
1763 年	第一所教养院和产科医院在莫斯科建立，目的是解决弃婴和孤儿的收养问题
1860 年	建立第一所幼儿园
1869 年	第一本学前教育杂志《幼儿园》出版，促进了学前教育的独立，是俄国学前教育史的重大事件
1871 年	福禄贝尔学校是最早的幼儿教师培训机构
19 世纪末	出现各种慈善性质的学前教育机构，并受福禄贝尔与乌申斯基等教育家的影响，这推动了学前教育的发展

二、学前教育发展阶段

（一）十月革命至"二战"前

沙俄统治在十月革命后被推翻，苏维埃政府明确了学前教育的重要性，规定了学前教育的性质和任务，并将其纳入国民教育体系，从多方面推进发展。具体表现如下。

（1）1917 年，颁布《关于学前教育的宣告》，说明学前教育是国民教育的重要组成部分，属于公共教育，具有免费性，且应该从出生到进入小学阶段都要接受学前教育。

（2）1918 年，颁布《统一劳动学校规程》，对 6～8 岁的所有儿童实行统一、免费的幼儿园义务教育。

（3）1918 年，建立学前教育学院，这是世界上第一所国立学前教育专业的高等学府，承担着培训学前教育高级干部与进行学前教育理论研究的重任。

（4）1919 年，《苏共八大纲领》规定按儿童的年龄进行共产主义的学前教育和解放妇女，且设置专门的机构进行管理学前教育的工作。

（5）1919—1928 年,在莫斯科举行了多次教育大会和若干会议,讨论学前教育的任务、目标、功能、内容、教学大纲和师资培训等。

（二）20 世纪 30—40 年代的学前教育

由于政府的重视、支持与鼓励,促使学前教育迅猛发展,且越来越规范化和制度化,政府颁布了许多针对幼儿园规范化教育的政策文件。

（1）1932 年,颁布《幼儿园教育大纲草案》,规定幼儿园的工作任务与内容,促进幼儿园管理的正规化与提升教学质量。

（2）1938 年,颁布《幼儿园规程》和《幼儿园教养工作指南》,详细地规定了幼儿教育的目的、任务、类型和对儿童的营养和屋舍要求。同年,将《幼儿园规程》进行重新修订,补充完善为《新的幼儿园规程》。

（3）1944 年,颁布《幼儿园规则》,规定了幼儿园招收的对象、性质、任务、教育内容、教育方法、师资以及开办幼儿园的规章、流程、要求等。标志着学前教育在苏联开始制度化。

（三）"二战"后的学前教育

"二战"之后,政府为了更加规范学前教育机构的管理,将托儿所与幼儿园逐渐合并。具体发展趋势如下。

（1）1959 年,苏联学前教育机构的主要类型是托儿所与幼儿园合并的学前机构,教育部负责监督与管理,而卫生部负责保健,机构招收 6 岁以下的儿童。

（2）20 世纪 60 年代,苏联的学前教育从儿童心理、教学实践、小学改革等方面,进行学前教育的第二次改革,改变以往的重保不重教的观念,全面打造从出生之日起的全面、系统、阶段性的教育,将家庭、学校、社会教育纳入一个整体系统中。

（3）1962 年,颁布《幼儿园教育大纲》,将 0～6 岁的儿童划分为 7 个年龄阶段,整合了原有相互分离的婴幼儿（0～3 岁）和学前儿童（3～7 岁）的教育。这是世界上第一个综合婴幼儿教育的大纲,强调教育要遵循儿童身心发展的规律,要组织多种活动培养儿童良好个性的全面发展。

（4）1978 年,第八次修订《幼儿园教育大纲》,将原有的 7 个年龄阶段整合为 4 个阶段,即学前早期（0～2 岁）、学前初期（2～4 岁）、学前中期（4～5 岁）与学前晚期（5～7 岁）,针对每个阶段儿童身心发展的特点,提出了促进德、智、体、美、劳等各方面具体发展的要求。

（5）1984 年,将大纲改名为《幼儿园教育和教学标准大纲》,更深度地规定了学前教育阶段的德、智、体、美等各项教育的具体任务、目的和做好幼小衔接的工作要求与安排等。更要求对幼儿的教育系统化、日常化、个性化,引导幼儿更好地理解事物的本质与促进个性发展。

（6）1989 年,颁布《学前教育构想》,纠正重智轻发展的教育观念与方式,强调促进儿童个性全面发展的要求,提出个性化的学前教育。该《学前教育构想》被纳入《继续教育构想》,并特别指出学前教育阶段是整个继续教育体系的首要环节,其发展得好坏,影响着整个继续教育的发展。

（四）学前教育机构的发展

"二战"后，苏联的学前教育机构类型种类比较丰富，公办、私立兼具，其情况如表 9-10 所示。

表 9-10 "二战"后苏联学前教育机构的性质和类型

名　称	性　质	内容与发展
托儿所与幼儿园一体化	公办、私立兼具	入园时间长，有较多的集体活动，有固定的作业，从 3 岁开始进行简单的劳动教育，引导儿童从小形成爱劳动的观念，将自觉劳动逐渐内化为行为
特殊儿童幼儿园	公办、私立兼具	该幼儿园招收聋哑盲与智力、身体有缺陷的儿童，制定相应的特殊教育大纲、规章制度等，为他们提供能够良好成长与发展的地方
体弱儿童幼儿园	公办、私立兼具	该幼儿园专门招收体弱多病、身体健康程度较差的儿童，对他们进行细致的饮食和生理照顾，目的是增强他们的体质，使他们能够健康成长
学前儿童之家	公办、私立兼具	满足不同儿童社会需要，提供较优质的环境，促进儿童身心、个性等全面发展
季节性幼儿园	公办、私立兼具	以不同教育家的名字命名的幼儿园
小学附属预备班	公办、私立兼具	新型幼儿园

三、俄罗斯时期的学前教育

1991 年，苏联解体，国家和社会经历了巨大的动荡，给文化教育事业带来了巨大的冲击。学前教育的发展开始以市场为导向，功能更加综合化，目的是更好地满足多样化的社会需求。具体表现为以下两点。

（1）学前教育性质改变。受市场经济调控，不再属于社会公益事业，变得更加多样化与开放化，父母可以按照自己的需要，选择所需的学前机构，并参与幼儿园的管理。

（2）学前教育目标改变。从环境、知识、文化、品德、关爱特殊儿童五个方面进行，具体如下。

① 提供良好的环境，保障儿童的人身安全、身心健康发展与形成良好积极的情绪，提升社交能力。

② 引导学生学习科学自然知识，用直观形象生动的方式激发学生的兴趣和主动学习的积极性，培养学生认知能力、语言表达能力等。

③ 将俄罗斯的优秀文化融入幼儿园的日常生活，引导儿童学习国家优秀的文化知识，培养爱国情操；教儿童制作民族手工品，培养动手能力与美感。

④ 教儿童学习与他人分享、合作、尊重他人、遵守纪律，养成良好的行为操守。

⑤ 提供各种有效的帮助，关爱有缺陷的儿童，尽可能使他们多方面发展与健康快乐成长。

四、俄罗斯政府对学前教育实施的政策

1992—1996 年,俄罗斯政府制定了一系列政策法规,其基本情况如表 9-11 所示。

表 9-11　俄罗斯颁布的学前教育政策法规

年份	政策法规	内容与影响
1992 年	《俄罗斯联邦教育法》	幼儿教育的目的在于对儿童的安全和健康的保障,提供父母充足的时间工作,保育的时间是农忙季节(5 月至 10 月,早 6 点至晚 6 点),费用由富有的居民捐助和市政资金补助
1994 年	《关于教育领域非国有化、非垄断法(草案)》	提出教育券构想,也即政府将学前教育和义务教育所需要的费用,以教育券的形式一次性拨到每个学生的头上。幼儿园和实行义务教育的学校以自己各方面硬软件条件吸引生源,获得教育券
1996 年	修订《俄联邦教育法》	建立便捷的教育经费资助体系、鼓励与扩大多样化的办学、制定相应的法律规章制度等,保障各方面的权利、建立激活机制,聘请优秀的教师、稳定教师队伍

五、俄罗斯学前教育的发展现状、特点与发展趋势

(一)发展现状

俄罗斯学前教育的发展现状表现为以下几点:①教保工作相互紧密结合,双管齐下做好学前教育工作。建立教学—训导模式。过度强调教学中教师的主导作用,将儿童当作仅仅接受的对象;教学内容形式化,师生关系紧张,进而造成教学质量低下。②师资缺口大,队伍建设不稳定。③由于政府集中统一管理,过于僵化、缺少灵活性,导致入园率低。④教育经费缺乏,软硬件设施不齐全。

(二)发展特点

俄罗斯学前教育的发展特点具体如下:①立足科学研究成果,以学前教育最新的科研成果为基础,制定教育大纲,规范管理各地各机构的学前教育工作。②由国家层面邀请学前教育的专家、一线的幼儿园教师与二线的培养幼儿园教师的学校进行交流探讨,根据相关的理论,制定科学合理的学前教育标准,对大纲进行指导,并组织专家定期对学前机构进行管理、指导、检查和鉴定。③教育管理体制呈现民族化、开放化、灵活性,扩大地方和学校办学自主权,又不失良性的监督与管理。④建立教师与学生平等交往的教育模式,教师尊重学生的选择,正确引导,创造健康的环境,利用游戏,促进个性与身心健康的发展。⑤幼儿园一日活动,内容丰富,将游戏活动、人际交往、知识学习、体育锻炼等相互结合。⑥家校建立紧密合作,幼儿园为家长提供教学方面的培训与指导,家长参与幼儿园的管理,共同对孩子进行教育。⑦双边进行幼小衔接,先做好儿童在入学时的准备(身体、智力、个性发展、阅读计算能力等),接着由国家层面协调幼儿园与小学的教育目标、丰富小

学的教学内容(理论知识、手工活动、创造艺术活动等)、协调好小学和幼儿园的教学形式与方法。

(三)发展趋势

俄罗斯学前教育的发展趋势具体如下:①开始减少意识形态的限制,改变浓厚的政治色彩课程,以社会和个人的需要为导向,全面培养学生树立正确的人生观、价值观与世界观。②教育的发展更加民主化与多元化,不仅扩大办学类型的多样化,赋予幼儿园独立的管理权,而且会根据自身特点设置教育大纲、内容、方法等。③逐渐倾向个性化。因为教育的主体是人,所以要顺应人身心发展的规律和特点,留有足够的空间和时间给受教育者,促使儿童发展自身的个性与潜能。④传承优秀民族文化,将民族文化与幼儿园的教育相结合,培养爱国主义精神与传播、继承民族文化。⑤提升学前教育师资的质量与数量。一方面加强综合院校和师范院校对学前教育学生的培养,加强专业理论知识和实际技能的学习和考核,在职前就打下坚实的基础,为日后的就业夯实基础。对学前教育机构的新教师实行导师制,在经验丰富的教师带领下尽快适应工作环境,促进发展。另一方面对在职教师提供不断的学习与培训的机会,提升自我的能力。多组织教师进行专业技能、公开课等比赛,促进教师积极主动地走专业化发展之路。

第五节　美国的学前教育

一、学前教育创立阶段

(一)背景

美国的学前教育起步相对晚,受到欧洲学前教育运动和有想法的人士的影响,将先进的学前教育思想和幼儿园引入美国,促进了美国学前教育的迅速发展。

(二)学前教育开始引入

1. 欧文幼儿学校引入美国

罗伯特·欧文(1771—1858 年)于 1825 年在美国印第安纳州"新和谐村"创立了幼儿学校,为工人和贫困家庭提供良好的环境照顾其子女(4～8 岁),促进儿童身心和个性的健康发展。幼儿学校的建立促使美国幼儿学校运动登上了历史舞台。

2. 裴斯泰洛齐的"家庭学校"

在欧文学校引入之初,美国的学前教育主要是传承与发展裴斯泰洛齐的"家庭教育"思想,建立与推广"家庭学校"。主要强调家庭教育对儿童的重要性,要求教育者运用爱的方式对儿童进行品德、智力、劳动等方面的培养。

约翰·亨利特·裴斯泰洛齐(1746—1827 年),著名的教育家,于 1789 年创立斯坦兹幼儿园。他将家庭教育、学校教育、教育与劳动相结合,将教育心理学融入幼儿园的发展,一定程度上影响了学前教育的发展。他认为良好的家庭是培养和教育人的基础和沃土,而且父母是最了解孩子的人,要求教育从儿童生下来就开始进行,因此把家庭教育融入幼儿园的创办和教学。裴斯泰洛齐的"家庭学校"的特色在于强调家庭教育的重要性,在家庭教育中运用爱的方式进行品德和智力教育的培养,将劳动训练和教育相融,运用启发、尝试错误和自我反省等方法促进儿童的良性发展[①]。同时他要求教学内容要包括以下方面:①家庭教育处于教育中心的地位;②加强品德教育,学习社会规范,进行劳动和行为操守的训练;③对待儿童要具有耐心,用爱心教育儿童;④提出进行"要素"教育,从数学教育到语言教育进行培养。

随着欧文幼儿学校的引入,"家庭式学校"缺乏学前教育应有的特点的缺点暴露出来,也随之被取代。后来由于政治和社会因素,一度恢复该类型教育,最后因福禄贝尔幼儿园的引入而被取代。

3. 福禄贝尔幼儿园的发展

舒尔茨夫人(1832—1876年)被称为美国第一所幼儿园创始人,于1855年在瓦特镇创立了美国第一所福禄贝尔幼儿园。该幼儿园主要招收德国移民子女,以德语教学为主。

皮博迪(1840—1894年)被誉为美国幼儿园真正的开创者,于1860年在波士顿创立美国第一所英语式幼儿园,招收英国移民子女,以英语教学为主。强调满足儿童爱玩的天性,将幼儿园变成儿童游戏的乐园,在乐园中促进儿童个性的发展、潜能的挖掘、能力的培养。

(1)教学方法:要求幼儿教师采用直观、生动、形象的方法将知识贯穿在游戏、课外活动中,训练幼儿的动手能力与探索能力,使儿童正确认识外在世界,提升适应能力。

(2)教学内容:①引导儿童参与教具的制作,提升动手、认知能力等;②重视游戏对儿童成长的作用,使儿童在这所乐园中培养良好的个性;③主张对幼儿布置作业,培养儿童的探索和创新能力;④教儿童唱歌、跳舞等;⑤将品德教育融入任何形式的活动,使儿童形成良好的道德素养。

两所幼儿园的建立使福禄贝尔的思想得到极大的宣传和普及,也极大地推动了美国学前教育的发展。

4. 慈善幼儿园与公办幼儿园的发展

工业革命的需要使大量的移民涌入,带来了巨大的贫富差距,使贫困家庭的子女没人照顾,带来了许多社会问题。慈善幼儿园和公办幼儿园的出现在一定程度上缓解了儿童无人照顾的问题。

1870年,第一所慈善幼儿园在纽约建立,招收贫困家庭无人照顾的子女,给幼儿提供健康成长的环境。1873年,教育家哈里斯和布洛在圣路易斯市建立第一所公立幼儿园,此后开始了公办幼儿园创建的热潮,导致私立和慈善学前教育机构逐渐被取代。公办幼儿园的创立与发展,使其成为公立学制的重要组成部分,推动了学前教育在理论和实践上的发展。

---

① 张焕庭.西方资产阶级教育论著选[M].北京:人民教育出版社,1979:193.

二、学前教育发展阶段

（一）进步运动的发展

随着进步主义运动的推广,杜威、布莱恩、希尔等的实用主义教育观念引起了教育部门和社会的反思。肯定福禄贝尔强调游戏和自主探索活动等对幼儿的重要性,但是布置的作业和"恩物"等做法脱离了实际生活,会影响儿童对生活的理解。因此,此时学前教育的发展重点在于通过反思改变传统的形式主义教育的方式,强调运用直观教学法,将教育与生活实践相结合,通过活动等直接的方式积累经验,发展能力与培养个性。表现在:①1890年,布莱恩运用实用主义的教育理论对幼儿教育进行大胆的改革;②1893年,希尔师从杜威,并研习布莱恩的改革措施,发明了"希尔积木"(Hill Blocks),以儿童为核心,因人而异制订训练儿童大动作的方案。

（二）保育学校运动

蒙台梭利在世界各地宣传其教育思想和方法,掀起了保育学校的热潮,伊利奥特、怀特等人提倡从早期开始促进儿童自由发展。但主要针对中产阶级的母亲与儿童,为母亲提供抚养与教育的建议,为儿童提供良好的成长环境。发展趋势表现为:①1915年,建立了第一所集体经营性质的保育学校;②1919年,第一所公办保育学校建立;③1929年,建立"美国保育协会"协助管理保育学校;④"二战"时期,政府为保育学校提供财政资金支持,使其数量飞速增加;⑤"二战"结束后,政府停止支持,公办保育学校经营严重受阻,私立保育学校迅速发展。从时间、性质、资金投入等方面皆可看出保育学校在学前教育的发展进程中扮演着重要的作用。

（三）日间托儿所运动

由于经济危机带来了大量的失业家庭,父母为了生存,只有选择外出打工,这导致儿童看护成为严峻的社会问题,美国政府为了缓解社会矛盾,建立日间托儿所。1933年,建立了"应急托儿所",招收失业和劳动家庭的儿童(2~5岁),提供免费保育和教育的环境。1990年,美国政府颁布法令,将早期教育与儿童看护相互结合。这时的托儿所教育目的主要还是以保育为主,保障与促进儿童生理健康的发展,只是按照年龄阶段进行一些相应课程的设计与教学。

三、学前教育完善阶段

（一）开端计划（20世纪50—60年代）

受民主化思想的影响,美国政府关注到贫困阶级的学前教育,为了消除因为贫困带来的种种社会和教育问题,一方面,20世纪60年代初,提出"开端计划",为贫困阶级的儿童提供平等受教育的权利。另一方面,1964年,颁布了《经济机会法》,要求为3~5岁的儿童建立托儿所、幼儿园等免费公立的学前教育机构。这是美国政府首次通过法律的形式，保障贫困学前教育儿童享有政府提供的补偿教育资金与资源。

📋 资料卡片

为了消除因为贫困带来的种种社会和教育问题，美国在 20 世纪 60 年代初，提出"开端计划"，具体情况如表 9-12 所示。

表 9-12 开端计划

目的	提高低收入贫困家庭儿童的认知能力和社会适应交往能力
目标	(1) 改善身体素质，增强体质训练 (2) 提升智力和认知能力发展，重视语言和思维逻辑方面 (3) 引导儿童建立自信心，相信通过自己的努力，能够获得成功，改变贫困 (4) 帮助儿童和家庭正确面对贫困，学会用自己的双手改变现状 (5) 体现儿童和家庭的尊严
服务类型	(1) 教育服务：为具有不同文化背景和身心发展特点的儿童提供不同的教育机会、内容等，满足个体需要 (2) 健康服务：提供各项医疗服务，如营养健康、早期检查、医疗检查，从根本上促进儿童的身心健康发展 (3) 社会服务：提供教育经费资助、就业与工作咨询、职业培训服务等 (4) 家长参与：重视家庭教育，提供各种讲座与培训咨询，帮助家长有效地进行儿童的保育与教育
政策延伸与保障	(1) 1969 年，将非贫困的低年级儿童纳入"开端计划"，开展系统服务 (2) 1972 年，颁布《经济社会法》，将残疾儿童纳入计划 (3) 1981 年，颁布《开端计划法案》，通过法律保障计划的实施与开展
作用	(1) 为弱势儿童提供受教育的权利，促进社会公平 (2) 促进文化之间的融合与发展 (3) 提升儿童的基础知识和素质教育发展 (4) 提升家庭教育的质量 (5) 长久地影响儿童的发展
受到重视的原因	(1) 贫困儿童的比重大，且备受全民关注 (2) 对弱势儿童有财政经费支持，促使教育家和心理学家等对这个群体进行精力的投入，关注儿童早期教育和身心发展 (3) 早期教育阶段属于个体发展的关键期，抓住关键期，可以促成其飞跃，特别对贫困儿童更为重要 (4) 家庭教育贯穿着教育的始终，是个体教育的开端，关注父母在早期教育中的作用和角色，对完善早期教育的理论与实践有十分重要的意义

（二）幼儿智力开发运动

由于苏联首次进行了人造卫星的发射，使美国政府开始关注本国的科学教育，而接受科学教育的首要对象主要是幼儿和中小学生，不仅重视早期教育对于儿童智力发展的重要性，而且从多方面深度进行智力的挖掘与开发。这就促使了许多教育家们开始进行智力探究，具体表现如下。

（1）1964年，布鲁姆在《人性的稳定和变化》一书中，阐明了环境对于智力的发展具有十分重要的作用，表明外在的环境可以为智力的发展提供加速和减速的作用，要重视后天良好环境的营造。

（2）自蒙台梭利的早期教育思想（感觉统合训练、大自然训练法、个别指导、自由活动培养法）等引入美国，开始了"蒙台梭利的"智力开发热潮。

（3）皮亚杰的认知发展理论论述了在幼儿阶段进行智力训练的重要性，并将其理论设计成学前教育研究实验和方案进行实践。

（4）1963年，美国科学促进会出版了《科学教育见闻》，针对幼儿园和小学低年级进行科学启蒙教育。

（三）美国政府对学前教育实施的政策

20世纪50—60年代，美国制定并实施了多项政策法规，其基本情况如表9-13所示。

表9-13　20世纪50—60年代美国学前教育实施政策

年份	政策法规	内容与影响
1958年	《国防教育法》	推广早期教育，保障儿童享受学前教育的机会，改革义务教育
1964年	《经济机会法》	关注贫困家庭，为其提供优质的学前教育资源，同时将残疾儿童纳入计划，为家庭处境和自身处境不好的儿童，提供补偿教育的机会与平台
1975年	《伤残儿童教育法》	用法律形式保障特殊儿童受教育的权利，开始为特殊教育的发展提供基础
1987年	《发展适宜性实践》DAP	建立了一套关于儿童学习与发展的教学理论、行动指南和评估标准的文件，从而可以提升早期教育质量。因此要求对于不同年龄阶段的儿童，根据其身心发展特点，设计有针对性的课程和采用适合的教学手段；（个体适应性）要细致考虑每个儿童的认知、个性、学习风格等特点；（文化适应性）教育要关注受教育者的文化背景，融合不同文化之间的精髓，推动多元文化教育发展
1994年	《早期学习标准》	制定了从幼儿园到12年级，每科课程的标准以及需要达到的学习结果
2000年	《开端计划儿童发展结果框架》	在《早期学习标准》基础上，又对受早期教育的学生进行年龄阶段、对应的学习内容和应达到的知识能力水平之间的细化与匹配
2009年	《0～5岁教育计划》	为了保障弱势儿童入园前获得相对优质的保育和教育，提升其适应能力，促进其事前做好入园的准备，将"开端计划与早期开端计划相结合"；提供早期教育的财政经费支持；实施幼儿园普惠计划；对抚养子女的照顾者或者抚养者减免税收；支持亲子计划。推进了0～5岁儿童教育的全面实施与教育改革

（四）学前教育机构的发展

20世纪下半叶，美国学前教育机构举办者众多，类型多样，其发展情况见表9-14。

表 9-14　20 世纪下半叶美国学前教育机构的性质与类型

名　称	性　质	内容与发展
保育学校	公办、私立兼具半日制	• 兼具托儿所和幼儿学校的双重责任 • 招收对象主要是贫困家庭 3～4 岁的儿童,学习 1～2 年 • 教学目的主要是保证其生理需要的良好满足,通过游戏、音乐、绘画等活动,促进其德、智、体、美劳等多方面发展 • 招收对象主要是 3～5 岁的学龄前儿童,免费入园,不属于义务教育范畴 • 教学方法是灵活多样的,集中在福禄贝尔、皮亚杰、蒙台梭利教育方法之间
幼儿园	公办半日制	• 教学目的是更好地照顾幼儿的身体健康、满足生理需要,培养良好的个性品质、行为习惯和独立自主的能力,为小学入学做好准备 • 教学内容是通过小组和集体游戏,开展手工、阅读、绘画、跳舞、音乐、书法、算术等课程,促使儿童在游戏中快乐地学习 • 州级政府部门进行教学管理 • 招收对象主要是 0～6 岁的儿童
日托中心	公办、私立兼具全日制	• 教学类型是照管类、综合类和发展类三种 • 教学目的主要是照顾幼儿的身体健康、满足生理需要,确保其安全 • 综合类和发展类:除了照顾幼儿外,更多的是通过各种活动,培养良好的个性品质,促进发展情绪稳定、社会适应性、交往能力、认知能力等 • 教学内容是开展行为习惯的养成、手工、讲故事、做游戏、体育锻炼等课程
幼儿家庭教育	家庭教育式	• 教学目的是更好地将父母培养成合格的学前教育教师,促使父母自己对儿童进行优质的教育 • 教学内容是通过为父母提供各种培训和训练项目,让父母学习教养儿童的理论知识,进行实践训练,促进父母(特别是母亲)自身素质能力的提高,进而提升家庭教育的质量

(五)幼儿教师教育

学前教育发展的规模不断扩大,学前教育的质量也在提高。学前教育的质量最重要的是提高幼儿教师的教育质量,这样才能更好地与教育发展的速度和规模相匹配。对幼儿教师的教育分为职前培养和职后培训两大方面。

(1)职前培养:由综合大学和师范院校进行培养,学制为 4 年。学生前两年在校学习相关的专业课程理论,后两年分别去幼儿园和小学低年级进行实习,掌握两者的教学经验,并在实习阶段,将理论知识与实践工作相结合,一方面深化知识的学习,另一方面提升教学和工作能力。学生完成学校的培养课程,获得大学本科学历。同时学生必须完成学位课程、儿童发展助理(CAD)国家证书课程与儿童发展助理(CAD)职业预备课程,才可以参加幼儿教师的聘用考试。

(2)职后培训:首先,从专业知识与教学能力、职业道德操守、应急应变、管理等各方面考核参加聘用考试的人,目的是选拔出高质量的、高素质的幼儿教师。其次,通过有经

验的教师对新教师进行训练与 1 年时间的跟踪培养,帮助新教师成长。最后,在工作中,国家和幼儿园将提供各种学习机会,不断地增进教师们的专业知识和专业能力的发展,尤其注重其实践能力的发展。

四、美国学前教育的发展现状、特点与发展趋势

(一)发展现状

美国学前教育的发展现状表现为以下几点:①受课程学术压力的影响,"小学化"严重;②良莠不齐的私人办托儿所、不正规的托儿所数量激增,带来许多社会问题;③早期教育的发展理念与儿童发展"适宜性"目标相冲突;④从国家层面制定的学前教育标准忽视了"生活课程"和综合课程的特点,标准高、执行困难;⑤教师的知识水平和待遇差距大。

(二)发展特点

美国学前教育的发展特点具体如下:①政府与国会开始重视学前教育,不断完善相关法律、规章、制度,增加财政支持,多方面确保学前教育的顺利发展;②教育的课程内容逐渐综合化与实践化,要求注重在大自然中引导儿童的成长,将游戏作为学生学习的主要方式,激发学生在自由活动中的探索和创新能力;③课程种类逐渐多样化,继承与发展了杜威、皮亚杰等教育家的理念,顺应儿童身心发展规律,让其在快乐中自由地成长;④重视教师素质的培养,加大对贫困地区学前教育的支持与发展。

(三)发展趋势

美国学前教育的发展趋势表现为以下几点:①要加大对学前教育的各方面投入,满足不同群体对学前教育的要求;②贯彻以"儿童发展"为中心的理念,通过多种方式促进儿童全面发展;③改革课程的社会实践性与综合性;④将早期教育标准与"发展适宜性"教育有效地结合;⑤继续提升学前教育师资的质量,提高教师的地位和待遇。

第六节　日本的学前教育

一、学前教育创立阶段(明治维新之后的学前教育)

(一)背景

在明治维新之前,日本没有真正意义上的学前教育,因为教育主要在家庭中进行。而明治维新之后,开始了第一次教育改革,加之西方的学前教育运动、自由教育思想等传入日本,逐渐使具有现代意义的学前教育被正式搬上历史舞台。

（二）学前教育机构的建立

1. 国立幼儿园建立

田中不二麿(1845—1909年)，被誉为日本"第一所学前教育机构的创立者"，于1876年在东京创立东京女子师范学校附属幼儿园。这是日本第一所具有公共性质的国立幼儿园。主要招收3～6岁儿童，一方面培养学前教育师资，另一方面服务少量特权阶级，照顾与培养其子女。采用福禄贝尔的教学理念、内容、方式等进行教学，在教学方法上采用直观、生动、形象的方法，将知识贯穿在游戏、课外活动中，以"恩物"为教材进行训练；在教学内容上按生活、美感和知识等科目进行细致、具体的教学。1877年制定《规则》，对幼儿园的目的、入学年龄、保教科目等一一加以规定，成为日本各地幼儿园的"标准"，具有深远的影响。附属幼儿园其建立是日本学前教育发展史的里程碑，具有重要的作用，也是明治维新时期学前教育师资培养的基地。

1884年，政府为了使贫困阶级的子女也能享受学前教育的资源，建立了第一所简易的学前教育机构，招收贫民劳动者的子女和父母无暇照顾和养育的子女。目的是一方面促进学前教育的发展，另一方面照顾贫民子女，推进社会公平。以收费低廉、集体保育、节约开支为办学宗旨。

公办幼儿园的建立，推动了日本学前教育的空前发展与幼儿园的快速普及。

2. 托儿所建立

由于工业革命对劳动力的需要，促使许多妇女从家庭中走出来，子女无人照顾，加之简易幼儿园已经不能满足社会的需要，因此托儿所开始建立。

赤泽钟美夫妇(1864—1937年)在1890年新谐市建立了日本第一所私立托儿所。该托儿所招收对象是(0至学龄前期)的贫民子女，帮助照顾贫民子女，缓解家庭后顾之忧，以寄托制、收费低、慈善型为办学特色。采用以保育为主，将少量知识加入游戏、户外活动的教学方法，而且参照幼儿园的课程。随着托儿所的不断发展，1919年日本在大阪建立第一所公办幼儿园。在当时托儿所和幼儿园成为日本学前教育机构的主流，并延续至今，而且政府给予幼儿园和托儿所自由管理和发展的权利，对教学大纲、内容等不进行干涉和统一。

二、学前教育制度建立与发展

明治维新之后，日本颁布了一系列政策法规，具体见表9-15。

表9-15 明治维新之后日本学前教育实施政策

年份	政策法规	内容与影响
1872年	《学制令》	招收对象主要是6岁以下的儿童(幼稚学校) 目的是为小学入学做好准备 这是日本最早对学前教育的规定，但是并没有得到实施
1879年	《教育令》，代替《学制令》	教育管理机构：文部省作为教育管理机构，施行统一管理(包括幼儿园等) 规定将学前教育纳入国家教育体系

续表

年份	政 策 法 规	内容与影响
1899 年	《幼儿园保育及设备规程》	明确规定幼儿园的硬件设施和保育内容等 招收对象主要是 3 岁至学龄前儿童 以教会儿童唱歌、跳舞、手工、游戏,进行行为规范的训练等方面为保育的课程内容 依据儿童身心发展特点,制定从易到难、顺序发展的保育方法 要求园内硬件设施符合标准,定期进行维修和修缮 这为日本学前教育制度化发展奠定了基础
1926 年	《幼稚园令》	招收对象主要是 3 岁以下的劳动者子女(父母忙于劳动生产,无暇照顾的子女) 目的是陶冶儿童的品德修养,使儿童形成正向的行为操守 教学内容是为了更好地照顾儿童,确保儿童身心健康和培养良好的个性,同时为家庭教育提供协助 这是第一个较完整且单独的学前教育法令,标志着近代学前教育制度的初步建立

资料卡片

日本幼儿园与保育所是有区别的,具体情况如表 9-16 所示。

表 9-16　幼儿园与保育所的比较

比 较 内 容	幼 儿 园	保 育 所
相关法令	学校教育法	儿童福利法
主管部门	文部省	厚生省
招收对象	3 岁至小学入学年龄的儿童	0 岁至小学入学年龄的儿童
费用	私立幼儿园自身规定 公立幼儿园由地方教育部门规定	由地方教育部门规定,并结合家庭收入的高低决定
时间	每年 39 周以上,1 天 4 小时	每年 300 多天,1 天 8 小时

三、学前教育发展阶段

(一)恢复阶段

随着儿童中心主义思潮和蒙台梭利、赫尔巴赫、克伯屈等教育家的思想引入日本,促使日本开始进行自由主义保育。此时日本对学前教育的发展重点工作放在了对学前教育进行更加系统的法律法规、规章制度、教育大纲、标准等的规范,促进学前教育的不断规范化和制度化。

1. 具体表现

1907 年教育家谷本富,强调保育工作应该尊重儿童的独特性与独立性,让儿童在幼儿园中自由快乐地游戏,禁止一切课程的传授;1908年谷本富与中村五六合著《幼儿教育法》,表明建立以游戏为中心的幼儿教育,顺应儿童的自然发展。

为了更好地恢复学前教育,日本政府制定了相应的政策法规、教育大纲、福利政策等,以保障学前教育的发展。

2. 政策法规

1947年日本颁布《学校教育法》,规定幼儿园主要招收3岁至小学前的幼儿,教育的目的在于做好幼儿的保育工作与促进幼儿身心发展。使幼儿从小养成正确的行为习惯与生活方式;在集体生活中培养儿童合作、独立、遵守纪律的个性;以积极乐观的心态正确面对外界的事物;正确和规范使用口头和书面语言;用音乐、绘画等活动,激发儿童主动学习的兴趣,使儿童积极融入活动。

3. 教育大纲

1948年日本颁布《保育大纲》,要求教育者必须以儿童为中心和使儿童自由发展为主,推动幼儿身体、情绪、个性、社会交往等方面的发展。生活内容和实践经验教学内容穿插在游戏中,且不做课程和作业的安排,要求教师认真观察儿童在游戏中的表现,适时进行引导和启发。

4. 硬件规定

要求园内设施符合标准,定期进行维修。这是第一个制定的学前教育大纲,目的是彻底消除军国主义和极端国家主义思想,推进学前教育的民主化发展,持续影响着日本学前教育的发展。

5. 福利政策

1948年日本颁布《儿童福利法施行令》,规定了教育目的、对象、内容、方法等事项。由于"二战"的爆发,许多家庭支离破碎、流浪儿童增多,因此要求在全日本建立"儿童指导所"和儿童乐园,为"二战"后的流浪儿童等提供生活成长的免费教育、游戏场所,帮助其治愈心理创伤,促进其健康成长。1950年日本颁布《保育所经营大纲》,全面细致地说明保育所承担的责任、义务、任务、内容、对象等相关事项,要求针对不同年龄阶段的儿童,保育的内容要有所不同且具有针对性。此阶段,日本保育所呈现制度化的发展。

(二)稳定发展阶段

由于战后国内新生儿的出生率较快增长以及受到欧美国家对人才质量的重视双重因素的影响,对学前教育的发展提出了新的要求,促使政府将早期智力开发和人才培养作为学前教育发展的重点。主要工作表现如下。

(1)1956年,颁布《幼儿园教育大纲》,要求幼儿园和小学的课程进行衔接,有助于顺利地幼小衔接。但是这导致幼儿园教学严重小学化,与幼儿园本身的特征相矛盾,引起了激烈的争论。

(2)1964年,重新修订《幼儿园教育大纲》,纠正小学教育化,区分幼小的特点,要求教育要立足于儿童的身心发展特点和家庭环境进行全面教育,同时又要做到从生活实际出发,激发学生兴趣,使儿童身心发展达到和谐。要求从健康、社会、自然、语言、音乐、韵律、绘画、手工八方面全面培养儿童。但是忽视幼儿早期智力发展与幼小衔接。

（3）1964年，根据"人才培养政策"实行《第一次幼儿园教育振兴计划》。

（4）1972年，实行《第二次幼儿园教育振兴计划》，为了提高4～5岁幼儿的入园率，通过对贫困家庭进行入学费用的减免或者免费的政策，促使入园率逐年提高，推动了幼儿园的极大发展。

（三）快速发展阶段（20世纪90年代至今）

20世纪90年代至今，日本学前教育发展状态参见表9-17。

表9-17　20世纪90年代至今日本学前教育发展状态

发展重点	重点关注智力开发、身心健康、人际交往、语言发展和内外环境培养
背景	政府和社会各界人士高度关注学前教育，投入大量资金；受到国外学前教育发展理念和运动的影响
发展状态	（1）1989年，重新修订与完善大纲，颁布了《新的幼儿园教育大纲》 创建良好的环境促进幼儿积极主动地学习，发挥自身的潜能，促进身心发展，通过个人自由活动和集体游戏为主的方式，并且依据儿童身心发展特点，从身心健康、人际交往、语言发展和内外环境表现等几个方面进行培养 目标是从四个方面进行：①锻炼身体素质、强健体魄、培养良好的日常生活和行为习惯；②在集体生活中，培养儿童良好的道德品质，使儿童学会关爱、合作、独立；③培养乐于思考和敢于创新与探索的能力，激发兴趣，获得认识，感悟人生；④培训和训练正确、规范语言使用，提升幼儿对语言的敏感性，进而提高语言能力 （2）1991年，继续实行《第三次幼儿园教育振兴计划》 为了提高3～5岁幼儿的入园率，通过提供专项资金支持幼儿园发展；对贫困家庭进行入学费用的减免或者免费；增加入园的奖励补助，最终促使入园率提高，改变过去家庭不重视学前教育的现状，推动了学前教育事业的繁荣发展 （3）1994年，颁布《天使计划》 为家长提供抚养与教育儿童的方法，构建系统的亲子支援系统，促进社会良性健康发展 通过四个方面开展：①建立咨询和指导机构，改善亲子之间的矛盾；②培训家长，改善家长的教育方法和经验，正确处理亲子问题；③减轻教育孩子的费用和改善家庭生活环境；④采用宽松式的教育方式，拉近亲子关系，双方共同发展 （4）2006年，颁布新《教育基本法》，首次将幼儿教育纳入法制系统，为幼儿教育提供了法律的保护 （5）2006—2010年，制定《关于适合环境变化的今后的幼儿教育的应有状态——为了幼儿最佳利益》报告 为了建立将保育与教育合为一体的儿童园。一方面为偏远和经济落后地区的儿童提供良好的教育和保育；另一方面为社区育儿活动提供帮助，促进社会的公平与稳定

（四）幼儿教师教育

随着学前教育的规模和质量的不断发展，为了与教育发展的速度和规模相匹配，对幼儿教师的教育也在不断提高要求。分为职前培养和职后培训两大方面。

（1）职前培养：由综合大学和师范院校进行培养，学生主要学习专业理论知识、专业实操技能等，另外要参与教育实习。学生完成学业获得大专学历或大学本科学历。培养的学生分为两类。①幼儿园教师：完成文部大臣认定的大学学分，获得从教资格证。

②保育所保育员：完成厚生劳动大臣认定的大学学分,获得从教资格证。

教师资格证分为五类：普通资格证书、专修资格证书(最高等级证书)、一级资格证书(大学本科)、二级资格证书(大专生)、临时资格证书(高专毕业生,是指通过地方教育部门组织的幼儿教师任用考试获得)。教师资格证有效年限为 10 年。

(2) 职后培训：政府对不同程度的幼儿教师提出了不同的培训要求,目的是不断地增进教师们的专业知识和专业能力的发展,注重实践能力的发展。①新任教师：通过研修的方式进行为期一年的训练,促进新教师的成长。②10 年经验者研修：对工作经验超过10 年的教师进行知识的更新换代和能力的进一步提升。

(3) 政策要求：1949 年,颁布《教喻许可法》和《教育许可法施行令》,规定幼儿园的教师为"教喻"和"助教喻",与小学教师同级。并要求幼儿园教师必须获得幼儿园普通资格证书和临时资格证书才可以任教。

四、日本学前教育的发展现状、特点与趋势

(一) 发展现状

日本学前教育的发展现状表现为以下几点：①实行中央和地方分权管理的模式,中央负责整体工作指导,地方主要负责直接管理；②形成幼儿园和托儿所二元化的学前教育机构类型；③实行"六三三四"单轨学制,将义务教育的年限延长至 9 年；④国立幼儿园经费由国家负担,公办幼儿园经费由地方负担,私立幼儿园经费由个人负担,幼儿园不属于义务教育,需要按照幼儿园性质进行收费；⑤幼儿园和保育学校之间的关系与职责分工不清,相对混乱；⑥各地区学前教育的发展不均衡,教育质量等参差不齐；⑦经济的发展和城市化的进程,锐减了幼儿园的活动场所；⑧生源不足,学前教育机构难以经营。

(二) 发展特点

日本学前教育的发展特点表现为以下几点：①要依靠法治进行教育,即对学前教育不断完善法律规章制度,规范学前教育发展的方向与提供法律保障,推动学前教育的法制化。②要重视学前教育师资的培养。政府加强对学前教师的培养力度、提高培养的标准、更新培养观念、通过各种政策和制度等确保教师质量的不断提升。一方面,在职前要求学生在校达到相应的学分,取得学位学历证和教师资格证、任教证；另一方面,在职后组织各种形式的培训,促进教师在实践中不断地成长与发展,提高自我的知识和技能,充分地运用在实践中。③要形成幼儿园、家庭和社区的三联动。社区是个体与团体之间的连接纽带,承担着基础的教化育人的功效,家庭是个人成长的首要环境,影响着儿童的发展,社区和家庭能为幼儿园提供丰富的资源。同时,让家庭参与幼儿园的管理和活动,可以密切家庭与幼儿园之间的联系,不仅可以使父母学习与掌握更多的育儿知识与经验,提升家庭教育质量,而且可以共同促进儿童的优质发展。④要注重学前教育研究。个体随着内外环境的变化而变化,不断地深入研究,能够更彻底地认识学龄前不同年龄阶段儿童的发展特点,采取措施,促成飞跃。因此,日本涌现出了很多学前教育研究团体,研究早期智力开

发、语言开发、幼儿园与家庭教育之间的关系等课题,将课题中取得的成果又运用于教育实践中,推进学前教育的高质量发展。例如,厚生部出版《儿童白皮书》和文部省出版《幼儿园教育年鉴》。

(三)发展趋势

日本学前教育的发展趋势表现为以下两点:一方面,要实现幼儿园与保育学校的一体化发展,因此颁布《关于推进综合的学前儿童教育、保育服务的法律》,逐渐推进一体化机构"儿童园",进行资源等的公用化,实现教育机会均等。同时,要造就"家-园-社"新的发展模式,也即将幼儿园、家庭和社区之间形成一条线,密切彼此之间的合作与联系:一方面社区和幼儿园可以结合起来,举办各种培训班和讲座,为家庭提供育儿与养儿经验;另一方面家庭和幼儿园共同教养儿童,可以双管齐下,促进儿童的良性发展。再一方面,要重视学前师资质量的提升:职前进行严格培养,职后严格制定任用标准,进行教师资格证更新制度,督促进修,筛选不能胜任的教师。

⬛ 考点聚焦

第九章 课外阅读

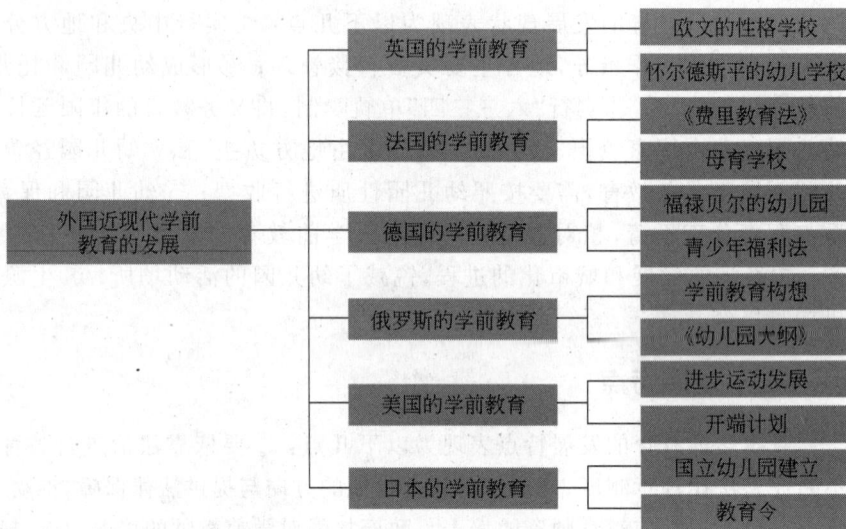

```
                                              ┌─ 欧文的性格学校
                            ┌─ 英国的学前教育 ─┤
                            │                 └─ 怀尔德斯平的幼儿学校
                            │                 ┌─ 《费里教育法》
                            ├─ 法国的学前教育 ─┤
                            │                 └─ 母育学校
外国近现代学前               │                 ┌─ 福禄贝尔的幼儿园
教育的发展 ─────────────────┼─ 德国的学前教育 ─┤
                            │                 └─ 青少年福利法
                            │                 ┌─ 学前教育构想
                            ├─ 俄罗斯的学前教育 ┤
                            │                 └─ 《幼儿园大纲》
                            │                 ┌─ 进步运动发展
                            ├─ 美国的学前教育 ─┤
                            │                 └─ 开端计划
                            │                 ┌─ 国立幼儿园建立
                            └─ 日本的学前教育 ─┤
                                              └─ 教育令
```

本章在历年教师资格证考试中有较多涉及,题型主要是选择题、简答题和主客观论述题,主要考查学生对近代国家的学前教育发展情况的理解和掌握情况,例如英国的欧文性格学校、怀尔德斯平的幼儿学校的教育思想、原则和内容等;法国奥柏林的"编织学校"的教育思想、原则和内容,以及《弗里教育法》和《戈勃莱法案》等法律法规对法国学前教育的影响;德国的福禄贝尔幼儿园的教育理念、原则、方法和内容与颁布的法律法规;苏联和俄罗斯的学前教育发展特点和政策措施;美国的裴斯泰洛齐的"家庭学校"、美式的福禄贝尔幼儿园的发展、进步运动和开端计划等;日本的国立幼儿园的创建、教育理念、原则、方法和内容等,以及《教育令》《幼稚园令》等内容重点识记。特别是这六国的现代学前教育发展现状、特点和趋势,是需要重点分析、思考和掌握的。

考题链接

一、选择题

1. 1918年,( )使保护与养育(简称保育)正式被英国政府纳入国民教育制度。
   A. 费舍法案　　　　B. 库森法案　　　　C. 哈多报告　　　　D. 青少年福利法

2. "游戏场""阶梯教室""旋转秋千"等教学器材出现在( )。
   A. 福禄贝尔创建的"儿童活动学校"　　　　B. "怀尔德斯平幼儿学校"
   C. 欧文创建的"性格学校"　　　　D. 蒙台梭利创建的"儿童之家"

3. 20世纪60年代,对幼小衔接问题提出许多具体建议的报告是( )。
   A. 哈多报告　　　　B. 费舍法案　　　　C. 普洛登报告书　　　D. 教育白皮书

4. 英国教育制度变为双轨制的状况始于( )。
   A. 1809年　　　　B. 1820年　　　　C. 1851年　　　　D. 1913年

5. 法国学前教育的三大课程领域是( )。
   A. 社交、自然及言语　　　　B. 社交、健康及心理
   C. 社会、卫生及母育　　　　D. 情绪、认知及行为

6. 法国设立的第一所白天照顾婴儿的机构是( )。
   A. 怀尔德斯平　　　B. 马尔波　　　　C. 欧文　　　　D. 赤泽钟美

7. 践行"母亲为主要的养育主体、进行早期教育和全面培养学生"理念的学校是( )。
   A. 性格学校　　　B. 幼儿学校　　　C. 日托中心　　　D. 保育学校

8. 推动"二战"后联邦德国学前教育发展的文件是( )。
   A. 青少年福利法　　　　B.《关于德国学校民主化的法律》
   C. 幼儿园条令　　　　D.《德国教育民主化的基本原则》

9. 世界上第一所幼儿园是由( )建立的。
   A. 柯夏　　　　B. 巴乌利勒夫人　　C. 别劳夫人　　　D. 福禄贝尔

10. ( )倡导在德国进行幼儿学校运动。
    A. 裴斯泰洛齐　　　B. 欧文　　　　C. 奥柏林　　　　D. 弗利托娜

11. 俄国发行最早的学前教育刊物是( )。
    A.《幼儿园令》　　B.《早期教育》　　C.《幼儿园保育》　　D.《学前教育》

12. 在俄国学前教育中注重对幼儿进行民族性培养的是( )。
    A. 马卡连柯　　　B. 凯洛夫　　　　C. 巴班斯基　　　D. 乌申斯基

13. ( )说明了市场经济开始调控俄罗斯学前教育。
    A.《戈勒莱法案》　　　　B.《费舍法案》
    C.《幼儿园教育大纲》　　　　D.《学前教育构想》

14. ( )建立了美国第一所私立( )幼儿园,推进了美国学前教育的普及。
    A. 帕蒂·希尔　德语　　　　B. 舒尔茨夫人　德语
    C. 舒尔茨夫人　英语　　　　D. 伊丽莎白·皮博迪　英语

15. ( )的提出体现了政府对贫困阶级教育的重视,即"补偿教育"。
    A.《经济机会法》　　　　B.《教育法》

C.《发展适宜性实践》　　　　　　　　D.《不让一个儿童落后》

16.日本第一部较完整的学前教育法令是(　　)。

    A.《保育大纲》　　　　　　　　　　B.《幼儿园令》

    C.《教育法》　　　　　　　　　　　D.《教育结构计划》

17.(　　)提倡在日本的幼儿应在幼儿园快乐地游戏而非进行课业的学习。

    A. 中村五六　　　　B. 谷本富　　　　C. 田中不二麿　　　　D. 东基吉

18.日本制订(　　),期望将 5 岁幼儿的入园率提高 50％以上。

    A. 第一次幼儿园教育振兴计划　　　　B. 第二次幼儿园教育振兴计划

    C. 第三次幼儿园教育振兴计划　　　　D. 第四次幼儿园教育振兴计划

19.日本第一所国立幼儿园是(　　)。

    A. 保育学校　　　　　　　　　　　B. 性格学校

    C. 女子师范学校附属幼儿园　　　　　D. 编织学校

20.(　　)的颁布,标志着学前教育的改革在明治维新后开始。

    A.《教育大纲》　　B.《学校教育法》　　C.《学制令》　　D.《教育法》

二、填空题

1.近代学前教育设施出现在_____创建的_____学校。

2.福禄贝尔认为_____是最重要的一项游戏活动。

3._____,标志着学前教育机构的作用从"看管"转向_____。

4.福禄贝尔视_____为幼儿全面发展的关键。

5.裴斯泰洛齐的_____,认为教育要循序渐进。

6._____,是英国保育学校的前身。

7._____,将法国的"母育学校"融入国民教育体系。

8.联邦德国认为幼儿园和家庭教育是_____的关系。

9.设计大型积木作为玩教具的美国进步主义人士是_____。

10.法国政府认为学前教育的良好发展是_____重要基础和帮助父母解决无法照料子女的手段。

11.蒙台梭利认为对幼儿最基本的教育应做到_____和_____。

12._____课程(幼儿园)体现福禄贝尔重视对幼儿创造意识的培养。

13.在美国,想成为一名学前教育教师,必须取得_____和_____教学证书。

14.福禄贝尔的_____教育理念,强调同伴交往的重要性。

三、名词解释

1."幼儿凭证计划"

2."白天的母亲"

3."恩物"

4."开端计划"

5.双轨制

四、简答题

1.简述怀尔德斯平的"幼儿学校"。

2. 简述"母育学校"。

3. 简述福禄贝尔幼儿园教育的特点、方法和内容。

4. 简述"教育的民族性原则"。

5. 简述日本学前教育的特点。

五、论述题

归纳英、法、德、俄、美、日"二战"后学前教育发展和一般趋势是什么。

第九章 考题链接参考答案

第十章
外国近代学前教育思想

本章导航

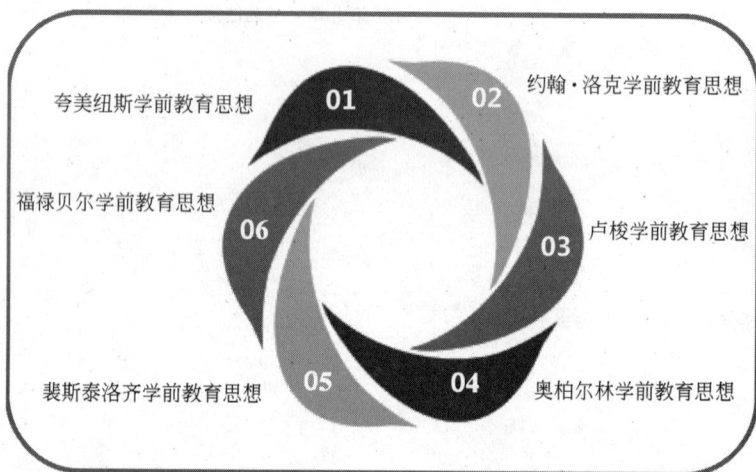

夸美纽斯学前教育思想　01　02　约翰·洛克学前教育思想

福禄贝尔学前教育思想　06　　　03　卢梭学前教育思想

裴斯泰洛齐学前教育思想　05　04　奥柏尔林学前教育思想

学习目标

1. 结合近代教育学家的背景，了解他们关于学前教育的主要思想观点。

2. 分析比较近代学前教育家的学前教育思想。

3. 归纳总结近代学前教育思想对当前学前教育发展的意义。

故事探索

太阳底下最光辉的职业

"教师是太阳底下最光辉的职业。"这句话想必大家早就已经耳熟能详，但是几乎很少有人知道这句话出自17世纪著名的教育家夸美纽斯。为什么说教师是太阳底下最光辉的职业呢？我们一起来了解夸美纽斯、奥柏尔林、裴斯泰洛齐和福禄贝尔等为教育理论做出了巨大贡献的国外近代教育家之后，也许可以找到答案。

第一节 夸美纽斯的学前教育思想

一、生平简介

夸美纽斯(1592—1670 年)出生于西方一个磨坊主家庭,他的一生为教育理论的变革做出了巨大的贡献,是西方近代教育理论的创始人之一,有着"教育学之父"之称。其基本情况如表 10-1 所示。

表 10-1 夸美纽斯生平简介

姓名	夸美纽斯	生卒年	1592—1670 年	国籍	捷克
名誉	教育巨匠、教育理论的始祖、教育史上的"哥白尼"				
著作	《大教学论》《母育学校》《语言和科学入门》				

夸美纽斯(图 10-1)是第一个把教育学从哲学中分离开来的人。夸美纽斯被称为近代的"教育巨匠""教育理论的始祖"和教育史上的"哥白尼"。他的主要教育思想在《大教学论》和《母育学校》中提出。

1592 年,夸美纽斯出生在摩拉维亚,虽然他一生命运坎坷、颠沛流离,但是他从未放弃过学习和思索,一生为教育理论的变革做出了巨大的贡献。他出生后的第 12 年,父母就全都去世了,之后不得不寄宿在亲戚家,能够有幸接受到学校的教育也主要因为得益于"兄弟会"的资助。他先后就读于拉丁文学校、

图 10-1

德国的海尔朋学院、德堡大学。毕业后,他先后在兄弟会所设的学校(他的母校)任教,在摩拉维亚兄弟会的教堂和学校担任主持人,应聘到瑞典编辑学校教科书及教法参考书,应邀到匈牙利进行教育改革并且主持了一个学校。最后,夸美纽斯在阿姆斯特丹度过了他的晚年。

二、夸美纽斯的学前教育理论

(一)泛智教育思想

夸美纽斯的教育思想的核心是泛智论。"泛智"就是让所有的人都通过教育获得广泛而全面的知识,这样智慧才能得到充分的发展。他主张学习广泛的知识和掌握学科知识的精髓。简单地说就是"人人均受教育,人人必须学习一切";强调需要学习的内容是在真实的生活中有用的;重视学习各种语言和自然科学文化知识。在他的代表作《大教学论》中,他认为"泛智教育"和"泛智学校"可以通过教育实验来实现。

（二）教育适应自然原则

教育适应自然原则是贯穿其整个教育思想体系的一个根本的指导原则。教育适应自然原则的主要思想是教育具有规律性和秩序性，应当服从"普遍的秩序"，教育者需要探索和遵循这种规律性。[①]

（三）统一学制

夸美纽斯认为应该"统一学制"，即建立一个全国统一的学习体系。他认为一个人在不同的年龄应该接受不同的教育。为方便因材施教，他把一个人从出生到成年划分成了四个阶段：1～6 岁的婴儿期、6～12 岁的儿童期、12～18 岁的少年期和 18～24 岁的成年期。他认为处于婴儿期的人应该到母育学校接受教育，学校应该主要培养婴儿的外感官。处于儿童期的人应该到国语学校学习，学校应该注重培养他们的内感官、想象力和记忆力。处于少年期的人应该到拉丁语学校学习，学校应当培养他们的理解力和判断力。处于成年期的人应该到大学学习，学校主要培养他们的协调性和意志力。他还主张对人的教育活动必须适应自然的原则，就像大自然分为春、夏、秋、冬四季，人的四个阶段的教育就像一年四季。他认为婴幼儿时期接受的教育像春季，儿童期接受的教育像夏季，少年期接受的教育像秋季，成年期接受的教育像冬季。

（四）学年制和班级授课制

1. 学年制

夸美纽斯提出了一个统一的学年制。他认为把各个年级的开学、放假和考试时间等进行统一，有利于教师展开教学工作且可以提升教学效率和效果。同时，他认为做事的计划也非常重要，学校的工作应该按照每月、每星期、每天、每小时制订相应的计划并且应该严格执行。

2. 班级授课制

夸美纽斯提出了班级授课制。他认为当时学校的教学组织比较混乱，要想使教学有序进行，把学生划分成不同的集体有利于教学的组织管理。按照学生的年龄和程度划分班级，每个班级由一个教师对全班进行教学管理。教师将整个班级分成一组十人，由成绩优异的学生担任组长进行管理。班级授课制的建立在近代教育发展史上具有划时代的意义。班级授课制为彻底改变个别教学的形式提供了理论基础；班级授课制的提出为学校教学管理的制度化和标准化做出了重大的贡献。

（五）教学原则和道德教育

1. 教学原则

夸美纽斯第一次系统地总结了教学原则，主要包括直观性原则；系统性和循序渐进性原则；巩固性原则；主动性和自觉性原则；量力性和因材施教的原则。

---

① 王道霞.裴斯泰洛齐的劳动教育实验对我国初等教育的启示[J].文教资料,2009(30).

2. 道德教育

夸美纽斯不仅重视对人的知识性方面的教育,还很看重对人进行道德方面的教育。他认为学校的重要任务之一就是对人进行道德教育。他认为有道德的人应该具备勇敢、睿智、勤俭节约和公平正义等品质。他提倡进行道德教育时应该尽量采用正面教育,激励和引导幼儿往良好的道德方面发展。他认为人具有很强的模仿性,幼儿很容易"近朱者赤,近墨者黑",人们应该谨慎地选择自己的朋友。教育者要注意自己的一言一行,为受教育者做好榜样。

(六) 学前教育理论

1. 儿童观

夸美纽斯认为儿童生下来是无罪的且是无价之宝,要尊重且热爱儿童。他对儿童的认识与传统的"原罪论"认识下的儿童观完全不同。在《母育学校》这本书中,夸美纽斯指出,孩子是无价的珍宝和"上帝的种子"[①],他们在神的眼中具有无法估量的价值。他们是清白无罪的而不是生来有罪,"不仅如此,上帝也警告那些哪怕只是轻微地欺辱孩子的人,必须要尊重孩子像尊重上帝一样,并且严厉谴责那些侵犯儿童的人"。在他看来,儿童比金银和珍宝更珍贵,儿童是上帝给予父母独特而宝贵的财产。他认为上帝永远在保护儿童。他还把儿童比作一面镜子,"人们可以从中注视谦虚、有礼、亲切、和谐及其他基督徒的品质"。

2. 学前教育的重要性

夸美纽斯深刻地意识到学前教育的重要性,对学前教育的重要性有着独到的见解。他认为每个人生来就有成长为虔信、德行和智慧的人的可能,如果父母承担起了教育子女的责任,他们的孩子就有虔信、德行和智慧等良好品质。但是由于父母在教育自己的子女过程中被力不从心、家务所累、认为子女教育无关紧要等客观因素影响着,因此,逐渐产生了学校。但是大多数学校里面,教师们缺乏教学上的专业知识和素养,在教育孩子过程中常常行为恶劣、懒惰、卑鄙下流,因此父母还是必须承担起教育子女的责任。父母应该对孩子进行各个方面的教育(主要包括虔信、道德、智慧),并且不能松懈,孩子才能成长为一个较为理想的且有才能的人。

夸美纽斯在教育适应自然原则指导下,用自然界生物生长的例子论证了学前教育的重要性:在年幼的人身上播种什么样的种子,这个人老了之后就会收获什么样的果实。他认为刚出生的婴幼儿是娇弱的,具备很强的可塑性,教育应该从一个人的出生开始。如果教育不从小进行,一个人已经具备某些不良的品质或者学习不好就不容易改变他们了。他认为如果希望一个人在智慧上得到巨大发展,就要从婴幼儿时期把他们往智慧的方向指引。夸美纽斯还认为学前教育对国家有重大的意义,因为儿童是未来社会的成员,整个国家的基础在于童年正确的教育。

---

① 李芳,张超.普通高校文科课程研究式学习教学方式的应用——以"外国教育史"课程教学为例[J].黑龙江教育,2009(22).

（七）学前教育的任务

夸美纽斯主张为幼儿今后道德、身体和智慧等方面的发展打下良好的基础是学前教育的主要任务。他认为学前教育的任务主要包括体育、德育和智育三个方面。

1. 体育

夸美纽斯认为健康的精神建立在健康的身体基础上，保护子女的健康是父母教育子女的首要责任。父母培养一个人健康的身体要注意以下四个方面：①从婴幼儿时期开始就要注意幼儿的健康。作为一个孕妇要注意饮食营养均衡、防治疾病、生活规律，学会控制自己的情绪，不要让自己的情绪波动太大，以免对胎儿产生不良的影响。②在喂养方面，作为一个母亲应该把母乳喂养看作自己的责任，因为母乳喂养对婴儿的健康有好处；当婴儿稍微大一些时可以适量添加一些辅食；在婴幼儿断奶后应该为其提供丰富多样、营养均衡、刺激性低的食物。③注意保护幼儿的安全。夸美纽斯认为幼儿的身体柔嫩，容易受到伤害，就像玻璃一样脆弱。因此，时刻保护幼儿的安全是十分有必要的。④给幼儿安排合理规律的作息时间，使幼儿保持心情愉快。他认为如果幼儿的生活是合理的、规律的，那么对他的健康成长十分有利，并且指出愉快的心情就是健康的一半。

2. 德育

道德教育一直被夸美纽斯所重视。他认为德行要从幼儿时期开始培养，否则等他们成年后就很难改变其德行。要想使一个人的德行好，就要注重打基础。德育的具体内容包括：节制、整洁、尊长、服从、诚实、正直、仁爱、勤劳、慎言、忍耐、谦恭、乐于助人、有礼节。榜样示范、教导、训练、惩罚、表扬等手段是对幼儿进行道德教育的好方法，其中最主要的方法是榜样示范和训练。榜样示范法要求教育者要为儿童做出良好的榜样，在他们行为不当时及时进行教导。榜样的作用对幼儿的影响是很大的，因为幼儿好模仿。训练是为幼儿制定合适的训练内容，并且让幼儿按照要求去做，若幼儿不遵守不能威吓他，但是可以训斥甚至适度体罚他。但是在惩罚幼儿时要对幼儿适当进行表扬，聪明的表扬能够让幼儿成长得更健康。

3. 智育

夸美纽斯认为智慧是虔信也是德行的基础，是非常宝贵的。学前教育阶段主要任务是让幼儿获得各领域的基础知识，同时发展语言和思维，为以后各阶段的系统学习做好准备。这个阶段的学习主要是通过训练幼儿的感官和观察力来获取知识。他认为把一个人一生所需知识的基础和启蒙内容让幼儿在幼儿阶段学习是十分重要的，智慧比世间的珍珠宝石都要珍贵得多。

智育的内容，包含自然事物、自然科学、社会科学、音乐、语言以及绘画写字等方面的知识。夸美纽斯认为，幼儿接受这种百科全书式的知识启蒙教育可以为儿童以后学习各学科知识奠定基础。

夸美纽斯认为智育主要的途径与方法是：培养幼儿的体外感官，培养幼儿的观察力，

引导幼儿通过感官认识周围世界从而获得知识。[①] 夸美纽斯认为感觉是知识的主要源泉,对幼儿的教导要以感官知觉特别是视觉作为主要媒介。

学习语言的方法与途径:①幼儿学习语言要从字母到音节到单词再到完整的语句循序渐进地进行。当幼儿能够准确地发出字母、音节和单词的音后可以试着教幼儿学习周围所见的一切东西的名称。幼儿在学习语言的同时能够为发展思维打下基础。②教授幼儿语言时要注意到幼儿的年龄特点和个体差异。教授幼儿的东西应该在幼儿能够理解的范围内,否则是没有意义的。③因材施教。不同幼儿学习知识和接受知识的能力水平不一样,因此教授幼儿学习语言的方法和要求不能千篇一律,要学会根据幼儿的实际情况进行因材施教。

夸美纽斯认为游戏对幼儿的发展非常有意义。他认为幼儿一般都是精力旺盛、活泼好动的,只要对幼儿没有害处的活动,幼儿喜欢,成年人不应该去限制他们,要学会放手,让幼儿尽情地玩耍。他认为幼儿在自由活动的过程中不仅身体得到了锻炼,让身体更加健康敏捷,而且幼儿的思维和专注力也得到磨炼和提高。幼儿在游戏过程中受到自然的启发去做事,一般注意力会非常集中,可以培养幼儿做事的专注度。在这些活动中能够受到一种积极生活的锻炼,使幼儿逐渐学会克服困难。作为幼儿的父母,在幼儿游戏时可以当幼儿游戏过程的参与者或者支持者,在必要时为幼儿的游戏提供帮助和指导。夸美纽斯认为幼儿喜欢模仿成人做的事情,并且以此为乐,成人可以为幼儿提供成人做事时所用到的工具的一些替代品让幼儿当作玩具。

(八) 进入国语学校的准备(幼小衔接)

夸美纽斯认为父母把孩子送入国语学校接受教育之前要做好准备,在进入国语学校之前幼儿首先要达到入学年龄(6岁)。他认为只有孩子学会了在母育学校教授的知识,能够注意辨别一些基本问题和有继续学习的愿望后才算是具备入学的条件。

三、对夸美纽斯学前教育理论的评价

夸美纽斯的主要贡献是在历史上首次从普及教育角度将学前教育纳入统一学制,首次深入系统研究家庭条件下学前教育。夸美纽斯创作了第一部幼儿教育著作和看图识字课本,其在学前教育方面的成就,可谓前无古人,后近两百年没有来者。近代的学前教育家都深受他的影响。其消极的一面就是,由于当时他处于的时代背景是欧洲由封建制度逐渐向资本主义制度转变的过渡时期,他又出生在具有宗教氛围的家庭,因此他的学前教育思想具有一定的矛盾性和宗教色彩。

---

① 张红.研究性课程改革的路径探寻——以"外国教育史"课程为例[J].黑龙江教育,2009(22).

第二节　约翰·洛克的学前教育思想

一、生平简介

约翰·洛克(1632—1704年)是17世纪英国著名的思想家、哲学家和政治家,其基本情况如表10-2所示。

表10-2　约翰·洛克生平简介

姓名	约翰·洛克	生卒年	1632—1704 年	国籍	英国
名誉	思想家、哲学家和政治家				
著作	《教育漫画》《宽容论》《人类理解论》《政府论》				

1632年,约翰·洛克(图10-2)出生于英格兰的萨默塞特郡,他的父亲是一名律师,母亲是制革工匠的女儿,父母均是清教徒。他的童年时期在农村度过,一生坎坷、颠沛流离、终身未娶。受到父母的影响,约翰·洛克从小学习勤奋刻苦,喜欢阅读和思考,其一生为教育理论做出了重要贡献。15岁的时候,他受到资助前往伦敦的西敏中学学习。20岁的时候,约翰·洛克就读于牛津大学的基督教堂学院。约翰·洛克对本专业的学习不感兴趣,但对实验哲学(特别是笛卡尔的哲学)、自然科学和医学很感兴趣。在他顺利取得牛津大学的学士和硕士学位后,他选择留在牛津大学担任希腊语和哲学的老师。《人类理解论》是他在这期间创作的,这

图　10-2

本书是他一生中最重要的哲学著作。约翰·洛克在其著作《教育漫画》中阐述了自己的主要教育思想,提出了"白板说",这对学前教育领域有着极大的影响。在洛克的晚年期间,虽然饱受哮喘病的折磨,但是他依然常常与几位科学家(如艾萨克·牛顿)讨论各种议题。

二、约翰·洛克的学前教育理论

(一)白板说

约翰·洛克在《教育漫画》中提出"白板说",他认为,人的心灵就像一个白板,观念和知识都来自后天,并且得出结论,天赋的智力人人平等,"人类之间差别很大的原因是接受到的教育不同"[①]。约翰·洛克主张取消封建等级教育,人人都可以接受教育。

(二)教育内容

约翰·洛克的教育内容主要书写在《教育漫画》这本书中。《教育漫画》主要阐述的是

---

①　贾永腾.洛克的绅士教育思想对我国家庭教育的启示[J].牡丹江大学学报,2015(11).

关于"绅士教育"。绅士教育主要针对的是上层社会富人子女的教育,是欧洲文艺时期的代表新资产阶级的教育观。他希望教育能够培养出符合时代需求,对社会有用的人。他认为应该把一个人培养成逻辑思维清晰、道德良好、积极进取和有事业心的实干人才。约翰·洛克把教育内容分为体育保健、德育教育、知识技能教育三方面。

1. 体育保健

约翰·洛克非常重视在健康教育方面的体育保健,他认为一个人只有身体健康才能滋生健康的精神。在《教育漫画》中他强调儿童的健康教育要注意以下几个方面:儿童要避免娇生惯养;一年四季中,儿童穿衣应当适宜,不可过冷或者过暖;儿童要注重脚的锻炼;提倡"冷浴",用冷水洗澡可以增强幼儿的体质;应当适当地让幼儿参与户外活动和游戏;儿童吃的食物不宜过度加工和油腻,尽量清淡简单,减少食肉,特别是针对 2 岁以前的婴幼儿,家长不应该让他们吃肉;早睡早起,床铺要硬;按时排便等。

2. 德育教育

约翰·洛克最注重的就是儿童的道德教育。他在《教育漫画》对道德教育的描述十分详细。他认为道德是一位绅士所应具备的各种品质中最为必须具备的且其重要性居于首位。首先,他详细地分析了教育不当的危害,随后要求教育者对一个人要进行早期教育,并且陈列了一些教育的方式和方法。主要的教育方法如下:①榜样法。他认为幼儿具有很强的模仿性,父母从小应该为儿童树立良好的榜样。②不能溺爱孩子,要对子女进行严格的教育。他认为过度地呵护孩子会让孩子变得柔弱,经不起风吹雨打,要想让幼儿成长为有用之才必须对幼儿进行严格的教育。③不能体罚孩子。如果父母用棍棒体罚孩子,孩子长大后容易有暴力倾向。④教育孩子过程中要奖惩结合和严慈结合。

3. 知识技能教育

在《教育漫画》中,约翰·洛克强调正确的教育方式方法对儿童知识技能增长的重要性。他详细地讲述了正确引导儿童学习的方法,要为儿童提供适宜的书籍去阅读,并且先后对儿童如何练字、绘画、学习外语等给出了建议。他认为一个绅士不仅要学会研究与在书本中获取知识,而且要在其他方面取得成就。他认为儿童学习舞蹈可以让幼儿变得自信。在绅士教育中击剑和骑马也非常重要,音乐在所有的教育方式中排名居于末位。

三、约翰·洛克学前教育理论的评价与启示

约翰·洛克把教育内容主要划分为体育、德育、智育三个方面,并对这三个方面的内涵和方法作了详细的介绍。并且提出了"白板说",强调人们的知识和观念来源于后天,后天教育对人的身心发展具有重要的作用。虽然约翰·洛克对后来的教育理论做出了巨大的贡献,但是他的思想重点在于资产阶级的"绅士教育",缺乏民主性。

第三节　卢梭的学前教育思想

一、生平简介

卢梭(1712—1778 年),法国 18 世纪启蒙思想家、哲学家、教育家、文学家,其基本情况如表 10-3 所示。

表 10-3　卢梭生平简介

姓名	卢梭	生卒年	1712—1778 年	国籍	法国
名誉	启蒙思想家、哲学家、教育家、文学家				
著作	《爱弥儿》《忏悔录》《社会契约论》《论人类不平等的起源和基础》				

1712 年,卢梭(图 10-3)出生在日内瓦共和国,他的父亲是一名新教教徒和钟表匠。卢梭的一生非常坎坷,历尽艰辛。卢梭青少年时期曾先后寄宿在舅舅家和一个牧师家。23 岁时,卢梭在马斯隆先生处打杂,不久后又在雕刻匠杜康曼处当学徒,在此期间,养成偷窃的恶习,但是他还是保持着阅读的习惯,阅读的书籍杂而乱。1775 年年底他搬迁到了蒙莫朗西,来到蒙莫朗西后,卢森堡夫妇一直资助卢梭直到他的《爱弥儿》一书出版为止。1777 年,卢梭不仅清贫,身体状况也逐渐恶化。晚年的卢梭居住在巴黎的一个庄园里,病逝后埋葬在隆美尔镇。

图　10-3

二、自然教育思想

(一)回归自然

卢梭教育思想的主体是自然教育,而自然教育的主体是"回归自然"。为了保持孩子的善良本性,15 岁之前孩子的教育应该在农村地区进行,尽量远离城市的喧嚣。卢梭是性善论者。他认为如果一个人长期处于城市的喧嚣中,他容易产生罪恶的念头或者犯罪,一个人处在自然的环境中才能更好地保持善良的本性。因此,他主张教育要回归自然,按照大自然的法则发展人的天性。

教育的目的应该是培养符合自然要求的"自然人"。"自然人"是指身心健康且不受封建社会和文化束缚而发展的新人。他认为自然规律控制着包括人在内的一切事物。人的成长和发展受到自然规律控制,自然规律决定一个人成长为什么样的人。

(二)顺应天性

卢梭强调幼儿的成长要顺应天性。一个人不同的年龄阶段,呈现出来的特征也不同,因此人们在教育时要结合人的年龄特征,适应人的生理和心理的自然本能。在看待儿童

时应当"把儿童看作儿童",而不是用成年人的标准去统一衡量他们。要把成年人和孩子区分开来,切不可混为一谈。卢梭根据人的年龄特征把教育分为0~2岁的婴幼儿期、2~12岁的儿童期、12~15岁的少年期和15~20岁的青年期。

(三)提出"否定教育"的观点

卢梭认为对儿童特别是年幼儿童进行教育,其主要目的是保护孩子善良的本性。他主张教育应该和儿童天性的自然发展一致。他自称这种教育为"否定教育"。

(四)自然教育的方法原则

(1)正确地看待儿童。反对将儿童当成小大人看待,更不能当成大人的玩物,儿童有其独特的地位。

(2)给儿童充分的自由。婴幼儿时期的教育主要是发展身体和感官的训练,成人应该给予儿童充分的自由去发展多种感官的能力。

(五)教育的阶段论

卢梭根据受教育者的年龄特征把教育分婴幼儿期、儿童期、少年期和成年期这四个阶段,不同阶段的人,年龄特征也不同,教育侧重点和方法也有区别。教育者对处于婴幼儿期的婴幼儿,应该把养护作为主要内容;教育者对待处于儿童期的儿童应该注重体育、经验和感官方面的教育;教育者对待处于少年期的少年就要注重知识的教育;教育者对待处于青年期的青少年就要注重道德、宗教及情感的教育。

三、卢梭学前教育思想的评价与启示

卢梭从全新角度解读幼儿,引导幼儿的自然教育思想,对学前教育来说具有十分积极的意义,并且对于幼儿教育中出现的很多现实问题,卢梭在《爱弥儿》中都给予了回答。卢梭的教育理论对学前教育的启示如下。

(一)儿童观:尊重幼儿天性,把儿童看作儿童

卢梭是"儿童本位论"的代表,"儿童本位论"即要以儿童为中心,其他人或事物必须服务于儿童利益。卢梭认为儿童就应该有儿童的样子,我们不能打乱一个人成长和发展的顺序,如果打乱顺序就有可能造就一些不丰硕也不甜美而且很可能很快就会腐烂的果实——一些年纪轻轻却老态龙钟的儿童。因此,我们应该看到,不同的人生阶段有不同的特点,我们应该尊重孩子的天性。

(二)教育观:顺应自然

卢梭认为教育要顺应自然,顺应幼儿的天性,教育要结合幼儿的身心特征,适应幼儿生理和心理自然的本能。教师的教育观会影响教师的教育方式,进而影响到幼儿,因此树立教师正确的教育观非常重要。

（三）教学观：以幼儿为主体，注重行为实践

卢梭强调，真正的教育是实践。他希望幼儿能够在"做中学"，而不是像传统的教育观念那样仅仅崇尚理论却不重视实践，幼儿要多动手多思考。教育者要学会引导儿童而不是一味地训斥儿童，学理论的同时也要进行实践和思考，培养出来的人才不至于千篇一律。

（四）师幼互动：注重爱的感化

师幼互动过程中，教师要怀着一颗爱心，去观察和解读幼儿的行为。幼儿周围的人和事物都对幼儿的发展产生影响，同时幼儿也会对周围的人或事物产生影响，也就是说幼儿和周围的人或事物相互作用，相互影响。相关研究证明，幼儿的社会适应能力和学习能力均会受到师幼互动的影响。有的教师在幼儿做错事情的时候很少站在幼儿的角度去思考问题，很少怀着一颗爱心去解读孩子的行为，只是一味地批评打骂孩子，这样是很难建立平等和谐的师幼关系的，也不利于幼儿的发展。

（五）教育方法："无为而为"

卢梭倡导的教育方法是"无为而为"的自然教育。他认为如果教师一味地按照成规教育学生，那将是非常愚蠢的，教师要学会对学生放手。卢梭所说的"无为而为"并不是放任孩子不管不顾，而是让大自然去教育他们。当一个孩子犯错时，不要想着立即去惩罚他，而是学会让孩子在自然环境中自然地受到相应的惩罚。比如说一个孩子把窗户玻璃打碎了，教育者不要训斥或体罚他们，而是让打碎玻璃的这个孩子待在这个没有窗户玻璃的房间中，等到天气变冷，冷风吹进来的时候，孩子就自然而然地领悟到自己打碎玻璃是不对的，这比训斥和体罚管用得多。

第四节　奥柏尔林的学前教育思想

一、生平简介

奥柏尔林（1740—1826 年）是法国的教育家和慈善家，其基本情况如表 10-4 所示。

表 10-4　奥柏尔林生平简介

姓名	奥柏尔林	生卒年	1740—1826 年	国籍	法国
名誉	教育家、慈善家、幼儿学校的创始人、学前教育的杰出先驱者				

1740 年，奥柏尔林出生在法国的斯特拉斯堡的一个充满书香气息的教师家庭。奥柏尔林的父亲是一所高等文科中学的教师，奥柏尔林也曾经在父亲所任教的中学求学。毕业后，他又到当地的斯特拉斯堡大学求学，专门学习和研究哲学和神学。大学毕业后，奥柏尔林连续五年在一位著名的外科医生让哈根家里当家庭教师。他当家庭教师期间，在

教育别人的同时也向别人虚心学习。当家庭教师的五年间,奥柏尔林不仅积累了教学经验,也学习到了很多宝贵的医学知识,这些都为他往后的教育生涯奠定了有益的基础。1769年,奥柏尔林开办了欧洲第一所幼儿教育学校(被称为编织学校),被后人誉为"幼儿学校的创始人"和"学前教育的杰出先驱者"。

(一)幼儿学校的目的

奥柏尔林创办幼儿学校的目的是给予儿童必要的照料和培养幼儿良好的习惯。他十分重视学前教育,认为幼儿的可塑性非常强,在童年期受到的影响对今后的发展影响很大。奥柏尔林很担心其所在的偏僻落后的施泰因塔尔地区中没有人照顾和管教的孩子。他和他的夫人用自己的钱租下房屋,并且修复这些房子来作为学校的教室和校舍。他在每个村庄亲自挑选出女指导员,并且对其进行培训。他这一行为让当地许多无人照料和教育的孩子能够在一个温暖、和谐的环境内接受教育和健康地成长。

奥柏尔林认为,幼儿园学校教育的好处主要有如下几个方面:①无人看管的年幼儿童可以得到照料和教育;②幼儿可以学习法语(这一点非常重要);③可以培养幼儿养成劳动的习惯;④幼儿可以获得一定的知识和技能(比如编织)。根据奥柏尔林多年的教育实践经验,他认为即使在襁褓中的婴儿也能够教他区别正误,也能够通过教育使他们养成服从和勤勉的习惯。

(二)幼儿学校的内容和方法

奥柏尔林幼儿学校的保育内容包括:标准法语、宗教赞美诗、唱歌、讲童话和格言、采集和观察植物、地图知识、游戏以及手工编织等。他认为语言教育对于处于偏远落后地区的施泰因塔尔的意义非常大,因此他特别重视对儿童的语言教育。他认为不仅要教幼儿学会说发音标准的法语,而且要尽量消除幼儿的土话。

有必要让幼儿从小了解植物世界、先进的耕作方法和重要的编织活动。幼儿时期的教育不仅要包含必要的知识技能,也要包括一些诸如勤奋、毅力和热爱劳动等良好的品质。他希望幼儿长大后可以通过勤奋又充满智慧的劳作去改善经济条件。

(1)关于语言教育的方法。奥柏尔林认为语言教育要从幼儿很小的时候开始。他对幼儿进行语言教育的时候采用直观的教学方式。一般教授语言时,指导员会出示一些关于历史和动植物类的图画,图画上分别标注土话和法语。指导员先引导幼儿用土话说出图片的内容,再指导他们用法语说出图片的内容,最后全体幼儿齐声重读图画内容。

(2)关于知识教育的方法。知识教育方面,主要是日常生活中的有趣的事情和一些地图知识,在指导员讲述时常常引发幼儿的欢笑。在讲解地图知识时,女指导员会结合奥柏尔林刻在木板上的地图,为幼儿介绍不同的地方和相关的故事。奥柏尔林认为幼儿学习实际生活的知识也非常重要,因此他开办了一个展览,专门展览实际生活中的农业设施和工具。

(3)关于道德教育的方法。奥柏尔林注重培养幼儿的道德,他认为要从小教育孩子富有爱心、怜悯之心,遵守社会规则,热爱劳动,懂礼貌和诚实。他认为儿童唱有关道德的歌曲和赞美诗可以培养幼儿的道德,因此教授关于道德的歌曲和赞美诗也属于学前教育的内容之一。奥柏尔林培养幼儿的道德也是从宗教观出发的,他认为上帝虽然博爱但是也不喜欢道德不良的人。

(4)关于健康体育教育的方法。为了增进幼儿的身心健康,奥柏尔林还倡导组织幼儿进行体育活动游戏。在游戏过程中,奥柏尔林很少发现幼儿之间进行争吵。

(三)幼儿学校的教师

奥柏尔林聘请一些指导员在学校工作。奥柏尔林挑选那些心地善良且具有编制技能的妇女来教幼儿。在教幼儿之前,奥柏尔林先给指导员讲解即将要讲的内容,这样指导员就能更加清晰地为幼儿讲解所教内容。其中,奥柏尔林最得力的助手就是路易斯舍普勒。在奥柏尔林去世后,曾经担任过奥柏尔林助手的路易斯舍普勒继续在学前教育领域产生了很大的影响,1829年还获得由法兰西学院颁发的"伟大的道德奖"。

二、奥柏尔林学前教育理论的评价

奥柏尔林建立了欧洲第一所幼儿教育机构。许多幼儿到他建立的幼儿教育学校接受教育后取得很大的进步。奥柏尔林的幼儿学校的实践和理论是颇有新意的,对当时的法国以及欧洲一些其他国家的幼儿教育产生了重大的影响。奥柏尔林一生致力于幼儿教育,他在幼儿教育方面取得的效果,唤起了社会公众对幼儿教育极大的兴趣,从而推动了学前教育事业的发展。

第五节　裴斯泰洛齐的学前教育思想

一、生平简介

裴斯泰洛齐(1746—1827年),出生在苏黎世的一个医生家庭,是19世纪瑞士著名的民主主义教育家,其基本情况如表10-5所示。

表10-5　裴斯泰洛齐生平简介

姓名	裴斯泰洛齐	生卒年	1746—1827年	国籍	瑞士
名誉	民主主义教育家				
著作	《林哈德和葛笃德》《论教学方法》				

裴斯泰洛齐(图10-4)倡导教育平等,认为每个人都应该具有接受平等教育的权利。当时的瑞士人民深受封建地主和资产阶级的双重压迫,他对苦难的人富有同情心,一生为贫苦儿童的教育做出了巨大的贡献。他在卡罗林学院学习时,认真研读卢梭的《民约论》

和《爱弥儿》,并且深受其影响。他对当时人民深受封建地主和资产阶级的压迫极其不满,他和爱国者组织一起抨击政府,强烈要求民主改革,也因此受到压迫。之后,他一心投入教育事业,为世界的教育发展做出了重要的贡献。

图 10-4

二、裴斯泰洛齐的学前教育理论

(一)教育目的

裴斯泰洛齐持个人本位论的观点,教育的目的就是全面和谐地发展人的一切潜能和天赋。他认为每个人一生下来,内心深处都渴望自己的能力得到发展;教育要激发人的内在力量,锻炼人的能力,让人能够在社会上获得应有的地位。

(二)教育心理学化

裴斯泰洛齐是第一个明确提出"教育心理学化"的教育家。教育心理学化主要有以下要求:①教学过程与儿童心理发展规律一致。教学内容要结合幼儿的实际生活经验,这样可以提高教育质量和效率,反之如果教育与幼儿实际生活经验丝毫没有关联,那么教育取得的效果将会微乎其微。②教育者施展的教育内容要结合幼儿的心理发展规律。③让幼儿学会主动学习,教师要学会激发幼儿内心想要学习的愿望,从而让幼儿学会主动学习。④教学原则和方法心理学化。⑤教育的目的和教育理论都应该符合儿童本性发展的自然法则。

(三)要素教育思想

裴斯泰洛齐的教育思想是要素教育。他认为知识由简单的要素构成。教育要从最基本的、最简单的要素开始,由简到难,循序渐进,要符合幼儿的发展规律。裴斯泰洛齐将教育主要内容分为德育、体育和智育三个方面。①德育的要素是幼儿对母亲的爱。培养德育的时候,首先要引导幼儿爱母亲,再由近及远,培养幼儿爱自己的兄弟、同伴、所有的人和上帝。②体育的要素是幼儿身体各关节的活动。③智育的要素是对事物的感觉与观察能力。

(四)教育与生产劳动相结合

西方教育史上,裴斯泰洛齐是第一个将教育与生产劳动相结合并付诸实践的教育家。1774—1782年的新庄"贫儿之家"时期,这是他进行的第一次教育实验时期,此时只是把教育和劳动单纯地、机械地从外部结合,教学与劳动间没有内在意义的联系。1798—1800年,裴斯泰洛齐在斯坦兹孤儿院担任院长时,进行了第二次教育实验。此时,他以安排学习为主,参加手工劳动为辅,但又强调二者的联系与结合,深信教育与生产劳动结合时培养人的重大教育意义,并认为这是基于教育心理学化的教育途径。

三、对裴斯泰洛齐教育理论的评价

裴斯泰洛齐的要素教育与教育心理化为教学法奠定了基础。同时,他提出了把教育与生产相结合的思想,反映了资本主义生产和手工业时代对教育和生产劳动之间的关系的新要求,在一定程度上看到了教育与生产劳动相结合对人的和谐发展和社会改造的重要意义。但是由于时代性质,他未能找到教育与生产劳动相结合的真正的内在联系。他的教育理论和实践对欧洲各国的教育都产生了极大的影响。

第六节　福禄贝尔的学前教育思想

一、生平简介

福禄贝尔(1782—1852年),德国教育家,现代学前教育的鼻祖,其基本情况如表 10-6 所示。

表 10-6　福禄贝尔生平简介

姓名	福禄贝尔	生卒年	1782—1852 年	国籍	德国
名誉	教育家、现代学前教育的鼻祖				
著作	《人的教育》《幼儿园教育学》《慈母曲及歌唱游戏集》				

福禄贝尔(图 10-5)是第一个把学前教育机构命名为"幼儿园"的人。他关于教育的代表作主要有《人的教育》和《幼儿园教育学》。

1782 年,福禄贝尔出生在德国的一个村庄的一位牧师家庭中。家中宗教氛围浓厚,福禄贝尔也受到了影响,他也有宗教信仰。福禄贝尔出生不到一年的时候,他的母亲病死,两年后父亲再婚。在他的继母与父亲重组的新家庭中,福禄贝尔常常被忽视。他 10 岁的时候,舅舅见他可怜就把福禄贝尔接到他家住,福禄贝尔才开始感受到家庭的温暖。

图　10-5

1792 年,福禄贝尔开始在当地的国民女子小学上学。女子学校的安静、优雅和有秩序的教学理念和内容对福禄贝尔形成内向安静的性格有一定影响。1797 年,福禄贝尔成为林务官学徒。在当学徒期间,他与大自然更加亲密,对大自然愈加热爱。之后,他去耶拿大学学习。他研究学习过卢梭的教学方法。他一边进行实践教学,一边总结教育经验。1826 年出版了《人的教育》。1836 年,福禄贝尔回到自己的家乡图林根。他把自己的精力投入家乡的幼儿教育中。之后,福禄贝尔开始设计一种幼儿在操作过程中可以受到教育的游戏材料,他为儿童设计了被称为"恩物"的玩具。1852年,福禄贝尔去世了,他走的时候很安详,床头当时还悬挂着拉斐尔的绘画《圣母和圣婴》,

当时周围的人甚至没能及时察觉他已经去世了。

二、福禄贝尔的学前教育理论

福禄贝尔的教育目的是唤醒人的内在精神实质。他认为游戏是儿童的本能之一,教育应该顺应儿童的本性,而不能违背、束缚幼儿的本性进行揠苗助长。他把教师比作园丁,认为教师教育幼儿的过程就像园丁为花草施肥、提供适宜光照和温度的过程。他认为教师在组织幼儿时期的教育活动时应该以游戏和手工作业为主,知识只是附加的部分。这和福禄贝尔在童年时期就常常与大自然接触,后面又受到夸美纽斯、卢梭、裴斯泰洛齐的教育思想的影响有关。同时,因为出生在具有宗教氛围的家庭,福禄贝尔的教育思想也体现了宗教神秘主义的色彩。

(一)人性教育

福禄贝尔认为人性是善的和完美的,教育应该顺应和保护幼儿的天性。他认为束缚性、揠苗助长等违背自然的教育会使人本来具有的一些美好品质被扭曲。他认为教育者不要过多干涉幼儿的活动,要引导幼儿认识自己的潜能,帮助幼儿自己操练,唤醒儿童内在的精神实质,发展儿童的潜在力量。福禄贝尔认为人的发展是连续性的,人从出生到死亡的各个发展阶段相互关联。福禄贝尔认为父母不能按照青年的标准去要求少年时期的孩子,以免妨碍他们未来的发展。

(二)劳作与教育

福禄贝尔认为,从幼儿时期开始就应该培养幼儿勤劳的习惯,并且要求无论任何年龄段的人每天都要进行一定时间的劳动。他认为勤劳是人的精神的本质。人的劳动不仅仅是为了生产物质来维持生活,更重要的是人们通过劳作可以把个人内在的神性表现出来。他认为一个人只要是勤劳的就能够过上比较好的生活,因此他反对教育只是纯粹的学科知识教育。在创建幼稚园的时候,他提倡幼儿进行生产活动,培养幼儿勤劳的习惯。他为了培养幼儿勤劳的习惯设计了一种叫作恩物的教具,幼儿可以利用恩物来创造和思考。

📖 **资料卡片**

恩　物

福禄贝尔 16 岁按照父亲的意愿学习了几何、测量,当起了森林管理员,1840 年创立了世界上最早的幼儿园,成为"幼儿教育之父"。福禄贝尔设计了一款名为"恩物"的学前儿童教具。恩物的教育作用:①培养幼儿的创造力。②培养保留概念。③培养推理能力。④培养幼儿规律性的习惯。⑤培养幼儿了解正方体、长方体等的概念。⑥培养幼儿社会性行为,了解整体与部分之间的关系。图 10-6 是几种常见的恩物。

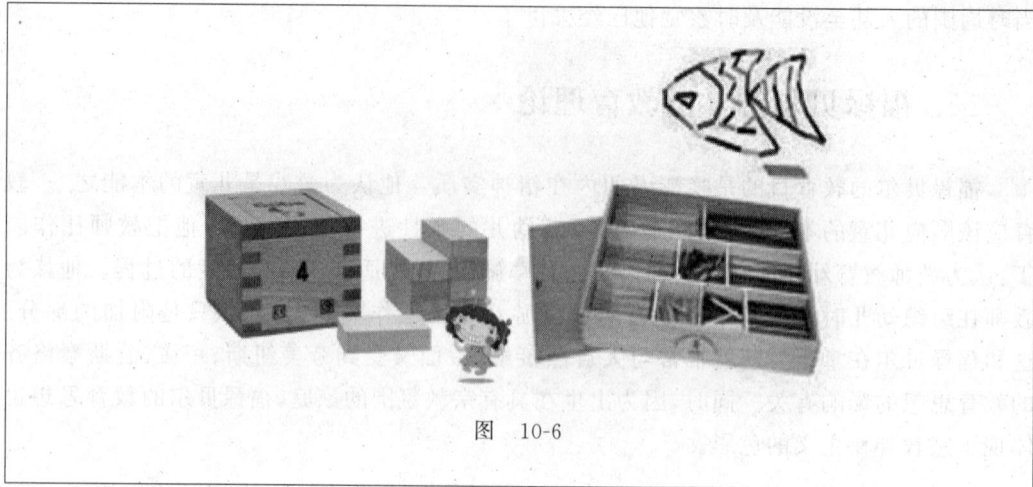

图　10-6

（三）感情教育

在人性教育的基础上，福禄贝尔强调宗教心和道德性的萌芽。他表示，幼儿时期的感情，特别是幼儿的微笑，是共同感情的最初表现。这种社交性的感情是基于父母、兄弟和姐妹的精神。也就是说，共同感情是真正的宗教心的最初萌芽和起源，是由母亲培养的。

三、对福禄贝尔学前教育理论的评价

福禄贝尔是近代幼儿教育理论的奠基人，为学前教育理论做出了巨大的贡献。尽管他的教育理论有一定的宗教神秘主义色彩和形式主义的特点，但是他推动了世界范围内的幼儿园运动的兴起和发展。对当今学前教育的启示主要有如下几点：①尊重个性，全面发展。全面发展就是在德、智、体、美等各方面都得到与其特长和优势相应的发展，成为一个有健全人格、发展潜力的人才。②培养"共同感情"。促进道德发展，增进共同感情，不仅要教育孩子提升道德水平，培养孩子具有共同情感，让孩子爱父母、爱别人，再延伸到爱整个社会，达到高境界的道德层次。③开展创造性活动，培养儿童的创造力。在幼儿时期就让幼儿进行一些具有创造性的活动，有利于幼儿创造力和理解力的发展。④学会思考和学习。目前，我们正处于科学技术和社会快速发展的时代，如果一个人想要在社会中处于有利地位，他必须成为终身学习者，并且具备认知能力和创造能力。⑤重视家庭教育和学校教育相结合，以实现儿童的最大发展。幼儿生活在家庭中的时间是非常长的，父母是幼儿的第一任教师，因此不仅要注重学校教育，还要关注幼儿的家庭教育。

考点聚焦

外国近代学前教育思想
- 夸美纽斯的教育思想
  - 泛智教育
  - 教学的直观性
- 约翰·洛克的教育思想
  - 白板说
- 卢梭的教育思想
  - 回归自然
  - 顺应天性
- 奥柏尔林的教育思想
  - 幼儿学校的内容和方法
  - 幼儿教师
- 裴斯泰洛齐的教育思想
  - 教育心理学化
  - 要素教育
- 福禄贝尔的教育思想
  - 人性教育
  - 情感教育

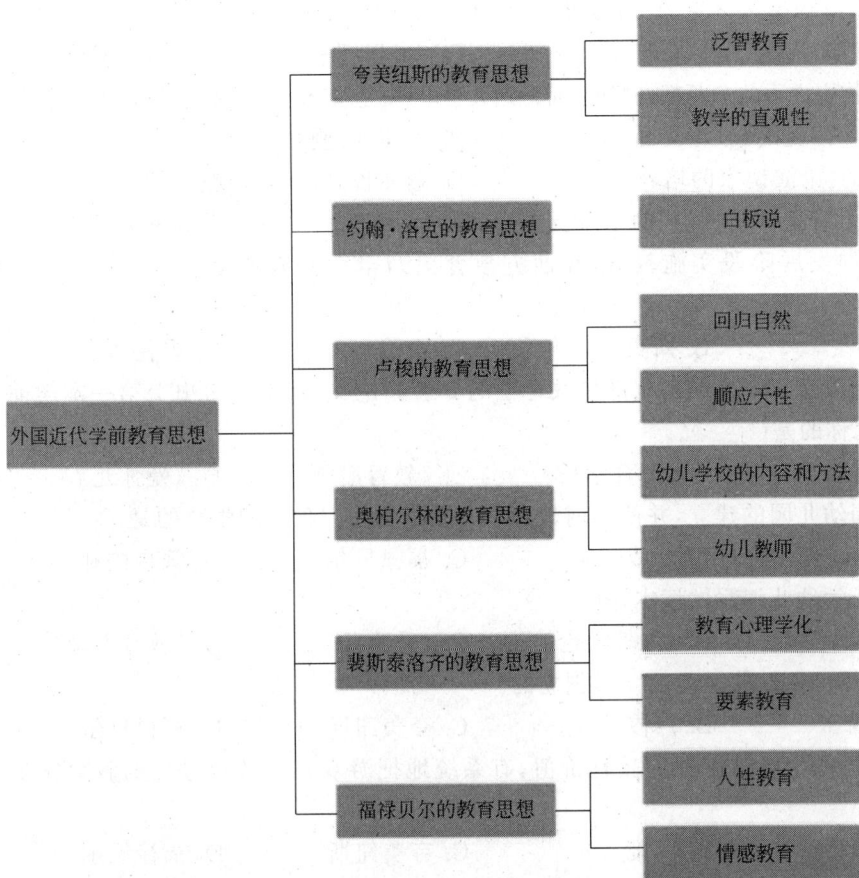

第十章 课外阅读

夸美纽斯的学前教育理论在教师资格证考试中主要是以客观选择题的形式出现,主要考查夸美纽斯的代表作和教育思想;复习洛克时着重记住他提出了"白板说";复习卢梭时除了要记住他的代表作外,还需要侧重记忆他的自然教育的思想;关于奥柏尔林,要记住他是世界上第一个建立幼儿园的人;关于裴斯泰洛齐和福禄贝尔,不仅要记住他们的代表作,还需要识记他们的教育思想。

考题链接

一、选择题

1. 17世纪捷克教育家夸美纽斯在( )中对班级授课制给予了系统的理论阐述。
   A.《教学与发展》　　　　　　B.《爱弥儿》
   C.《普通教育学》　　　　　　D.《大教学论》

2. 教育学作为一个学科独立的标志是( )。
   A. 夸美纽斯的《大教学论》　　B. 康德的《论教育》
   C. 赫尔巴特的《普通教育学》　　D. 杜威的《民主主义与教育》

3. 英国教育家约翰·洛克的教育代表作是（　　）。

    A.《爱弥儿》　　　　B.《人的教育》　　　　C.《教育漫画》　　　　D.《教育论》

4. 英国教育家约翰·洛克的"白板说"出自他的著作（　　）。

    A.《大教学论》　　　B.《母育学校》　　　C.《世界图解》　　　D.《教育漫画》

5. "出自造物主之手的东西都是好的，而一到人手里，就全变坏了"，这一论点出自（　　）。

    A. 约翰·洛克的《教育漫画》　　　　B. 卢梭的《爱弥儿》

    C. 康德的《论演说家的培养》　　　　D. 赫尔巴特的《普通教育学》

6. 被誉为"教育上的哥白尼"的 18 世纪的自然主义教育家（　　），强调教育要顺其自然，要根据儿童的发展阶段实施教育，在西方教育史乃至世界教育史上具有划时代的意义。

    A. 杜威　　　　　　B. 斯宾塞　　　　　C. 卢梭　　　　　　D. 爱伦凯

7. 捷克著名教育家夸美纽斯有许多教育学的专著和论文，其中有历史上第一本学前教育学的专著之称的是（　　）。

    A.《世界图解》　　　B.《母育学校》　　　C.《教育漫画》　　　D.《爱弥儿》

8. 推动各国幼儿园的建立，并使学前教育学开始成为一门独立的学科的是（　　）。

    A. 欧文　　　　　　B. 杜威　　　　　　C. 福禄贝尔　　　　D. 蒙台梭利

9. 夸美纽斯为幼儿编写的读本是（　　）。

    A.《世界图解》　　　B.《大教学论》　　　C.《爱弥儿》　　　　D.《教育漫画》

10. 世界上第一所幼儿园是（　　）创立的？

    A. 杜威　　　　　　B. 卢梭　　　　　　C. 夸美纽斯　　　　D. 福禄贝尔

11. 世界上第一个承认游戏的教育价值，有系统地把游戏列入教育过程的教育家是（　　）。

    A. 裴斯泰洛齐　　　B. 卢梭　　　　　　C. 夸美纽斯　　　　D. 福禄贝尔

12. 瑞士教育家裴斯泰洛齐的代表作是（　　）。

    A.《大教学论》　　　　　　　　　　B.《世界图解》

    C.《理想国》　　　　　　　　　　　D.《林哈德与葛笃德》

二、简答题

简述卢梭的泛智教育思想。

第十章　考题链接参考答案

第十一章
外国现代学前教育思想

本章导航

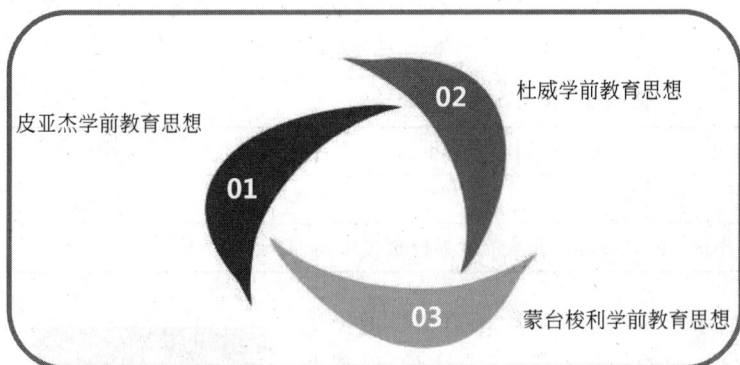

01 皮亚杰学前教育思想

02 杜威学前教育思想

03 蒙台梭利学前教育思想

学习目标

1. 了解皮亚杰、杜威、蒙台梭利三人的生平和教育活动。
2. 掌握皮亚杰、蒙台梭利两人的学前教育思想理论。
3. 归纳分析皮亚杰、杜威和蒙台梭利的学前教育思想对当今学前教育有何借鉴意义。

故事探索

杜威的中国弟子

纵观 20 世纪的中国，你会发现杜威对中国教育的影响之深，可以说是影响最大的外国教育家，他不仅多次到中国进行讲学，还曾培养了像陶行知、陈鹤琴这样的大师级人物。陶行知和陈鹤琴是交情颇深的挚友，他们热爱祖国，一生致力于教育事业，都深受杜威教育思想的影响。陈鹤琴在杜威教育思想的影响下，一生致力于中国的幼儿教育事业，为中国的教育做出了不可磨灭的贡献，被誉为中国幼教事业的开拓者。杜威曾这样称赞陶行知："陶行知是我的学生，但比我高过千倍。"他们曾多次联名反对蒋介石的倒退政策,以及日本的侵略战争。在陶行知逝世后,杜威组织美国教育界追悼陶行知,并在追悼会上致悼词。

大家看完"杜威的中国弟子"这则故事后,你会发现我们现在的教育思想依然深受国外教育思想的影响,那么国外现代的教育思想有哪些,我们一起来学习。

第一节　皮亚杰的学前教育思想

一、生平简介

皮亚杰(1896—1980 年),出生于瑞士,是瑞士著名的教育学家、哲学家、思想家、心理学家,日内瓦学派创始人,在儿童心理学和发展认识论方面做出了突出贡献,其基本情况如表 11-1 所示。

表 11-1　皮亚杰生平简介

姓名	皮亚杰	生卒年	1896—1980 年	国籍	瑞士
名誉	教育学家、哲学家、思想家、心理学家				
著作	《儿童的语言与思维》《儿童判断和推理》《儿童的世界概念》《儿童的道德判断》				

皮亚杰(图 11-1)曾先后荣获生物学、哲学、国家科学博士学位,曾在日内瓦大学卢梭学院、纳沙特尔大学、洛桑大学、巴黎大学任教。1954 年当选第十四届国际心理学会议国际心理学会主席。1977 年荣获心理学界的最高荣誉"爱德华·李·桑代克"奖。1980 年与世长辞,享年 84 岁。皮亚杰一生著述颇丰,共创作 60 余本专著、500 余篇论文。

图 11-1

二、皮亚杰的学前教育理论

(一)儿童心理学的主要观点

1. 儿童认知结构与智力发展

皮亚杰提出了儿童思维发展结构理论,主要研究儿童认识发展的过程和结构,包含图式、同化、顺应、平衡四个基本概念。

(1)图式。皮亚杰理论体系中的一个基本的、核心的概念是图式。他将图式界定为:个体对世界的知觉、理解和思考方式。儿童心理发展过程就是动作图式不断完善,认知结构由较低水平到较高水平的过程。以疫苗事件为例,大家以前都认为疫苗是安全的,是预防和控制传染病最经济、有效的公共卫生干预措施,对家庭来说,也是减少成员疾病发生、减少医疗费用的有效手段。但是疫苗事件发生后,人们对疫苗有了新的认识,打疫苗并不一定有效,甚至可能有危害。这就是新的图式的产生,从此,你对打疫苗的认知有了改变。新的认知和以前的认知是相矛盾的,以后人们对打疫苗可能就有抵触情绪。

（2）同化和顺应。皮亚杰将同化界定为"个体将新的知觉事件或刺激事件纳入已有图式或行为模式之中的过程"。比如，儿童在认识哺乳动物的时候，认为对哺乳动物的确认必须满足两个条件：①胎生的；②生活在陆地上。儿童在了解关于马的相关知识后，发现马符合这两个条件，自动将它纳入哺乳动物的类别，其实在这个过程中，就发生了皮亚杰所说的同化。顺应就是"内部图式的改变以适应现实"。当儿童发现生活在水中的鲸鱼也属于哺乳动物的时候，他意识到生活在陆地上并不是确认哺乳动物的必备条件之一，他改变了原有的认知结构，在这个过程中，就发生了皮亚杰所说的顺应。同化只是图式的量变，顺应才能使图式发生质变。

（3）平衡。平衡即主体对环境的能动适应过程中，同化和顺应两种机能活动之间存在着一定的稳定状态。原来儿童对哺乳动物的认识是平衡状态。后来发现生活在水中的鲸鱼也属于哺乳动物，改变了原有的认知，又进入了一个新的平衡状态。这个过程，我们称为平衡的过程。

2. 制约儿童心理发展的因素

制约儿童心理发展的因素包括以下方面。

（1）神经系统的成熟。

（2）物体经验。

（3）社会经验。

（4）平衡化。

3. 儿童思维发展阶段理论

（1）感知运动阶段（0～2岁）

这一阶段的发展任务主要是感觉和动作的分化。

刚出生的婴儿的感觉与动作是笼统含糊，未分化的。在发展的过程中，婴儿被动地适应外界的刺激，随着时间的推移，感觉和动作逐渐分化，婴儿开始意识到主体和客体的区别。皮亚杰认为9～12个月的婴儿已经具备了客体的永恒性。客体永恒性就是当事物不在婴儿眼前出现的时候，他依然认为事物是客观存在的。比如，我们在婴儿面前摆放一个他很喜欢的玩具，待他玩得很兴奋的时候，用一个不透明的纸板将玩具遮挡住（图11-2），如果婴儿没有获得客体永恒性，他会认为该玩具永远消失不在了，不会有找的行为。获得客体永恒性的婴儿认为玩具是客观存在的，会有继续找的行为。

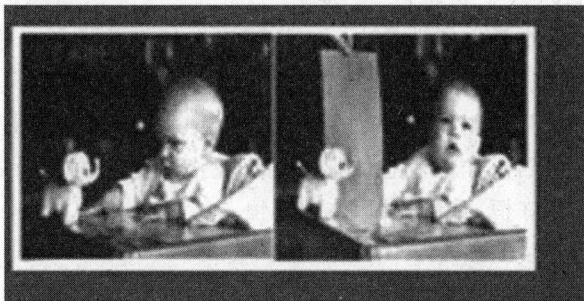

图 11-2

（2）前运算阶段（两岁至六七岁）

随着语言的发展，儿童开始学会用表象符号来表达具体的事物，但他们还不能表达抽象的概念，思维仍停留在事物的表面，具有具体性和形象性。这个阶段的儿童具有 4 个非常明显的特点：一是思维具有不可逆性，比如，知道 3+1=4，却不知道 1+3=？。二是以自我为中心的特点非常突出，只会从自己的角度去思考问题。比如，爸爸过生日的时候，4 岁的小菲菲将自己喜欢的飞侠送给爸爸，他认为自己喜欢，肯定爸爸也喜欢，这就是非常典型的一切以自我为中心的表现。三是不具有守恒性。同样多的水，分别放进大塑料瓶和小塑料瓶，小朋友会觉得小塑料瓶的水多。这个阶段的儿童认为万物有灵，比如，3 岁的小孩子在晚上睡觉的时候，会给洋娃娃盖被子，认为它不盖被子就会像他一样着凉感冒。

资料卡片

三山实验，是心理学家皮亚杰做过的一个著名的实验（图 11-3）。实验材料是三座高低、大小和颜色不同的假山模型。实验首先要求儿童从模型的 4 个角度观察这三座山，然后要求儿童面对模型而坐，并且放一个玩具娃娃在山的另一边，要求儿童从 4 张图片中指出哪一张是玩具娃娃看到的"山"。结果发现儿童无法完成这个任务，他们只能从自己的角度来描述"三山"的形状。皮亚杰以此来证明儿童具有"以自我为中心"的特点。[①]

图 11-3

（3）具体运算阶段（六七岁至十一二岁）

这个阶段儿童的思维具有四大特点：一是可以进行简单抽象思维，但是必须有具体的事物支持。比如，小花、小明、小强三人比高低，这一阶段的孩子必须看到人才可以比出来。二是去自我中心。儿童逐渐学会站在他人的角度思考问题。三是多维思维。儿童能从多个维度思考问题。四是守恒概念的形成。皮亚杰认为守恒可以划分为数量守恒、物质守恒、长度守恒、面积守恒、重量守恒、体积守恒。

① 数量守恒（6～7 岁）

分两步向小朋友呈现一样多的圆球，在第二步的时候，改变一下图形相互之间的距

---

① 百度百科.https://baike.baidu.com/item/三山实验/672988? fr=aladdin.

离,呈现后问小朋友,数量有没有变化(图 11-4)。如果小朋友认为没变化,那么他处于数量守恒状态;如果小朋友认为不一样多,那么他处于数量不守恒状态。按照皮亚杰儿童思维发展阶段理论的观点,6～7 岁的小朋友处于数量守恒的状态。

② 物质守恒(7～8 岁)

分两步向小朋友呈现两个同样的圆球,在第二步的时候,改变其中一个圆球的形状,呈现后问小朋友,两个小球是不是一样大(图 11-5)。如果小朋友认为没变化,那么他处于物质守恒状态;如果小朋友认为不一样大,那么他处于物质不守恒状态。按照皮亚杰儿童思维发展阶段理论的观点,7～8 岁的小朋友处于物质守恒的状态。

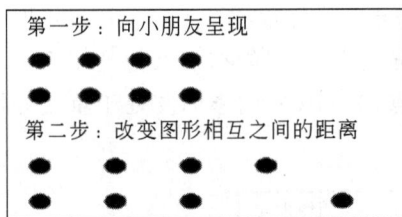

图　11-4

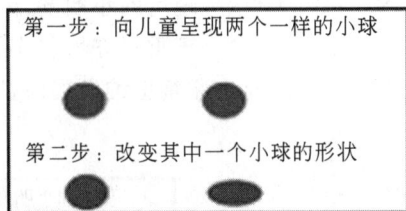

图　11-5

③ 长度守恒(7～8 岁)

分两步向小朋友呈现两根同样的木棒,在第二步的时候,移动其中一根木棒的位置,呈现后问小朋友,两根木棒是不是一样长(图 11-6)。如果小朋友认为没变化,那么他处于长度守恒状态;如果小朋友认为不一样长,那么他处于长度不守恒状态。按照皮亚杰儿童思维发展阶段理论的观点,7～8 岁的小朋友处于长度守恒的状态。

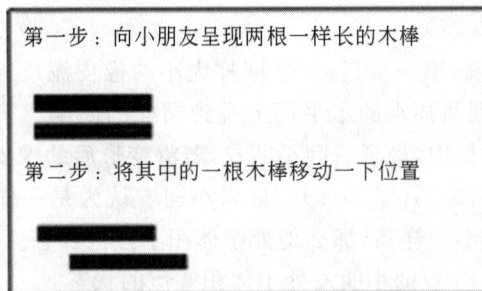

图　11-6

④ 面积守恒(8～9 岁)

分两步向小朋友呈现散乱的四根相同的木条,在第二步的时候,将四根相同的木条规则地放在一起,呈现后问小朋友,两次呈现的表面积是不是一样大(图 11-7)？如果小朋友认为是一样大,那么他处于面积守恒状态;如果小朋友认为不一样大,那么他处于面积不守恒状态。按照皮亚杰儿童思维发展阶段理论的观点,8～9 岁的小朋友处于面积守恒的状态。

⑤ 重量守恒(9～10 岁)

分两步向小朋友呈现两块木块,并将两块木块进行叠放。在第二步的时候,将叠放的

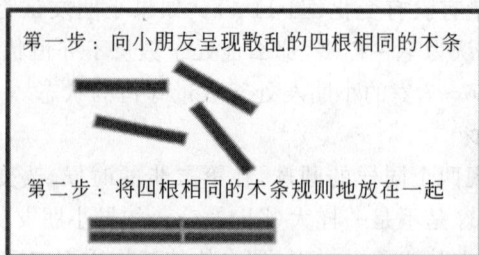

第一步：向小朋友呈现散乱的四根相同的木条

第二步：将四根相同的木条规则地放在一起

图　11-7

两块木块进行平放,呈现后问小朋友,两堆东西是否是不一样重(图 11-8)？如果小朋友认为是一样重,那么他处于重量守恒状态；如果小朋友认为不一样重,那么他处于重量不守恒状态。按照皮亚杰儿童思维发展阶段理论的观点,9～10 岁的小朋友处于重量守恒的状态。

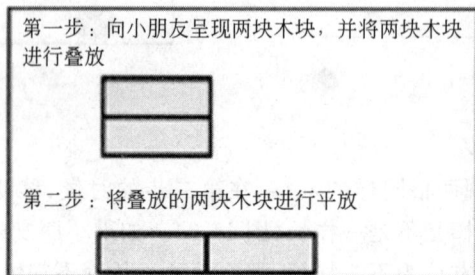

第一步：向小朋友呈现两块木块,并将两块木块进行叠放

第二步：将叠放的两块木块进行平放

图　11-8

⑥ 体积守恒(12～13 岁)

分两步向小朋友呈现,第一步,将两块同样大小的橡皮泥放入两个相同的水杯(同样多的水)中,让小朋友看到两杯水的水平面上升到同样的高度。第二步,将其中的一块橡皮泥改变形状,准备放入杯中,呈现后问小朋友,若将变形后的橡皮泥放入杯中,两杯水的水平面还能保持同样的高度吗(图 11-9)？如果小朋友认为是一样高,那么他处于体积守恒状态；如果小朋友认为不一样高,那么他处于体积不守恒状态。按照皮亚杰儿童思维发展阶段理论的观点,12～13 岁的小朋友处于体积守恒的状态。

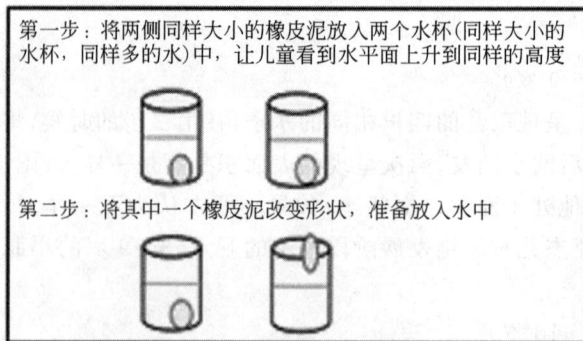

第一步：将两侧同样大小的橡皮泥放入两个水杯(同样大小的水杯,同样多的水)中,让儿童看到水平面上升到同样的高度

第二步：将其中一个橡皮泥改变形状,准备放入水中

图　11-9

（4）形式运算阶段（十一二岁至十四五岁）

从具体运算阶段到形式运算阶段这个过程，儿童的思维发生了质变。形式运算思维包括：一是能够区分现实性与理想。我们在装修房子的时候，这个阶段的学生可能会思考装修的风格，自己最喜欢的风格是什么以及自己能够承担的装修费用。他们会对装修后的效果进行想象，一部分是基于他们的喜好，一部分基于现实，而当他们获得有关装修新的信息的时候，他们还会修改自己的计划。二是能够理解符号意义、隐喻和直喻，具有一定的概括能力。比如，他们能够理解"＞"在数学中是大于的意思，"白杨树"在茅盾的《白杨礼赞》中是"精神和意志"的象征，"美国"是美利坚合众国的符号，"天井"是徽州的符号。三是能够进行逻辑推理、归纳或演绎等。比如，6 位大学毕业生，准备报考 4 家事业单位，每人报且只能报一家，不同的报名方法共有多少种？6 个学生中每人都可以在 4 家事业单位中任选一家进行报名，因而每个学生都有 4 种不同的报名方法，根据乘法原理，得到报名方法总共有 4096 种（$4 \times 4 \times 4 \times 4 \times 4 \times 4 = 4096$），这说明儿童具有推理能力。四是思维具有可逆性、补偿性和灵活性。这个时候儿童知道 3+1＝4，也知道 1+3＝4，说明这个时候儿童思维具备了可逆性。我们可以将儿童思维发展阶段理论归纳为表 11-2。

表 11-2 儿童思维发展阶段理论

年　龄	阶　段	特　点
0～2 岁	感知运动阶段	1. 9 个月以后儿童获得客体永恒性； 2. 依靠动作和感觉被动地适应外部环境
2～7 岁	前运算阶段	1. 认为世界上万事万物都是有"灵"的； 2. 以自我为中心； 3. 思维具有不可逆性、刻板性
7～11 岁	具体运算阶段	1. 守恒观念的形成； 2. 能从多维对事物进行归类，思维具有可逆性
11～16 岁	形式运算阶段	1. 能够根据逻辑推理、归纳或演绎方式来解决问题； 2. 能够理解符号意义、隐喻和直喻，能做一定的概括； 3. 思维具有可逆性、补偿性和灵活性

📋 资料卡片

"1928 年，爱因斯坦向皮亚杰提出一个问题：儿童按怎样的顺序获得时间和速度的概念？这个问题是由物理学界的一个话题引出的。在牛顿理论中，时间是一个基本性质，速度由时间来定义（速度＝距离÷时间）。而在相对论中，时间和速度是相互定义的，不存在哪个概念更基础的问题。爱因斯坦想知道，婴儿是否在出生时就具备对某一个或两个概念的理解；对两个概念的理解是否有先有后；如果有先后，对前一个概念的理解怎样影响对后一个概念的理解。将近 20 年后，皮亚杰出版了一部两卷本共 500 页的书回答爱因斯坦的询问。皮亚杰总结到，处于婴儿或童年早期的儿童不能理解时间、距离和速度。只有在具体运算阶段，他们才最终掌握这三个概念（Siegler，1986）。"[1]

---

① Robert L. Solso，等.认知心理学[M].何华，译.上海：上海人民出版社，2008：344.

（二）儿童教育的目的、原则和方法

1. 儿童教育的目的

皮亚杰认为，社会的职责就是为儿童确立教育目的。"教育的主要目标就在于形成儿童的智力的和道德的推理能力"，形成并发展儿童的认知结构是教育的终极目标。

2. 儿童教育的原则

皮亚杰认为，儿童教育应遵循如下原则。

（1）教育应遵循儿童的认知发展规律，符合儿童的年龄特征。

（2）围绕儿童的需求来开展，极大地培养儿童的主动性。

（3）重视活动在教育中的作用。

3. 儿童教育的方法

皮亚杰认为，儿童教育应采取以下方法。

（1）注重科学实验及视听教学。

（2）强调游戏在儿童学习过程中的重要性，根据不同年龄阶段，安排不同的游戏。

（3）每个学科都应保证足够的探索活动，并确保这些活动有对应的知识体系。

（三）儿童道德发展与道德教育

1. 儿童道德发展的阶段性特点

皮亚杰认为，儿童道德的发展具有如下阶段性特点。

（1）0～2岁。这一时期对应认知发展上的感知运动时期，属于道德情感萌生阶段。

（2）两岁至六七岁。这一时期对应认知发展上的前运算时期，属于道德的"他律"阶段。这个阶段还处于道德较低级的思维阶段。一是盲目地尊重权威，儿童认为服从权威就是乖孩子，不服从就是坏孩子。二是从行为的后果来判断行为的好坏，而不是根据主观动机来判断。三是在判定行为正确与否的时候，存在极端化，要么完全错误，要么完全正确。四是认为错误的行为会受到自然的惩罚。

（3）六七岁至十一二岁。这一时期对应认知发展上的具体运算阶段，属于"自律"阶段。一是儿童已经意识到规则并不是一成不变的，规则是可以根据人的主观愿望加以改变的；二是判断行为对错时，不再把后果作为判断的唯一依据，还考虑行为的动机；三是能客观评价他人；四是判断不再极端化、绝对化。

（4）十一二岁至十四五岁。这一时期对应认知发展上的形式运算阶段，属于"公道"阶段。这个阶段，儿童不再盲目地按规则去判断，能更多地给予同伴关心和同情。

2. 儿童道德教育理论

皮亚杰肯定了儿童认知发展是其道德发展的必要条件。认为道德认识可以激发道德情感，价值判断有赖于事实判断。在对儿童进行教育时，应确保德育内容没有超出儿童的认知水平，更不能超越发展阶段，对儿童提出不切实际的道德要求。

三、对皮亚杰学前教育思想的评价

皮亚杰长期从事儿童心理研究，通过采用临床法，在儿童的思维、语言形成和发展方面进行了大量研究。他创立了发生认识论,在此基础上,建立了完整的儿童心理学理论体系。他强调开展学前教育要考虑儿童的年龄特征,要符合儿童身心发展规律,要充分尊重儿童的主体地位,重视儿童的社会交往。这些论点不仅对当时而且对当今都具有深远意义。他的一生为学前教育的发展做出了杰出的贡献。但是,皮亚杰低估了儿童的认知发展水平,在各阶段的年龄划分上也存在极端化、绝对化,忽视了社会生活,特别是文化和教育在幼儿发展中的重要性。

第二节 杜威的学前教育思想

一、生平简介

杜威(1859—1952年),是美国著名的也是实用主义哲学最有影响的代表人物之一。杜威的一生著述颇丰,撰写了40余本著作和700多篇文章,其基本情况如表11-3所示。

表11-3 杜威生平简介

姓名	杜威	生卒年	1859—1952年	国籍	美国
名誉	哲学家、教育家、实用主义教育理论的创始人				
著作	《我的教育信条》《学校与社会》《儿童与课程》《民主主义与教育》《经验与教育》《明日之学校》《人的问题》				

杜威(图11-10)的教育理论不但对美国,而且对许多国家的幼儿教育和学校教育产生了巨大而深刻的影响。杜威先后在明尼苏达大学、芝加哥大学任教。为了将其教育思想付诸实践,他于1896年创立一所实验中学进行实验,并任该校校长。他反对传统的灌输和机械训练的教育方法,主张从实践中学习。其教育理论强调个人的发展、对外界事物的理解以及通过实验获得知识。杜威曾到世界各地进行演讲,宣扬他的教育思想,使他的教育思想在世界各地得到广泛流传。特别值得一提的是,杜威曾多次到中国进行讲学,对中国现代教育思想影响深远。杜威于1952年因肺炎去世,享年93岁。

图 11-10

二、杜威的学前教育理论

(一)教育的本质

1. 教育即生活

杜威认为,教育是为儿童当前生活服务,而非为将来生活做准备。他反对传统教育将教育和生活相脱离,传统教育使孩子所学和生活所需不相符合,导致学生出现不适应社会的状况。他认为最好的教育应该是"从生活中学习,从经验中学习",他认为学校教育要紧密结合社会生活,特别是儿童的生活,我们应该做的就是为儿童提供生长或生活的条件。

2. 学校即社会

杜威从教育即生活这一论点出发,得出要把学校办成社会的结论。他认为学校就应该是一个小型的社会,这个社会并非简单地复制社会生活,而是呈现一个更广阔、更美好和更平衡的环境,适合儿童的社会。也就是说学校是一个特殊的社会环境,它与现实的社会环境的区别在于:一是它把错综复杂的社会生活和文化,根据一定目的,分成若干部分和要素,让儿童逐步地、分阶段地吸收,给儿童提供一个简化的环境。二是它尽量排除社会关系和社会文化中无价值的东西,根据一定的需要,挑选其中精华的和适合的东西给儿童学习,提供一个净化的环境。三是它综合和保持了社会环境中的各种生活要素,并加以调节,提供一个与社会同质且相平衡的环境,对青少年发生较为稳定的影响和起着一体化的作用。[①]

(二) 教学论

1. "从做中学"的基本教学原则

杜威反对传统教育的灌输知识,倡导通过活动学习,从实践中获得经验,这就是他提倡的"从做中学"的基本教学原则。他认为传统的学校教育是无法让学生获得经验的,要求在课堂上为儿童准备活动的空间、材料、工具等,在学校里创办实验室、工厂、园地等场所,为儿童的"做"创造条件,确保学生在实践中获得经验。

2. "教学五步"的教学过程

学校必须提供可以引起思维的经验的情境。思维过程可分成五个步骤:一是疑难的情境;二是确定疑难的所在;三是提出解决问题的种种假设;四是对这些假设进行推断;五是验证或修改假设。基于"思维五步",杜威发展出"教学五步":一是教师给儿童创设一个与实际经验相联系的情境,让学生产生要了解它的兴趣;二是给学生提供足够的材料,让学生去观察、分析、研究问题所在;三是提出解决疑难的各种假设,或提出一些尝试性的不同的解答方案;四是学生根据设想,进行推理,以求得解决问题的方案;五是学生根据假设方案,自己动手去做,验证其真实性。

(三) 儿童中心论

杜威提倡的儿童中心论,认为学校的一切教学活动应该围绕儿童来进行,而不是传统的以教师、教材、课堂为中心。教师主要是在教学活动中为儿童创造条件和机会,对儿童进行引导。同时他认为在引导的过程中,可以增加教师和儿童接触的机会,密切师生关系。

三、对杜威学前教育思想的评价

杜威作为美国极富有影响力的教育家,在世界教育界都享有盛誉。他所提倡的实用

---

① 罗肇鸿,王怀宁.资本主义大辞典[M].北京:人民出版社,1995:878.

主义教育对当时的传统教育造成很大冲击。实用主义教育提倡尊重儿童的需要和兴趣，重视经验和实践的价值，倾向于发展儿童的能力。杜威认为教育不能脱离生活实际，需要为生活服务，学校的课程应该围绕日常生活来开展，这些沉重打击了当时只看分数的应试教育。他所倡导的这些教育理念为现代教育的发展做出了杰出的贡献。但杜威走向了另外一个极端，他过分地强调尊重儿童的兴趣和给予儿童自由，否认文化科学知识的系统传授，轻视儿童的智力训练，导致学校组织松散，教育质量严重下滑，引发美国社会对杜威教育思想的一致批评。

第三节　蒙台梭利的学前教育思想

一、生平简介

蒙台梭利（1870—1952 年），意大利第一位女博士，其基本情况如表 11-4 所示。

表 11-4　蒙台梭利生平简介

姓名	蒙台梭利	生卒年	1870—1952 年	国籍	意大利
名誉	幼儿教育学家，蒙台梭利教育法的创始人				
著作	《蒙台梭利方法》《人类教育学》《高级蒙台梭利教学法》《童年的秘密》《幼儿之成长》				

蒙台梭利（图 11-11）最开始是致力于医学的研究，曾担任精神病临床助理医生。在从医的过程中，蒙台梭利经常接触到身心残疾的儿童。这些智力低下的儿童处境相当可怜，经常被虐待。看到他们生活的环境，蒙台梭利内心深受触动，决心为这些儿童做一些事情。通过收集大量数据，她发现这些儿童的缺陷不仅仅是医学问题，更是教育的问题，所以她将自己的研究对象从医学转向教育学、心理学。为了弥补教育理论相关知识的不足，蒙台梭利采取了从旁听他人课程的零散学习再到罗马大学系统教育学、心理学、哲学的系统学习的学习方式。蒙台梭利边学习边开展教育实验。在这些教育实验中，"儿童之

图　11-11

家"属于较有影响力的实验之一。这个幼儿园是蒙台梭利为贫民区儿童创办的，主要招收3～6 岁的儿童。她把训练弱智儿童的方式方法迁移到正常儿童的教育中，效果显著，影响巨大。在这些教育实验中，她探索出了新的教育方式，形成了一套完整的教育理论体系。

二、蒙台梭利的学前教育理论

蒙台梭利的幼儿教育思想十分丰富，本节主要介绍她关于儿童发展，教育的功能和目的，自由、纪律与工作，教学内容与方法等教育思想。

（一）论儿童发展

蒙台梭利将教育的基本任务界定为：为儿童提供独立自由活动的环境，使每个儿童的潜能得到自然发展，成为身心健康的儿童。蒙台梭利认为儿童的心理发展具有阶段性，每个阶段具有不同的特点。蒙台梭利把0～18岁的儿童心理发展划分为三个阶段。

第一阶段是幼儿阶段（0～6岁），称为创造期。其中，从出生到3岁，称为胚胎期，这一阶段的儿童处于无意识思维活动时期。3～6岁被称为个性形成期，这一阶段是儿童为适应环境而自我变化并转换形象的时期。

第二阶段是儿童阶段（6～12岁）。开始具有抽象思维的能力。这个时期学习能达到事半功倍的效果，开始形成自己的学习方法和技能技巧，产生道德意识和社会感。

第三阶段是青春阶段（12～18岁）。这是身心由不成熟向成熟过渡的阶段，这一时期儿童最适宜学习各种社交技能。

蒙台梭利阐述了各阶段儿童心理和生理的发展状况，以及生理发展与心理发展的关系。她认为儿童的发展是一个持续不间断的过程，前阶段的发展主要是为后阶段打基础，后一阶段是在前阶段的基础上继承发展。

同时，蒙台梭利发现儿童某个时期比其他时期更容易学习某种知识和行为，心理发展过程中的某些方面发展最为迅速，她称为"敏感期"。她认为在儿童阶段存在语言、感觉、秩序、运动等敏感期。

📋 资料卡片

动物习性学的奠基人、1973年诺贝尔生理学奖得主洛伦兹（Konrad Z. Lorenz）在其1937年发表的《鸟类的情感世界》一文中首先提出了"印刻"这个术语。他认为，无须强化的、在一定时期容易形成的反应称为印刻现象。印刻现象发生的时期称为发展关键期。国内外近半个世纪的研究表明，人类出生后学习的关键期主要有以下几个：6个月是婴儿学习咀嚼的关键期；8个月是分辨大小、多少的关键期；2～3岁是学习口头语言的第一个关键期；2岁半至3岁是学习秩序和规矩的关键期；3岁是计算能力发展的关键期（指数数儿和点数儿、按要求取物品及说出个数等）；3～5岁是音乐才能发展的关键期（拉提琴3岁开始，弹钢琴5岁开始）；4～5岁是学习书面语言的关键期；3～8岁是学习外国语的关键期；3岁是培养独立性的关键期；4岁以前是形象视觉发展的关键期；5～6岁是掌握词汇的关键期；9～10岁是孩子行为由注重后果过渡到注重动机的关键期；幼儿阶段是观察发展的关键期；小学1、2年级是学习习惯培养的关键期；小学3、4年级是纪律分化的关键期；小学5、6年级，初中、高中是逻辑思维发展的关键期；小学阶段是记忆发展的关键期，是记忆的黄金时代；初中阶段是意义记忆的关键期。

（二）论教育的功能和目的

蒙台梭利认为，教育可以促进人类文明，是重建社会和拯救人类的最佳手段。这种功能需要通过影响个体的发展间接实现。

她认为教育的目的可以分为生物学的目的和社会学的目的。从生物学的角度,教育可以帮助个体自然地发展;从社会学的角度,教育能帮助个人适应环境。在儿童个性形成时期,我们可以分阶段帮助儿童的个性形成,第一阶段,主要在婴幼儿时期,帮助儿童身心自然发展;第二阶段,主要凸显社会学目的,主要帮助儿童适应环境。

(三) 论自由、纪律与工作

儿童教育一直都是人类永恒探讨的话题。在蒙台梭利看来,教育要从社会和生理两个方面去帮助儿童,一是帮助他们自然成长,二是帮助他们去适应社会环境。为了达成这两个目标,蒙台梭利提倡及早教育。在幼儿教育中,要给予儿童活动的自由,以及让儿童全神贯注地投入身心协调的活动中。

她提倡的自由并不是绝对的自由,并不是孩子想怎么样就怎么样,而是相对的自由,是受到约束的自由,这个约束就是纪律。她认为只有建立在身心协调的活动和自由活动基础上的纪律才是真正的纪律,纪律和自由是不可分割的,它们是同一事物的两个方面。

儿童全神贯注地投入身心协调的活动被蒙台梭利称为"工作",实质就是儿童参与各种活动。她认为工作在自由和纪律之间,起到中介桥梁的作用。同时,她强调了工作在儿童发展中的重要性:第一,工作有助于肌肉的协调和控制,因而能促进纪律的形成;第二,工作有助于培养儿童的独立性,以及儿童进行自我教育;第三,工作有助于培养儿童的意志力。基于工作对于儿童的重要性,蒙台梭利总是让儿童参与各种各样的工作,不仅限于个体活动,还有集体活动。

(四) 论教学内容和方法

幼儿教学内容和方法作为蒙台梭利教育体系的一个重要组成部分,她认为,儿童之家的教学内容应该包括:实际生活练习、肌肉练习、感觉教育、体力劳动、读写算练习等。

蒙台梭利十分重视锻炼儿童的实际生活能力,主要是培养儿童的生活自理能力和做家务的能力。在培养生活自理能力上,蒙台梭利建议可以让儿童学习穿衣服、刷牙、刷鞋、洗手帕、洗手等;在培养做家务能力上,她建议可以让儿童学习扫地、拖地、擦桌子、整理房间、洗碗等。通过这些练习,可以培养儿童生活自理能力和做家务的能力。

在读、写、算的练习这个问题上,蒙台梭利的观点不同于现在被普遍推崇的观点。她认为3岁的儿童已经具备学习文化知识的能力,并且在这个阶段进行读写算的练习能达到事半功倍的效果。教师应该给儿童提供学习资料,创设条件,训练其学习技能,促进儿童的发展。

蒙台梭利特别强调感觉教育,她将感觉教育界定为:让儿童依靠设计好的教具 (图 11-12) 进行自我教育的过程。

她特别重视对视觉、听觉、嗅觉、味觉、触觉等的训练。她认为 3～6 岁是儿童感官训练的关键期,在这个阶段对其进行训练效果是最好的。由于每种感官有其特殊性,需

图 11-12

要对每一种感官进行单独训练。在进行触觉训练方面,她让幼儿辨别光滑度、温度、重量等;在视觉训练方面,她让儿童识别物体的度量、形状和颜色等。

锻炼下肢的各种运动、自由体操、教育体操、呼吸体操,蒙台梭利称为肌肉练习。蒙台梭利原本是一名医生,她知道肌肉练习对于幼儿身体发育的重要性。为此,她经常鼓励儿童多做体操,训练肌肉。蒙台梭利为了帮助幼儿进行肌肉练习,专门发明了一些器械,比如平行木栅、摇椅、跳板、攀登架等,这些器械有助于儿童锻炼上下肢、手的抓握、身体的平衡感等。蒙台梭利强调指出,肌肉训练不仅有助于幼儿的身体发育和健康,而且有助于幼儿动作的灵活、协调和正确,还有助于锻炼幼儿的意志和发展幼儿之间的合作关系。

在蒙台梭利看来,自然包括两个层面的意思。一个方面是指未经人类加工或改造的、纯粹的、物理的自然环境或自然物。她把这个层面的自然看作儿童精神胚胎生长的外部环境。另一方面是指儿童的本来面目。蒙台梭利引导孩子的爱心、责任心和对大自然的感情,对儿童进行自然教育。她特别重视自然教育,为了能实现利用大自然进行教育的目的,她让儿童去观察生命现象、生长现象,培养对大自然的感情,提升自己。[1]

三、对蒙台梭利学前教育思想的评价

蒙台梭利一生致力于学前教育,积极探索实践,取得了卓越的成就,为此,她被人们誉为 20 世纪"幼儿园改革家"。她重视早期教育,强调幼儿活动中手脑结合、身心和谐,以及提出了有关儿童心理发展的阶段性和主动性教育思想,不仅对旧时的学前教育具有冲击性,对当今学前教育的发展也有借鉴意义。诚然,由于时代的局限性,她的理论和著作中不可避免地存在着唯心主义、神秘主义和宗教色彩,在方法论上也存在着一定的主观性。但她的教育思想至今影响着全球幼教事业的发展,她为学前教育事业所做的贡献是不容置疑的。

考点聚焦

第 11 章 课外阅读

```
                                    ┌─── 儿童思维发展阶段理论
                    皮亚杰学前教育思想 ┤
                                    └─── 儿童道德发展与道德教育

外国现代学前                            ┌─── 教学五步
教育思想      ────   杜威学前教育思想  ┤
                                    └─── 教育的本质

                                    ┌─── 儿童发展
                    蒙台梭利学前教育思想┤
                                    └─── 教学内容和方法
```

---

[1]　鲍亚.蒙台梭利的自然教育[J].学前课程研究,2007(2).

皮亚杰认知发展阶段理论在教师资格证考试中主要是以客观题的形式出现,主要包括两个方面:①阶段名称和阶段特点相对应;②根据事例判断幼儿处于哪个认知发展阶段。重点关注杜威的教学五步。蒙台梭利教育思想主要以选择题和简答题出现,重点关注关于儿童发展的论点。

▐▍考题链接

一、选择题

1. 被誉为"幼儿园之父"的教育家是(   )。

    A. 陶行知   B. 陈鹤琴   C. 福禄贝尔   D. 蒙台梭利

2. 在罗马贫民区创办第一所幼儿学校——"儿童之家",创立以感官为基础的幼儿教育教学体系的教育家是(   )。

    A. 福禄贝尔   B. 蒙台梭利   C. 得可乐利   D. 凯米

3. 学前教育学是从教育家(   )开始创立的。以他为标志,学前教育理论才从普通教育学中分化出来,由笼统的认识到建立起独立的范畴与体系,成为一门独立的学科。

    A. 亚里士多德   B. 柏拉图   C. 福禄贝尔   D. 夸美纽斯

4. 历史上第一本学前教育专著是(   )。

    A.《大教学论》   B.《母育学校》   C.《世界图解》   D.《爱弥儿》

5. "儿童中心论"的倡导者是(   )。

    A. 蒙台梭利   B. 杜威   C. 维果茨基   D. 加德纳

6. 幼儿教育家蒙台梭利 1907 年在罗马贫民区创设了(   ),招收 3～6 岁的幼儿。

    A. 儿童之家   B. 孤儿院   C. 幼儿园   D. 学前班

7. 皮亚杰把儿童智力的发展划分为四个阶段,它们依次是(   )。

    A. 前运算阶段、感觉运动阶段、具体运算阶段、形式运算阶段

    B. 感觉运动阶段、前运算阶段、具体运算阶段、形式运算阶段

    C. 感觉运动阶段、前运算阶段、形式运算阶段、具体运算阶段

    D. 前运算阶段、感觉运动阶段、形式运算阶段、具体运算阶段

二、简答题

简述蒙台梭利的学前教育观点。

三、论述题

论述皮亚杰的儿童认知发展理论。

第十二章
外国当代学前教育发展

本章导航

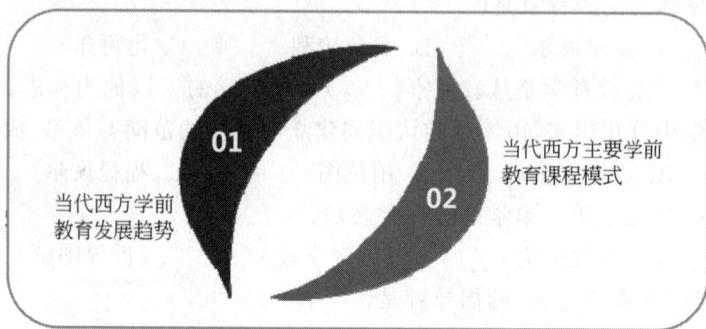

01 当代西方学前
教育发展趋势

02 当代西方主要学前
教育课程模式

学习目标

1. 了解当代西方学前教育发展趋势，并能加以评价。

2. 掌握当代西方学前教育发展中主要的课程模式高瞻课程、瑞吉欧教育方案的主要观点和实施要点。

3. 归纳总结当代西方学前教育思想中对当下学前教育发展的积极主张。

故事探索

开 端 计 划

开端计划是美国联邦政府旨在追求教育公平，改善人群代际恶性循环的一个早期儿童项目。它由美国总统林登·约翰逊提出，作为向贫困宣战的一项计划之一。自 1965 年起按照国会通过的一项法律开始实施，该计划以联邦政府及州政府为主投入资金，由受过培训的教师为家庭条件不佳的儿童提供免费的学前教育。它是美国联邦政府迄今为止规模最大的早期儿童发展项目，被誉为美国学前教育的"国家实验室"，对美国幼儿教育产生了十

分重要的影响①。当代西方国家从政策、立法、财政等方面大力支持学前教育发展,取得了不俗的成绩,我们一起来学习当代西方学前教育发展。

第一节 当代西方学前教育发展趋势

一、概况

"二战"后,百业待兴。随着政治、经济和文化的发展,西方学前教育取得长足的进步与发展,尽管如此,在学前教育大发展中出现了新的问题,面临新的挑战,如学前教育机构仍然难以满足民众需求。20世纪50年代以来,美国课程改革如火如荼,学前教育领域,皮亚杰的理论深刻影响着儿童认知发展的理论研究和实践革新。以皮亚杰理论为基础的学前教育改革、课程,自70年代开始,大量出现。随后,多元智能理论和人本主义教育思想在学前教育中得到充分发展,促进和形成了新的学前教育思想和课程模式。

这一时期,学前教育不仅在理论上取得较大进步,而且在规模、质量上也得到了长足发展。

二、当代外国学前教育发展特点和趋势

(一)学前教育日益受重视

学前教育规模扩大。《全民教育全球检测报告(2007)》显示,1991—2004年的10余年间,在有数据可比的81个国家和地区中,有4/5的国家和地区的学前教育覆盖率都呈快速增长趋势。转型国家增长最快,达到18%;发达国家和发展中国家增长率都在4%左右。

1. 通过法律法规明确学前教育的重要性

许多国家通过相关立法,或者在法律中单列学前教育条款,或者制定学前教育政策法规,以明确学前教育在国家国民教育体系中的基础地位和重要作用。

"二战"后,日本通过法令、标准、大纲等把学前教育法制化和制度化,1946—1955年是日本学前教育法制化和制度化的大发展时期。如日本1947年出台《学校教育法》,该立法在第七章的第十七条至第八十一条对学前教育做了具体规定,再次明确学前教育是国家学校教育中的一部分,起基础性作用。

20世纪90年代以来,美国出台了《儿童保育与发展固定拨款法》(1990年)、《儿童早期教育法》(1990年)、《先行计划法案》(1994年)、《1999法案:向所有儿童提供优质教育》《不让一个儿童掉队》(2002年)、《全美儿童保护法》(2005年)、《早期学习机会》《入学准备法案》。2003—2006年英国连续发布《每个儿童都很重要》绿皮书、《儿童法》《儿童保育十年战略》《儿童保护法》等。

① https://baike.baidu.com/item/%E5%BC%80%E7%AB%AF%E8%AE%A1%E5%88%92/4265088? fr=aladdin.

2. 将学前教育纳入公共服务体系

"二战"后,除个别国家外,很多国家经济、教育等百废待兴,对学前教育的关注、投入不足,如英国由于经费、师资短缺等问题,为解决保育设施不足的问题,出现了过渡性的"幼儿游戏班"。20 世纪 60 年代以后,法国、英国等国家,加大学前教育经费投入,政府承担更多发展学前教育的责任,提出了许多举措。英国的《普洛登报告》(1967 年)把增加保育设施、配备教师、开展教育援助规范起来,《教育白皮书》于 1972 年发布,计划 10 年内实施学前教育全免费。法国 1976 年颁布母育法令,解决母亲不能照顾子女等社会问题。

(二) 重视学前教育质量和公平

重视学前教育质量是各国教育的永恒追求。通过系列改革逐步提升学前教育质量,并且对学前教育质量的认识和理解在不断深化和发展。

以美国为例,美国学前教育课程改革经历了两次高速发展的时期:第一个高速发展时期是 20 世纪 60—80 年代,这一时期美国的学前教育注重的是追求优质的教育和高质量的人才,注重儿童的认知能力发展和儿童智力的发展,将提高儿童的读写算的能力置于首要的位置,过分强调儿童智力开发和入学准备的意义,一定程度上弱化了儿童其他方面的发展。第二个高速发展时期是 20 世纪 80 年代后,这一时期美国学前教育发展和改革的主要目的不再是为了消除贫困、消除教育不平等,而是为了更好地促进社会全面地发展,实施高质量的学前教育课程。

英国于 2000 年颁布《基础阶段课程指南》,加强学前教育质量,强调全体儿童的全面发展,对学前儿童每个领域的学习目标、儿童实际表现提出明确要求。2008 年颁布《早期基础阶段的法定框架》,提出了 0~5 岁儿童学习的六大领域及其模板,并且对婴幼儿的年龄阶段及其发展要点做了更加细致的规定,不仅促进了学前教育科学化进程,而且在教育公平和质量上也有所助益。

20 世纪 80 年代,日本通过课程改革,致力于培养学前儿童的生存能力、态度、情感、欲望等。1998 年颁布《幼儿园教育要领》,对儿童在健康、人际关系、环境、语言、表现五个领域的课程目标和教育内容做理论明确的规定,21 世纪通过教育立法、教育改革、标准建设更新和完善这五大领域。

重视教育公平。从机会公平出发,针对处境不利儿童,实施补偿教育。1964 年美国提出"向贫困宣战"的口号,其中包括让贫困儿童、处境不利儿童获得平等的教育机会。1965 年开始实施"开端计划"(又称"先行计划"),经费来自联邦政府的拨款,主要面向生活在贫困线以下的 3~5 岁儿童;还为贫困家庭 4~5 岁儿童开设学前班,免费进行保育,以缩小家庭贫困导致儿童在学前教育阶段产生的差距;1978 年该计划向所有儿童开放,1994 年又把教育对象延伸到 2 岁儿童;到 2002 年,"开端计划"拨款超过 50 亿美元。

(三) 学前教育一体化趋势加强

学前教育一体化主要表现在纵向延伸和横向联合两个系列轴上。"纵"向延伸方面是指学前教育"向上"被纳入基础教育的整体框架,同时"向下"延伸、渗透到托儿所阶段乃至出生时期。"横"向联合方面是指家庭教育、幼儿园教育、社会教育三种教育形态密切结

合、相互配合,共同承担早期教育的任务;正规教育与非正规教育多形式同向并行。

"二战"前,苏联学前教育按年龄分为两段,加盟共和国的卫生部负责 0～3 岁婴儿的托儿所管理,加盟共和国的教育部负责 3～7 岁儿童的幼儿园教育事务。20 世纪 50 年代确立"保教合一"的教育体系。1959 年颁布《关于进一步发展学前教育机构,改善学前儿童教育和医疗服务的措施》,至此,两个阶段的学前教育及其教育机构整合为统一的"托幼机构"。

20 世纪 60 年代以来发展起来的终身教育思潮已经成为国际性教育思潮,得到充分发展和广泛认可,成为许多国家制定教育政策的共识和指导理念。很多发达国家和发展中国家把学前教育置身于终身教育国际性教育思想中来考量,0～6 岁教育一体化,幼儿园和家庭、社区一体化育人成为学前教育发展的趋势之一。

1. 0～6 岁教育一体化

世界上最早实施学前教育一体化的国家是新西兰。*TeWharki* 被誉为学前教育工作者的"圣经",它涵盖了儿童自出生至小学之前的早期教育和保育内容。*TeWharki* 秉持终身学习的理念,它认为学习伴随人的一生,它开始于人出生的最早阶段。*TeWharki* 的重要基础之一是重视儿童生活成长的社会环境,提出了学前教育课程的四个基本原则:早期教育课程应赋予儿童学习和成长的力量,早期教育课程应反映儿童的全面学习和发展;早期教育课程应提高儿童的学习和成长能力;大自然、家庭和社区等社会环境,以及更加广泛的环境,都应该成为早期教育课程的来源和组成部分;儿童在与他人互动、与环境互动中来学习。在这四个原则基础上,课程内容应该涵盖五个领域:身体心理健康发展领域、有归属感、合作交流素养、交往能力和探索能力。*TeWharki* 是新西兰众多的学前教育服务机构组织活动和实施课程的指南,是学前教育教师行动的指南。

1989 年,法国在《教育方针法》附加报告中明确了学前教育目的、地位和作用,强调了学前教育的四大功能:启蒙教育功能、个体社会化功能、诊断和调整治疗功能、学前教育与小学教育相衔接的功能。这份报告明确了法国学前教育的发展方向。20 世纪 90 年代在教育改革中,打破传统的年级界限,在母育学校和小学教育中建立 2～11 岁"学习阶段"这种新的教学组织方式,这进一步加强了幼小衔接,把学前教育与小学合为一体。

2008 年,英国颁布了幼儿教育课程 EYFS。EYFS 整合了《0～3 岁很重要》《8 岁以下儿童日托和居家保姆全国标准》《基础阶段课程指导》,确立起体系完备的 0～5 岁儿童保育、学习和发展的课程。EYFS 课程重视教育公平,提出面向全体儿童的口号,特别为处境不利的儿童提供平等的教育机会。它通过设定 0～5 岁儿童保育、学习和发展的统一标准,面向全体儿童,注重合作机制建设,提高学前教育质量,增强教育的统一性,以确保政府在《每个儿童都重要》中的儿童发展指标的实现。目前,英国招收 0～5 岁儿童的学前教育形式和教育机构多样,但是很注重教育的一致性、统一性和一体化建设,如通过确定统一的学前指导纲要加强一体化,在公立的幼儿园、私立的幼儿园、个人开办的幼儿园,以及社区、慈善组织和教会开办的学前教育、儿童之家等,都遵照《儿童早期基础阶段》来实施学前教育课程,组织学前教育活动。

2. 幼儿园和家庭、社区一体化育人

美国最早实施幼儿园和家庭、社区一体化育人。20 世纪 60 年代,美国提出"开端计划",主张幼儿园与家庭、社区合作育人。英国确立了以社区为基础的学前教育一体化整

合机制。1997 年英国创建了世界上第一个以社区为基础的幼儿综合服务组织——"早期优质服务中心",以传统教育机构为基础,整合社区资源,以早期服务为纽带,以社区居民、儿童及其家庭为服务对象,提供基于社区的学前教育服务。1998 年实施以社区为基础,为全部儿童、家庭和社区服务的幼教体系"良好开端"项目。2000 年澳大利亚实行以社区为基础的网络运行模式——"儿童保育和家庭支持中心",利用社区公共设施,借助社区资源中心、社区平台和学校等社区资源整合机构向网络辐射,并且发挥整合功能。意大利瑞吉欧幼教机构的社区管理模式,开创了把学前教育及其机构视为文明社会的窗口和实践场域的理论,并将其付诸实践,拓展了幼教机构文化,丰富了学前教育的内涵和价值,是未来学前教育机构的一种重要模式和发展趋势。

第二节　当代西方主要学前教育课程模式

一、高瞻课程

高瞻课程是由美国儿童心理学家戴维·韦卡特(David P.Weikart)于 20 世纪 60 年代创建的,经过高瞻教育研究基金会多年的理论和实验研究,凝练出的一套相对完善的早期儿童教育课程方案。它首先应用于"佩里学前计划"(Perry Preschool Project),在密歇根州伊普斯兰提地区的佩里学校组织实施,它是美国开端计划(Head Start)第一批通过的科研项目。其学前教育方案主要宗旨是帮助处境不利的儿童顺利就学并完成学业。该课程方案发展至今被广泛运用于美国学前教育中,在美国学前教育发展史上具有重要地位。

(一)高瞻课程的产生背景

伴随着 20 世纪美国的政治、经济、文化、政策等各方面发生了巨大的变化,美国学前教育高瞻课程的产生和发展深受当时的政治、经济、文化和教育等方面的影响。"二战"后,美国经济迅速发展,同时,国内贫富差距不断拉大,种族歧视日益加剧。自 20 世纪 60 年代,美国开始实施减税法后,美国经济快速增长,美国社会各阶层的物质生活水平远超"二战"前的生活水平(图 12-1)。

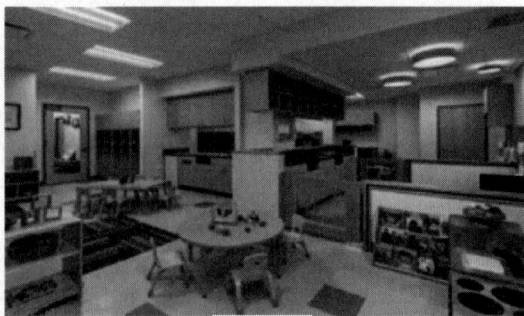

图　12-1

为了促进教育公平和顺应教育民主化,消除社会贫困,20 世纪 50 年代后期至 60 年代,美国政府开展了包括学前教育在内的教育机会均等运动。1964 年 3 月,美国总统约翰逊提出了"无条件向贫困宣战"(War on Poverty)口号,发动了规模巨大的反贫困运动,认为应该把解决 6 岁以下贫困儿童的早期教育问题放在首位。1965 年,美国国会通过了《经济机会法》,要求在学前教育中兴起"开端计划"。其中,美国学前教育高瞻课程便是首批应用于"开端计划"中的课程。

(二)高瞻课程的发展过程

高瞻课程从 20 世纪 60 年代初产生至今,从课程内容的发展历程和特点来看,可以分为三个发展阶段:第一个阶段(1963—1971 年),受到皮亚杰儿童认知发展理论的影响,儿童认知性工作成为教育改革的重点,课程重点在于为儿童入学准备所需的知识与技能,强调儿童认知和智力的发展。第二个阶段(1972—1979 年),课程从强调皮亚杰的认知发展理论转变为强调儿童是知识的建设者,知识不是一成不变的,也不是教育的核心,强调儿童对知识的积极建构,强调儿童的主动性和主观性,重视儿童主观能动性的发挥;并注重儿童的情感和社会性的发展。第三个阶段(1980 年以来),课程更加强调学习过程中儿童的主动性,儿童的主动学习已经超越了它是儿童经验的一部分的看法,将"主动学习"从之前在第二阶段中作为主要学习经验之一提升为整个学前教育课程发展的轴心。

(三)高瞻课程框架

1. 实现主动学习

(1)一日生活环节

高瞻课程的一日生活环节主要是让儿童逐步适应由家庭到学校的场景转换,为儿童和成人提供一些时间来分享和展示自己的重要信息(图 12-2)。这是儿童参加团体活动,进行分享和互助学习的主要场所和好机会。

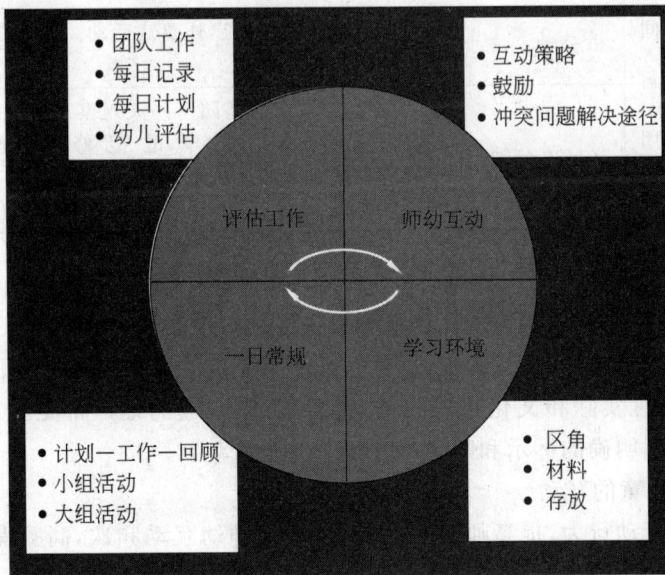

图 12-2

高瞻课程的一日生活安排(表 12-1)中,幼儿一日生活安排有半日安排和整日安排两种。一般包括以下环节。

表 12-1　高瞻课程一日生活安排的环节、时间、主要内容

序号	环节	时间	主 要 内 容
1	问候时间	15~20 分钟	主要是帮助幼儿适应由家庭到幼儿园的转变,为儿童和成人提供一些时间来分享和展示自己的重要信息
2	计划时间	10 分钟	儿童在相应时间里制订计划,选择他们在接下来的学习和生活时间里要完成的事情。成人可以帮助幼儿丰富、修订和完善他们的计划
3	工作时间	45 分钟	儿童执行他们的计划。他们可以在任一区域里面,使用任一种材料学习、玩耍、做游戏。成人观察儿童,寻找机会参与儿童的活动,以此来拓展他们思考,丰富他们的游戏,在他们有需要的情况下,给予帮助,帮助他们解决问题
4	收拾	10 分钟	幼儿和成人一起收拾材料,把材料、物品归还原处。如果有必要和需要,进行作品展示
5	整理时间	10 分钟	儿童交流、展示他们在计划实施的工作时间里所做的事情或完成的作品
6	回顾时间	20 分钟	儿童和成人一起以一种温馨的、家庭式的、轻松的方式边聊天边吃饭
7	茶点时间	10~15 分钟	儿童和成人一起玩乐器、讲故事、唱歌、玩游戏,主要为孩子们参加团体活动提供机会,分享他们的所学所得、相互学习
8	小组活动	15~20 分钟	成人带领分组儿童(一般 6~10 人一组)开展活动。主要是由成人计划或引领儿童进行互动、游戏。每个孩子与材料的互动方式大多是由他们自己把控的,成人主要是提供材料和帮助
9	大组活动时间和户外活动	30 分钟	儿童参与丰富多样的户外游戏活动。成人参与,并支持幼儿的户外游戏
10	成人的日常团队计划	20~30 分钟	成人总结、交流在幼儿园里一天观察和了解到的每个儿童的情况,并把情况跟儿童分享,进一步修订、完善观察记录,然后一起以今日的观察记录为依据,共同制订第二天的活动计划和工作内容

(2)学习环境的创设

在活动安排中,高瞻课程为幼儿创设和提供各种兴趣区域、区角活动、活动材料,有目的、有计划、有组织地选择、提供和投放材料,并注重当地的课程资源利用和社区文化的挖掘,创设与当地社区实际和文化相关的情境。每个感兴趣的地区都是独立的,相对开放的。每种材料做了明确的标示和归类,如图 12-3 所示。

(3)成人与儿童的互动

为规范师幼互动行为,提高师幼互动质量,加强师幼互动频次,高瞻课程为教师提供互动策略和帮助的系列化指导。

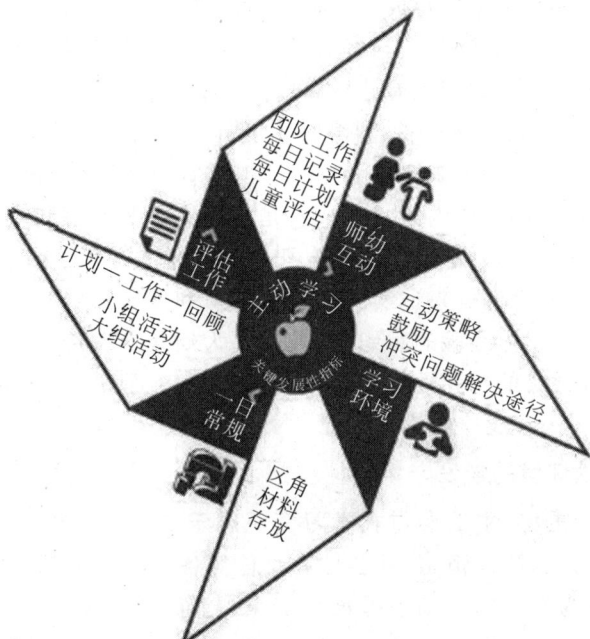

图 12-3

（4）评估系统

高瞻课程的评估系统包含两大方面四个板块：一是对婴幼儿发展的评估，分为0～2.5岁婴幼儿发展评估和2.6～6岁婴幼儿发展评估；二是对学前教育机构教育质量的评估，包含课堂教学评估和学前教育机构评估。针对婴幼儿发展评估，高瞻课程方案采取《儿童观察记录量表》(COR)评估，以观察记录、轶事记录等方式描述和记录婴幼儿的表现和发展变化。针对学前教育机构教育质量评估，高瞻项目在实践中制定并验证了项目质量评估量表(PQA)，以全面评估早期教育机构和项目在课堂教学中的活动和师幼互动、家园关系、机构的运行以及教育机构领导者的管理、实践。

2. 课程内容

高瞻课程旨在帮助儿童发展并取得成功，课程内容围绕学习方式，社交性发展，身体发育和健康，语言与读写，数学，创意艺术，科学和技术，社会学习八大方面，形成58个重点发展指标。建立在这些指标上的课程内容，旨在促进儿童在不同发展阶段的思维和推理能力的发展。这可以为高瞻教师创造学习经验、组织学习资料，以及同儿童互动提供指导。

（四）高瞻课程教师素质

"学习主动"是高瞻课程的核心理念。充分重视教师在幼儿学习中扮演的角色，倡导的教师观是"有准备的教师"，对教师的角色定位以及为教师有准备的教学做出了更具体和更具操作性的诠释。这为当前幼儿教师转变，提升职业素养提供了积极的借鉴意义。

1. 教师是幼儿学习的组织者

高瞻课程倡导者要求教师运用专业知识、判断力和专业技能组织幼儿学习知识，以确保幼儿能够获得在现实生活中取得成功所必备的知识。作为幼儿学习经验的组织者。首先，教师要科学掌握和应用儿童学习与发展的关键经验。高瞻课程中设置了 8 个领域的 58 条关键发展性指标,58 条关键发展性指标囊括儿童的学习方式、社会性发展、身体发展与健康、语言与读写、数学、创意艺术、科学技术和社会学习 8 个领域,这些指标对教师创设和组织学习经验、师幼互动提供方向和基础。其次,教师务必全面理解并灵活把握"关键发展性指标"这一概念的实质内涵。"关键"是指儿童需要了解和应该学习的有意义的有价值的经验;而"发展性"表明了儿童的学习是循序渐进变化、逐渐发展的。另外,"指标"重点关注教师需要通过证据来证实儿童是在学习和发展那些为入学和人生做准备的知识和技能。作为儿童学习经验的组织者,教师要为幼儿准备符合其需求并对幼儿身体和心理发展具有重要意义的有弹性的内容,这将有助于教师更全面地了解幼儿并为其发展制订适宜的计划。

2. 教师是支持性环境的创设者

高瞻课程倡导者秉持"主动参与式学习资源融于支持性环境"的观点,认为设计良好的学习环境对于幼儿智力、情感、社会性和身体等各方面发展都具有重要意义。在高瞻课程中,教师负责为幼儿的主动学习创设安全、健康、有足够空间的适宜性环境。首先,教师应为幼儿营造一种和谐的、安全、健康、温馨的情感氛围。研究表明,温暖、舒适和具有启发性的互动环境与严厉、批判性或冷漠的成人行为相比更能对儿童发展有良好的帮助。在高瞻课程中,教师会尽力创设一种儿童在其中感受不到压抑、厌烦、焦虑、恐惧的交流、学习、互动和游戏的环境。在这种支持性的情感氛围中,教师重点关注幼儿的观点和行为,为儿童提供支持及其材料、事件以及同伴的互动。其次,教师是物质环境的创设者。在高瞻课程中,教师负责为幼儿创设符合其学习特点和学习方式的活动区角。典型的室内区角有阅读区、积木区、角色扮演区、美工区等。无论是在室内活动区还是户外游戏区,教师都应确保能够看到和听到任何角落发生的活动,将保障幼儿安全作为重要前提。另外,教师作为物质环境的创设者和支持者,在各个活动区角投放材料也是教师的重要职责。教师要为幼儿投放开放性、多样性、具有吸引力且方便获取和自由操作的材料,并保证投放的材料能够发挥支持幼儿主动探究的作用,帮助儿童身心获得有益发展。

3. 教师是儿童经验构建的积极互动者

幼儿的主动学习离不开与周围环境的互动。教师与幼儿之间的积极互动是高瞻课程倡导者尤其重视的因素之一。他们认为教师要做幼儿经验建构的积极互动者、参与者、支持者,特别强调教师和幼儿之间建立支持性师幼互动关系。支持性互动关系包含以下六个关键因素。

（1）教师和幼儿分享学习权利。儿童和教师可以相互担任主导者和学习者、讲话者和倾听者、教师和学生,每个人都有机会表达自己的观点和试着做一些事情,如图 12-4 所示。

（2）教师应该把注意力放在儿童的优点上。这要求教师切实关注儿童的需要和兴趣,发掘儿童的爱好和优势,从儿童的角度思考问题,用儿童的眼光看问题,围绕儿童的兴趣、优势、特长制订计划和与幼儿互动。

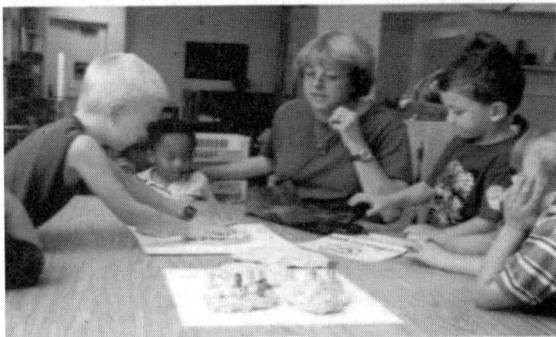

图 12-4

（3）教师要和儿童建立亲切的真诚的关系。教师应当真诚地对待每一位儿童，找到恰当的方法和幼儿真诚地相处。

（4）教师应当支持儿童的游戏。教师要降低自己的身姿，观察和理解幼儿的游戏，并以平等的身份参与幼儿的游戏活动。

（5）教师要多使用鼓励语言而不是赞扬话语。教师要特别关注儿童的行为、行动，鼓励幼儿交流和讨论做了什么、是怎样做的，以及具体的过程如何，而不是仅仅关注结果。

（6）教师要采用问题解决法来解决冲突、化解矛盾。教师要理解冲突的根源是幼儿的正常发展和需要，自然也是幼儿游戏中必备的一部分。教师要善于抓住教育契机，在处理儿童之间的冲突时鼓励幼儿自己提出解决办法，并在恰当的时刻给予引导、提供帮助。

4. 教师是家园合作的沟通者

高瞻课程倡导者肯定家庭对幼儿学习的重要性，认为家长参与的方式对于儿童早期教育质量的提升具有特殊意义。教师有责任有义务做好与家长之间的沟通、联系，并采取有效策略促进家长参与早期教育。因此高瞻课程倡导者建议教师从三个方面做出努力，以成为优秀的家园合作沟通者。

（1）教师要重视儿童家庭在教育中的作用，了解幼儿的家庭背景和文化传统。美国是一个由多元文化构成的国家，在这个文化"大熔炉"里，有浓厚的尊重多元文化的意识和底蕴。受多元文化氛围的影响，在高瞻课程中，教师会努力通过各种方式去了解幼儿的家庭生活及文化。教师对儿童原生家庭越了解，对家庭生活及文化了解越多，他们对幼儿的引导工作就做得越细致和深入。

（2）教师要帮助家长理解早期教育的真正价值并树立科学的教养观念。在高瞻课程中，教师会努力提高家长对幼儿关键学习经验的重视，帮助家长通过适当的方法了解、理解并支持儿童的发展。

（3）教师要鼓励并指导家长在家庭中有目的地为幼儿提供学习氛围和学习机会。父母是幼儿的第一任教师，在家庭中有很多教育契机是家长可以把握的。因此，教师会经常和家长交流如何在日常生活中为幼儿提供自我锻炼或自我服务的机会和空间，以及如何更好地与幼儿进行交流互动,这既能达到帮助家长提升教育敏感性和教育能力的目的,还能保证幼儿"在园"学习经验与"在家"学习经验的一致性。

在21世纪教育新时期,时代赋予教师新使命,成为有理想信念、有道德情操、有扎实学识、有仁爱之心的"四有好老师"是不懈的追求。教师不但要有良好的师德、广博的专业知识和专业能力,以及较强的学习能力,而且应具有反思能力和研究能力。高瞻课程教育方案认为教师都要经过美国高瞻学前课程体系国际认证培训,为实施学前课程做好知识准备、思想准备和心理准备。培训主要围绕高瞻课程的五大主要内容展开,培训课程采用阅读和写作作业、分组讨论、个人反思、观察、反馈等方法来最大限度地调动和发挥教师的主动学习优势,制定合理的生涯发展规划和成长计划,确保培养培训的师资具有国际化、专业化素养。在高瞻幼儿园,每一园所都必须有一定比例的持证者教师,以提高对于高瞻课程的理解、领悟、实施和执行的能力。

高瞻课程的办学不是片面追逐经济利益,而是以提高教育质量为目标,秉持"一切为了孩子、为了孩子的一切"的教育理念。幼儿园园长应该是那些真正爱孩子并想给孩子带来更好教育的人。高瞻课程让儿童体验世界级课程,尊重幼儿教育产业的发展。园长以创新、学习、管理技能为核心素质,以专业性、专业化、国际化为核心,不断提高教育和管理水平。

(五) 做好衔接,高瞻课程更具本土化

高瞻课程在学前教育中有"哈佛大学"之美誉,得到世界各地幼教界的认同和践行。高瞻教育方案最初是为了给孩子提供接受正式课程教育的机会,经过半个多世纪的探索、实践与重构,已经成为一种世界著名的学前教育理念和模式。高瞻课程以皮亚杰的儿童发展理论为依据和基础,把儿童看作主动的学习者、建构者,以儿童为中心,培养儿童主动学习能力、互动能力、社会性。高瞻教育项目的独特之处在于,为了确保该项目在不同国家和地区的实施和推广,它结合了幼儿园语言、社会、健康、科学和艺术五个领域,在此基础上,设计并实施了课程体系。对中国教育而言,高瞻教育方案的特性更符合我国国情和教育实际,该理念对孩子的关注是非常全面的,被越来越多的家长熟悉和接受。

二、瑞吉欧模式

瑞吉欧·艾米利亚是坐落于意大利北部瑞吉欧·洛马格诺地区的一个小镇,在这个拥有13万人口的小城,形成了被誉为"学前教育的天堂"的瑞吉欧·艾米利亚方法。经过几十年的发展,它拥有一套独具特色、有开创性教育哲学、课程与教学、学校组织和环境创设,得到很多人的认可、学习,并尝试将瑞吉欧方法运用到本土化的实践中。

(一) 教育理念

1. 走进儿童心灵的儿童观

学龄前儿童可以使用各种不同的图像和媒体来表达和交流彼此的看法。

2. 强调"互动"和"合作参与"

"互动合作"是瑞吉欧教育方案的重要教育理念之一,也是学前教育活动过程中要坚持的一个原则。"互动合作"是指教育活动中教育者和学习者的相互沟通、关怀和协助的不断持续,以及教育活动相互引导的过程。

(二)课程理念:儿童的一百种语言

1. 儿童观:建立新的儿童形象

瑞吉欧教育方案秉承儿童是学习的主人的理念,认为儿童的学习是一个互动的积极的建构过程;儿童有多种感知、表达的需求,儿童的成长渴望得到尊重的理念,可以帮助儿童发挥自身的学习潜能。

(1)儿童是主动学习的主人

儿童具有巨大的学习潜能,与生俱来对自主探究感兴趣,同时有着内在的生长规律和求知以及理解自己身边事物的欲望。

(2)儿童的学习是一个互动的社会建构过程

儿童不是抽象的存在,而是"在每一位儿童与其他儿童、教师、家长、儿童自己的历史及周遭的社会文化环境之间的关系"中存在的个体。儿童是社会的建构者,他们的发展是建立在关系基础上的。

(3)儿童有多种感知、表达的需求

马拉古奇承认儿童拥有运用"语言"的巨大潜力,坚信"孩子所有的语言皆是与生俱来,并互相影响。儿童有感知的能力、探索的能力,能组织和加工所获得的信息和感觉,寻求交流和互动的机会"。

(4)儿童的成长渴望得到尊重

瑞吉欧教育是在尊重儿童文化基础上进行的。在儿童的成长过程中,不仅要尊重其独立的自主的创造力,同时也应该关注儿童成长的文化,儿童的创造和文化同样具有不可替代的价值。

2. 教育观:为儿童准备快乐、富有个性的童年生活

(1)为儿童创设学习的情境与环境

瑞吉欧教育方案提倡为儿童创设良好学习的情境,帮助幼儿在与情境的互动中主动建构、认识和学习,并在环境中充分发展自己的经验、兴趣和需要,形成健全的人格。

为了给幼儿创设与人、事、物交流的情境,每所瑞吉欧学校都围绕着一个中心场所或广场而建,以帮助幼儿习得独特的思考方式及对事物的敏感度。

(2)加强同伴之间的互动

瑞吉欧教育方案认为儿童的学习是一个不断互动、适应、调试与建构的过程,特别是与同伴之间的互动能够帮助幼儿习得更多经验。

(3)鼓励儿童在探索中学习

瑞吉欧教育方案受弗雷内教学法的影响,强调幼儿的探索与实验能力,希望幼儿能在

实验探索中习得或修正自身的经验。教师在与幼儿的互动中,发现其感兴趣的问题和事情,为幼儿提供合适的资源,并不过多地介入幼儿的探索活动,让幼儿主动探索与发现,主动建构自己的知识与经验。

(三)课程目标:促进幼儿健康、愉快、幸福地成长

瑞吉欧教育方案的课程目标在于帮助儿童愉快、幸福和健康地成长,促进儿童和谐发展。在这个目标导向下,强调儿童的主动性和创造性是儿童愉快、幸福、健康成长的前提和核心。

1. 多元化、生成性的课程目标

瑞吉欧的课程目标是多元且灵活的。瑞吉欧教育工作者在与家长、社区的交流过程中,观察和发现儿童的兴趣、经验及能力,在充分了解儿童的兴趣和需求的基础上制定课程目标,对教学过程中可能出现的种种情况做出假设和预测,从而形成开放的、动态的目标。

2. 全面的课程目标

瑞吉欧的课程目标着眼于儿童人格的和谐发展,注重丰富儿童的感觉经验、审美体验,注重激发儿童的想象力、开发儿童的创造力。因此,瑞吉欧的课程目标重视儿童的和谐全面发展。

3. 追求教育内在品质的课程目标

瑞吉欧教育方案不追求外在的目标,而是注重内在的教育品质,即帮助儿童、家长、教师生活得更加快乐、幸福。该方案强调幼儿的学习过程是收获的过程、快乐的过程,是身心得以健康发展的过程。

(四)课程内容:以儿童的需要为出发点的方案教学

1. 以儿童的兴趣为课程的出发点

瑞吉欧教育工作者主张幼儿自发地决定教育目标和内容,让幼儿在自主规划活动中获得解决问题的能力。儿童的兴趣是主题形成的前提,只有当教育内容都是儿童感兴趣的,并且教师也认为有教育价值的,这样的课程内容才是对儿童发展有意义的。

2. 以儿童的发展目标为课程的立足点

儿童在不同的发展阶段面临不同的发展任务,这就要求教师要筛选幼儿感兴趣的且对该阶段有发展价值的内容作为课程内容的立足点。

3. 以周围的环境为课程的创设点

一方面,幼儿周围的环境是其学习与发展的场域,环境的启发性、多样性和艺术性能激发幼儿的学习兴趣,促进人与人之间的沟通交流,为幼儿的积极互动提供了条件,在与环境的互动过程中,幼儿可以实现自我建构;另一方面,幼儿周围的环境本身就是重要的课程资源,它从不同层次反映出身处其中的人们的社会文化、学校文化及家庭文化,从本土文化中寻找具有意义的文化特色,并形成课程内容,在文化的价值取向层面为儿童发展

提供新的视角。

(五)课程实施：促进幼儿主动建构的方案教学活动

1. 为儿童创设主动建构的环境

为儿童提供、创造主动建构的周围环境,这样的环境主要包括以下几个方面。

(1)空间环境的布置。

(2)让开放的环境成为儿童的"第三位教师"。

(3)开放的教育环境。

(4)艺术工作室。

(5)实际环境构建。

(6)儿童、教师、家长的互动关系。

(7)社区参与学校管理。

2. 以儿童需要为出发点的方案教学

"方案教学"是瑞吉欧教育体系的课程内容和主要组织形式,是一种"弹性计划",即动态的"生成课程"。

方案教学活动的来源包括:儿童的兴趣;教师的兴趣;儿童各个发展阶段的任务;物理环境中的事物;社会环境中的人;课程内容材料;意外的事件;共同生活中的事情;社会文化、社区、学校和家庭的价值观等。

该方案教学活动的实施过程包括三个环节:开始、发展和结束。这三个环节呈螺旋式上升,其中经验是不断重复积累的,又是不断向上发展的,以儿童熟悉的东西为切入点并使儿童形成新的理解。

📖 **资料卡片**

瑞吉欧模式经典案例:小鸟的乐园

方案最初来源于幼儿园的一个水池,原本是为鸟儿解渴而设。孩子们相继提出问题:鸟儿会渴,也会饿、疲惫,于是有孩子建议为鸟儿搭建休息的鸟巢、玩耍的玩具(秋千、木马、划水筏),又提议架设更大的喷泉。然后,为鸟儿建造乐园的主题就被提出来了。孩子们表达自己的各种想法。怎么建造喷泉?孩子们提出了架设输水管、换水器、储水槽,引雨水和泉水入泉,测量水的天平……经过尝试和试验。最后,孩子们为小鸟做成了水车和喷泉,还为小鸟乐园举行了开幕式[①]。

(六)课程评价：通过记录的形式展开评价

瑞吉欧教育方案的教学评价蕴含在教学的实施过程中,是一个以记录为媒介、多方主

---

① https://www.meipian.cn/1ievc5jv.

体参与、在情境中不断促进儿童发展的过程,整个过程重视幼儿在活动过程中表现出来的经验、态度、行为和想法。

1. 记录的内容

瑞吉欧的教育实践中,记录的内容主要包括幼儿在活动过程中完成的活动作品、记录活动开展的照片、同伴和成人的评价甚至幼儿在活动过程中的讨论等内容。

2. 记录的形式

儿童在进行方案活动时,教师通过聆听、观察、录音、录像和拍照等多种记录方式记录儿童的活动过程。之后,教师运用笔记、录音、图片等形式重现幼儿的学习过程,从而形成具体的评估材料。

3. 记录的价值

记录的价值具体如下。

(1) 关注幼儿的作品,激发幼儿的兴趣和主动性;

(2) 实时地评估幼儿,及时调整活动方案;

(3) 加强教师、家长和社区之间的多向互动。

(七)瑞吉欧教育方案的实践运用

瑞吉欧教育方案注重在儿童的活动中自然而然地生成课程,提倡儿童运用多种感知手段探究,倡导让教师成为幼儿的合作研究者,注重加强与家庭的合作伙伴关系。

1. 转变教育取向:形成开放的师幼关系

瑞吉欧教育方案一方面强调幼儿在活动过程中是主动学习和自主建构;另一方面,教师要充分尊重儿童学习的自主性,为儿童提供自主探索和主动学习的空间。

2. 教师角色转型:重视教师专业发展

瑞吉欧课程模式重视教师专业发展,认为教师要成为促进儿童主动学习的合作者与研究者。

3. 创设真实空间:形成开放的教育环境

在瑞吉欧教育方案中,教育理念渗透在开放的环境中,儿童可以在任何地方、任何空间进行自由探索,环境中的任何现象或问题都能成为儿童探究的主题。

4. 构建多元网络:形成开放的合作关系

在瑞吉欧的教育实践中,家长和社区人员有权利参与学校的活动、学校的管理。

5. 注重多种评估:形成开放的评价体系

幼儿的自主评价、教师的过程评价、家长的发展评价等多种评价方式相结合,实现过程性评价和终结性评价相结合,形成开放的评价体系。

▲▲ 考点聚焦

```
                          ┌──────────────┐
                          │   发展趋势    │
                          └──────────────┘
                                              ┌──────────────┐
                                              │  儿童主动学习 │
                                              └──────────────┘
                          ┌──────────────┐    ┌──────────────────┐
                          │   高瞻课程    │────│ 早期教育质量评估、教育 │
                          └──────────────┘    │ 机构评估          │
                                              └──────────────────┘
┌──────────────┐                             ┌──────────────────┐
│ 外国当代学前  │                             │ 教师是家园合作和促进者、│
│ 教育的发展    │                             │ 建构者            │
└──────────────┘                             └──────────────────┘

                                              ┌──────────────────┐
                                              │ 课程理念：儿童的一百种 │
                                              │ 语言              │
                                              └──────────────────┘
                          ┌──────────────┐    ┌──────────────────┐
                          │ 瑞吉欧教育方案 │────│ 课程目标：促进幼儿健康、│
                          └──────────────┘    │ 愉快、幸福地成长    │
                                              └──────────────────┘
                                              ┌──────────────────┐
                                              │ 课程评价：以记录方式评价 │
                                              └──────────────────┘
```

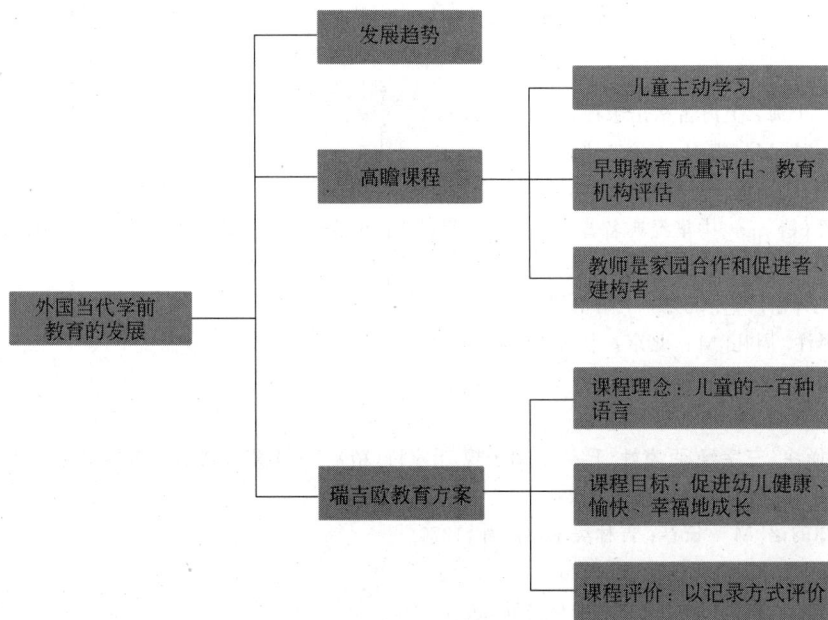

第十二章　课外阅读

　　把握当代西方学前教育发展趋势，并立足中国实际，同时结合案例、材料分析，进行简要论述，这需要思考和关注。特别是教师资格考试中，不仅要能记住其发展特点，还要具有迁移能力和思考素养。高瞻课程倡导主动学习，致力于将该理念付诸实际课程实施和开发，开展早期教育和教育质量评估。高瞻教育课程已经走向世界，得到广泛认可和采纳。在考试中，如何结合实际案例，加入中国元素本土化是关键。

　　瑞吉欧教育方案注重在儿童的活动中自然而然地生成课程，关注儿童的主动性、建构性学习，提倡儿童运用多种感知手段探究，加强家园合作，倡导合作型师生关系，注重采用记录等过程性评价和质性评价方法，为当下的教育改革提供很好的启示。

▲▲ 考题链接

一、简答题

1. 简述当代学前教育发展的趋势。

2. 简述高瞻课程的主要理念和实践要点。

二、论述题

评述瑞吉欧教育方案对当前我国学前教育发展的启示和借鉴。

第十二章　考题链接参考答案

参 考 文 献

[1] 刘安. 淮南子[M]. 上海：上海古籍出版社,2016.

[2] 张觉,译注. 吴越春秋[M]. 上海：上海三联书店,2013.

[3] 陆玖. 吕氏春秋(精)上下册——中华经典名著全本全注全译丛书[M]. 北京：中华书局,2011.

[4] 方韬,译注. 山海经(精)——中华经典名著全本全注全译丛书(第三辑)[M]. 北京：中华书局,2011.

[5] 司马迁. 史记[M]. 北京：中华书局,2014.

[6] 王文锦,译解. 礼记译解[M]. 北京：中华书局,2016.

[7] 徐正英,常佩雨,译注. 周礼[M]. 北京：中华书局,2014.

[8] 脱脱. 宋史[M]. 北京：中华书局,1985.

[9] 胡平生. 孝经[M]. 北京：中华书局,2009.

[10] 李逸安,张立敏,译注. 三字经 百家姓 千字文 弟子规 千家诗(精)——中华经典名著全本全注全译
    丛书(第三辑)[M]. 北京：中华书局,2014.

[11] 胡元斌. 童蒙须知韵语[M]. 长春：吉林美术出版社,1970.

[12] 贾谊. 贾谊集[M]. 北京：人民出版社,1976.

[13] 颜之推. 檀作文译颜氏家训[M]. 北京：中华书局,2007.

[14] 朱柏庐. 颜氏家训·朱子家训[M]. 太原：山西古籍出版社,2008.

[15] 曾国藩. 曾国藩家书[M]. 北京：人民出版社,2016.

[16] 唐淑,钟昭华. 中国学前教育史[M]. 北京：人民教育出版社,2015.

[17] 朱熹. 朱子语类[M]. 武汉：崇文书局,2018.

[18] 度阴山. 知行合一王阳明[M]. 南京：江苏凤凰文艺出版社,2018.

[19] 清心. 王阳明心学智慧[M]. 北京：中国纺织工业出版社,2015.

[20] 柯象峰,何光来,秦果显,译. 欧文选集(第二卷)[M]. 上海：商务印书馆,1984.

[21] 张焕庭. 西方资产阶级教育论著选[M]. 北京：人民教育出版社,1979.

[22] 福禄贝尔. 人的教育[M]. 孙祖复,译. 北京：人民教育出版社,1991.

[23] 周采. 比较教育[M]. 北京：人民教育出版社,2010.

[24] 周采. 外国教育史[M]. 上海：华东师范大学出版社,2010.

[25] 陈文华. 中外学前教育史[M]. 北京：科学出版社,2007.

[26] 福禄贝尔. 福禄贝尔幼儿教育[M]. 李铭,译. 北京：中国妇女出版社,2015.

[27] 李雅琴. 王守仁教育心理思想初探[J]. 陕西师范大学学报(哲学社会科学版),2001(S1)：313-316.

[28] 陈凤. 朱熹道德教育思想探略[J]. 怀化学院学报,2007(8)：106.

[29] 陈玲. 论朱熹的科学思想方法[J]. 福建广播电视大学学报,2012(3)：20.

[30] 骆毅. 颜氏家训家庭教育思想研究[J]. 邯郸学院学报,2013(12)：98-101.

[31] 石卉. 欧文幼儿学校及其学前教育思想[J]. 比较教育研究,2005(6)：107.

[32] 中国驻法大使馆教育处. 法国学前教育及其发展趋势[J]. 海外鉴赏·基础教育参考,2016(17)：
    71-72.

[33] 邓志伟. 二十一世纪世界幼儿教育课程发展的趋势——日、美、德、法四国幼儿教育课程改革的启
    示[J]. 比较教育研究,1998(6)：36-39.

[34] 周琴,苟顺明. 法国学前教育均衡发展的保障措施及启示[J]. 比较教育研究,2012(5)：17-21.

[35] 周馨宇. 德国学前教育特色及对我国的启示[J]. 现代交际,2017(8)：168-169.

[36] 左茹. 法国学前教育的特点及其对我国的启示[J]. 学前教育研究,2010(6):49-51.

[37] 梁斌. 英国学前教育课程的设置及其启示[J]. 学前教育研究,2015(7):61-63.

[38] 王艳艳,张丽. 近年来俄罗斯学前教育发展的现状、问题及改革措施[J]. 比较教育研究,2015(3):96-100.

[39] 王辉洪. 英国学前教育的特点[J]. 长江丛刊·理论研究,2017(9):298.

[40] 梁启超. 康有为传[M]. 上海:上海人民出版社,1998.

[41] 康有为. 大同书[M]. 沈阳:辽宁人民出版社,1994.

[42] 梁启超. 饮冰室合集[M]. 北京:中华书局,1989.

[43] 梁启超. 清代学术概论[M]. 上海:人民出版社,2008.

[44] 童富勇. 中国近代教育史资料汇编·教育思想[M]. 上海:上海教育出版社,2007.

[45] 梁启超. 变法通议[M]. 北京:华夏出版社,2002.

[46] 梁启超. 梁启超家书[M]. 北京:北京联合出版公司,2015.

[47] 刘运峰. 鲁迅先生纪念集[M]. 天津:天津人民出版社,2007.

[48] 鲁迅. 我们现在怎样做父亲[M]. 北京:人民文学出版社,2011.

[49] 中国学前教育史编写组. 中国学前教育史资料选[M]. 北京:人民教育出版社,1989.

[50] 张雪门. 张雪门幼儿教育文集(上下)[M]. 北京:北京少年儿童出版社,1994.

[51] 单终惠. 外国幼儿教育史[M]. 上海:上海教育出版社,1997.

[52] 顾明远. 教育大辞典[M]. 上海:上海教育出版社,1998.

[53] 孙培青. 中国教育史[M]. 上海:华东师范大学出版社,2000.

[54] 王宜鹏,夏如波. 中外学前教育史[M]. 南京:南京师范大学出版社,2013.

[55] 杨佳. 西方元素对中国近代学前教育的影响[D]. 上海:华中师范大学,2012.

[56] 黄妍. 中国近代学前教育师资培养与管理研究[D]. 重庆:西南大学,2013.

[57] 王军辉. 中国幼儿师范教育的诞生及其发展脉络研究[D]. 南京:南京师范大学,2014.

[58] 樊乐乐. 中国近代学前教育课程设置研究[D]. 金华:浙江师范大学,2016.

[59] 朱宗顺,周瓦. 中国近代学前教育体制的现代化历程[J]. 教育研究与实验,2004,(1):27-31.

[60] 吴洪成,宋立会. 论清末学前教育立法——以《奏定蒙养院章程及家庭教育法章程》为中心[J]. 河北法学,2017(12):36-49.

[61] 宋立会. 学前教育政策从清末到民国时期的根本性转型[J]. 河北师范大学学报(教育科学版),2018(2):28-36.

[62] 朱季康. 晚清时期海外学前教育思想在中国的启蒙与自觉[J]. 浙江师范大学学报(社会科学版),2018(3):100-105.

[63] 乔治·S. 莫里森. 当今美国儿童早期教育[M]. 王全志,等译. 北京:北京大学出版社,2004.

[64] 曹杰,周燕. 国外学前教育补偿功能的发挥及其启示[J]. 学前教育(幼教版),2008(4):9-10.

[65] 谷忠玉,张文玲,王琪. 美日发展私立幼儿园的策略及启示[J]. 教育科学,2006(3):86-88.

[66] 刘焱. 对我国学前教育几个基本问题的探讨——兼谈我国学前教育未来发展思路[J]. 教育发展研究,2009(8).

[67] 张鸿宇. 美国早期教育质量认证发展研究(1982—2010)[D]. 长春:东北师范大学,2017.

[68] 刘霞. 国外托幼机构的发展概况及趋势[J]. 教育导刊,2000(4):40.

[69] 芮永会. 国外学前教育师资的要求及培养[J]. 幼儿教育,2000(7/8):44.

[70] 吴琼. 我国托幼一体化研究现状述评[J]. 学前教育(幼教版),2006(12):3-4.

[71] 杨佳. 西方元素对中国近代学前教育的影响[D]. 武汉:华中师范大学,2012.

[72] 冯永刚. 托儿所—幼儿园联合体:深受家长欢迎的学前教育机构[J]. 教育导刊,2007(7):60-61.

[73] 姚艳杰,许明. 美国开端计划的发展、问题与走向[J]. 学前教育研究,2008(4):55-59.

[74] 柳倩. 世界三国以社区为基础的整合性早期服务机构运行模式的比较研究[D]. 上海:华东师范大学,2004.

[75] 薛小雷. 近代以来中国学前教育向外国学习的历史与经验[D]. 南昌:江西师范大学,2010.

[76] 黄勤,余黄明. 近代以来我国学前教育学习外国的四次浪潮[J]. 当代教育论坛,2005(6):42-43.

[77] 王文敬."二战"后美国联邦政府对处境不利儿童学前教育政策发展研究[D]. 哈尔滨:哈尔滨师范大学,2013.

[78] 田景正,张传燧,路雪. 外国学前教育引进与 20 世纪下半期中国学前教育变革[J]. 河北师范大学学报(教育科学版),2007(2):51-56.

[79] 张传燧,田景正,路雪. 外国学前教育引进与 20 世纪上半期中国学前教育变革[J]. 河北师范大学学报(教育科学版),2007(1):51-56.

[80] 泥安儒. 北欧福利国家教育政策发展研究[D]. 保定:河北大学,2016.

[81] 孙贺群. 嬗变与走向:美国学前课程发展变革的历史研究[D]. 长春:东北师范大学,2011.

[82] 陈群. 发达国家教育精准扶贫的政策比较与借鉴——以美国、英国、法国和日本为例[J]. 当代教育科学,2019(3):40-46.

[83] 陈嘉. 让学前教育回归本位[N]. 陕西日报,2019-04.

[84] 施燕,韩春红. 学前儿童行为观察[M]. 上海:华东师范大学出版社,2018.

[85] 张文新. 儿童社会性发展[M]. 北京:北京师范大学出版社,1999.

[86] 教育部. 3~6 岁儿童学习与发展指南[S]. 北京:首都师范大学出版社,2018.

[87] 李季湄,冯晓霞.《3~6 岁儿童学习与发展指南》解读[M]. 北京:人民教育出版社,2018.

[88] 教育部. 幼儿园教育指导纲要[S]. 北京:北京师范大学出版社,2001.

[89] 施燕. 学前儿童科学教育[M]. 上海:华东师范大学出版社,1999.

[90] 中国学前教育研究会. 中华人民共和国幼儿教育重要文献汇编[M]. 北京:北京师范大学出版社,1999.

[91] 姜烨瑶. 改革开放三十年学前教育政策嬗变研究[D]. 长春:东北师范大学,2013.

[92] 张茉. 情景体育游戏对 5~6 岁幼儿社会性发展的研究[D]. 沈阳:沈阳体育学院,2011.

[93] 李芳,张超. 普通高校文科课程研究式学习教学方式的应用——以"外国教育史"课程教学为例[J]. 黑龙江教育(高教研究与评估),2009(Z2):133-134.

[94] 张红. 研究性课程改革的路径探寻——以"外国教育史"课程为例[J]. 黑龙江教育(高教研究与评估),2009(Z2):135-136.

[95] 李中源. 以德育为重——读《教育漫画》有感[J]. 思想政治课教学,2016(3):95-96.

[96] 黄英. 浅谈洛克的智育思想——读《教育漫画》有感之三[J]. 法制与社会,2008(19):233-234.

[97] 屠美如. 向瑞吉欧学什么——《儿童的一百种语言》解读[M]. 北京:教育科学出版社,2002.

[98] 姚伟. 当代外国学前教育[M]. 长春:东北师范大学出版社,2013.

[99] 沈正兰. 美国学前教育高瞻课程研究[D]. 福州:福建师范大学,2017.

[100] 陈花. 美国各级政府学前教育责任研究对我国的启示[D]. 杭州:浙江财经大学,2016.

[101] 刘园园. 我国学前教育制度变迁研究(1949—2014)[D]. 长春:东北师范大学,2015.

[102] 魏翔宇. 论我国学前教育的法律规制[D]. 成都:四川师范大学,2013.

[103] 齐云红. 全力实施家园一体化幼儿教育[J]. 大江周刊:论坛,2013(3):307-308.

[104] 李轩,吕耀坚,秦金亮. 英国有效学前教育项目述评[J]. 比较教育研究,2013(2):17-21.

[105] 朱忠顺. 学前教育原理[M]. 北京:国家开放大学出版社,2011.

[106] 明翠翠. 张雪门幼儿教育思想及其当代意义[D]. 济南:山东师范大学,2013.

[107] 王丹. 张雪门幼儿园行为课程研究[D]. 重庆：西南大学,2013.

[108] 贾艳红. 张雪门幼儿师范教育思想研究[D]. 南京：江苏师范大学,2011.

[109] 申林静. 陶行知生活教育理论研究[D]. 武汉：华中师范大学,2008.

[110] 朱玲鸽. 陈鹤琴幼儿师范教育理论形成研究[D]. 长沙：湖南师范大学,2014.

[111] 沈丹华,刘芸. 学前教育课程设置研究[J]. 青年与社会,2013(3)：122-123.

[112] E P CUBBERLEY. History of Education[M]. Boston：Houghton Mifflin Company,1920.

[113] 郭法奇. 外国学前教育史[M]. 北京：北京大学出版社,2015.

[114] 王天一,夏之莲,朱美玉. 外国教育史(上)[M]. 北京：北京师范大学出版社,1984.